theo logisch 12

Oberstufe
Ausgabe Bayern gA

C.C.Buchner

theologisch – Ausgabe Bayern Oberstufe

Unterrichtswerk für Evangelische Religionslehre an Gymnasien – grundlegendes Anforderungsniveau
Herausgegeben von Annop Tirakitti und Vera Utzschneider

theologisch Oberstufe 12
Bearbeitet von Anna-Lena Kempf-Wörn, Tanja Pauly, Annop Tirakitti und Vera Utzschneider

Zu diesem Lehrwerk ist erhältlich:
- Digitales Schulbuch **click & study**, Einzellizenz, WEB-Bestell-Nr. 795028
- Digitales Lehrermaterial **click & teach** Einzellizenz, WEB-Bestell-Nr. 795121

Weitere Lizenzformen (Einzellizenz flex, Kollegiumslizenz) und Materialien unter www.ccbuchner.de.

Die enthaltenen Links verweisen auf digitale Inhalte, die der Verlag bei verlagsseitigen Angeboten in eigener Verantwortung zur Verfügung stellt. Links auf Angebote Dritter wurden nach den gleichen Qualitätskriterien wie die verlagsseitigen Angebote ausgewählt und bei Erstellung des Lernmittels sorgfältig geprüft. Für spätere Änderungen der verknüpften Inhalte kann keine Verantwortung übernommen werden.

Dieses Lehrwerk folgt den aktuellen Regelungen für Rechtschreibung und Zeichensetzung. Ausnahmen bilden Texte, bei denen künstlerische, philologische oder lizenzrechtliche Gründe einer Änderung entgegenstehen. Teile des Lehrwerks wurden mithilfe gängiger Large Language Models erstellt oder bearbeitet. Sämtliche Inhalte wurden anschließend redaktionell geprüft, überarbeitet und verantwortet. Weitere Informationen finden Sie auf www.ccbuchner.de/ki-leitlinie.

An keiner Stelle im Schülerbuch dürfen Eintragungen vorgenommen werden.

1. Auflage, 1. Druck 2025
Alle Drucke dieser Auflage sind, weil untereinander unverändert, nebeneinander benutzbar.

produktsicherheit@ccbuchner.de

Redaktion: Johanna Conrad und Sebastian Rink
Layout und Satz: mgo360 GmbH & Co. KG, Bamberg
Druck: Firmengruppe Appl, aprinta Druck, Wemding

www.ccbuchner.de

ISBN 978-3-661-**79502**-7

Liebe Schülerin, lieber Schüler,

auch im kommenden Schuljahr dürfen wir mit Ihnen theologisch die Welt entdecken – zwischen *theos* (griech. für „Gott") und *logos* (griech. für „Vernunft") liegen große Schätze verborgen. Beides wollen wir wieder miteinander ins Gespräch bringen: Die großen Geschichten der Religion über Gott und das zeitgemäße Denken im 21. Jahrhundert.

theo*logisch* 12 für das grundlegende Anforderungsniveau hat vier Kapitel:

Mit **Woran dein Herz hängt – Sinnfrage und Gottesfrage** gehen wir wichtigen Lebensfragen auf den Grund. Wir vertiefen Möglichkeiten, von Gott zu reden, und machen auch vor Infragestellungen Gottes nicht Halt.

Das zweite Kapitel **Der im-perfekte Mensch** beschäftigt sich mit unserem Welt- und Menschenbild. Wir fragen, wie wir uns selbst und das Leben wahrnehmen können und welche Rolle der christliche Glaube dabei spielt.

Einen Schritt weiter gehen wir im Kapitel **„Homo faber" – Der Mensch und seine Möglichkeiten**. Die Leistungsfähigkeit des Menschen steht hier im Mittelpunkt, aber wir denken auch über seine Begrenztheit nach. Wir vertiefen außerdem Denkmodelle aus der christlichen Tradition im Spannungsfeld von Leistungsdruck und Rechtfertigung.

Im vierten Kapitel **Mittendrin?! – Christsein in der Gesellschaft** beschäftigen wir uns mit dem Zusammenhang von Individuum und Gesellschaft und fragen danach, welche ethische und theologische Orientierung christlicher Glaube in diesem Bereich geben kann.

Mit der Jahrgangsstufe 12 nähern Sie sich dem Abitur. Das haben wir bei der Zusammenstellung der Kapitel und der Aufgaben natürlich mitbedacht. Im Anhang des Buches finden Sie deshalb einen praktischen Leitfaden zur Vorbereitung auf die mündliche Abiturprüfung im Fach Evangelische Religionslehre.

Die Mediencodes mit den Steckbriefen kennen Sie schon aus dem letzten Band. Neu ist, dass wir zu einzelnen Materialien eine ausführlichere Version oder weiterführende Informationen zu einigen Doppelseiten hinterlegt haben, die der Vertiefung dienen können.

Nun wünschen wir Ihnen ein entdeckungsreiches und anregendes neues Schuljahr!

Ihr **theo***logisch*-Team
Anna-Lena Kempf-Wörn, Tanja Pauly, Annop Tirakitti und Vera Utzschneider

Inhalt

Symbole, Piktogramme, farbige Hinterlegungen und Hinweisformeln

M Der Wegweiser zeigt, dass Sie beim Lösen der Aufgabe eine Methode anwenden sollen, die im Methodenteil erklärt ist.

Um die Aufgabe zu lösen, müssen Sie in der Bibel nachlesen.

> 2 Dieser Pfeil mit einer Nummer nach einer Aufgabe sagt Ihnen, auf welches Material sich die Aufgabe bezieht.

Dieses Symbol zeigt Ihnen, dass Sie den Mediencode für die Bearbeitung einbeziehen sollen.

plus Ein *plus* vor einer Aufgabe zeigt Ihnen, dass diese Aufgabe zusätzlich zu den übrigen Aufgaben bearbeitet werden kann. Beim Bearbeiten dieser Aufgabe können Sie besondere Fähigkeiten unter Beweis stellen.

ZUR SACHE „Zur-Sache"-Texte vermitteln Ihnen die Informationen, die Sie lernen sollen.

HINTERGRUND „Hintergrund"-Texte enthalten ergänzende Informationen, um das jeweilige Thema besser zu verstehen.

Begriffsglossar Wenn ein Wort, das im Begriffsglossar am Buchende steht, das erste Mal in einem Kapitel vorkommt, dann ist es markiert. So wissen Sie, dass Sie am Buchende nachschlagen können, was das Wort bedeutet.

Details

79502-01

Mathis Gerung (1500–1570): Die Melancholie im Garten des Lebens (1558)

Woran dein Herz hängt – Sinnfrage und Gottesfrage

1 a) Interpretieren Sie das Gemälde mithilfe der Methode im Anhang (M 2).

b) Gestalten Sie Sprech- und Gedankenblasen zu einzelnen Personen auf dem Bild, in welchen Sie deren jeweilige Lebensphilosophie zur Sprache bringen.

c) Übertragen Sie das Bild auf kreative Weise (M 13) in die heutige Zeit.

d) Untersuchen Sie, inwiefern der Gottesglaube im Gemälde zur Sprache kommt.

2 Formulieren Sie für sich eine eigene Antwort auf die Frage, worin der Sinn des Lebens bzw. Ihres Lebens besteht.

3 Tauschen Sie sich mithilfe der Kugellager-Methode (M 6) zu folgenden Fragen aus:
Worin besteht der Sinn des Lebens?
Wer oder was ist Gott für mich?
Wenn ich Gott wäre, dann würde ich …

Sinnfragen in der Kultur

1 Das Café der Fragen

Die Erzählung „Das Café am Rande der Welt" von John Strelecky setzt sich mit zentralen Fragen zum Sinn des Lebens auseinander. Es entwickelt sich ein Gespräch zwischen dem Protagonisten und der Servicekraft Casey über den „Zweck der Existenz" (ZDE).

Ich nahm die Karte vom Tisch und las den Text auf der Vorderseite. „Willkommen im Café der Fragen", hieß es ganz oben. Darunter stand in kleinen schwarzen Buchstaben: *Bitte lassen Sie sich vor Ihrer Bestellung von unserem Servicepersonal beraten, was Ihre Zeit hier bedeuten könnte.*

„Ich hoffe, es bedeutet, dass ich etwas Gutes zu essen bekomme", dachte ich, als ich die Karte aufschlug. Diese enthielt die übliche Auswahl von Speisen […]. Die Überraschung kam, als ich die Karte umdrehte. Dort standen drei Fragen unter der Überschrift *Dinge, über die Sie nachdenken können, während Sie warten.*

WARUM BIST DU HIER?

HAST DU ANGST VOR DEM TOD?

FÜHRST DU EIN ERFÜLLTES LEBEN? […]

„Angenommen, jemand stellt sich die Frage und findet die Antwort darauf", sagte ich, „was geschieht dann?"

„Nun, das ist die gute Nachricht und gleichzeitig die Herausforderung dabei", antwortete sie. „Wie erwähnt, erzeugt die Frage den Wunsch, nach der Antwort zu suchen. […] Sobald ein Mensch weiß, warum er hier ist, warum er existiert, welchen Grund es dafür gibt, dass er am Leben ist, wird er den Wunsch haben, dem Sinn und Zweck seiner Existenz gerecht zu werden. […] Im Laufe seines Lebens stellt der Mensch fest, dass er 10, 20 oder Hunderte von Dingen tun möchte, um dem Zweck seiner Existenz gerecht zu werden. Er kann all diese Dinge tun. Unsere erfülltesten Gäste sind diejenigen, die ihren ZDE kennen und all die Tätigkeiten ausprobieren, die ihrer Meinung nach ihrer Bestimmung dienen." […]

Nach dieser Nacht im Café veränderte sich vieles für mich. […] Ich stellte fest, dass es nicht reichte, im Urlaub nachzudenken und dann in mein gewohntes Leben zurückzukehren, wenn ich meine Bestimmung beziehungsweise meinen ZDE, wie Casey es nannte, ermitteln wollte. […] Schließlich kristallisierten sich mein ZDE und die Art und Weise, wie ich ihn erfüllen möchte, heraus. Ironischerweise war ich nun mit der größten Schwierigkeit konfrontiert. Wenn man vor der Entscheidung steht, ein Leben zu führen, das der eigenen Bestimmung entspricht, oder so weiterzuleben wie bisher, sollte man eigentlich annehmen, dass einem die Wahl leichtfällt. Aber so ist es nicht.

John Strelecky

2 Wie ist der Mensch?

Und der Mensch heißt Mensch,
weil er vergisst, weil er verdrängt,
und weil er schwärmt und stählt,
weil er wärmt, wenn er erzählt.
Und weil er lacht, weil er lebt, du fehlst. […]
Und der Mensch heißt Mensch,
weil er irgendwann erkämpft,
und weil er hofft und liebt,
weil er mitfühlt und vergibt.
Und weil er lacht, und weil er lebt, du fehlst. […]
Und der Mensch heißt Mensch,
weil er vergisst, weil er verdrängt,
und weil er schwärmt und glaubt,
sich anlehnt und vertraut.
Und weil er lacht, und weil er lebt, du fehlst.

Herbert Grönemeyer

3 „Upload" in ein neues Leben

Langversion
79502-02

Der selbstverliebte Programmierer Nathan hat, nach amerikanisch-kapitalistischen Standards, wirklich alles: Eine reiche Freundin, tolle Haare und ein eigenes Tech-Startup. Blöd ist nur, dass Nathan stirbt, nachdem sein selbstfahrendes Auto einen LKW rammt. Einen Monat später feiert er aber schon wieder gemeinsam mit Freunden und Familie seine Beerdigung, live gestreamt aus dem Jenseits in die Kirche. Bitte, was?

Die Serie „Upload“ spielt im Jahr 2033, aktuelle Technik- und Gesellschaftstrends werden dort gnadenlos durchgespielt […].

Denn der Himmel liegt in der neuen […] Serie „Upload“ ganz selbstironisch auf den Servern großer Tech-Konzerne. Nathan lebt nach dem Tod in Lakeview weiter, einem besonders luxuriösen, virtuellen Jenseits-Programm, in das man vor dem Tod das Bewusstsein hochladen kann, um dem Nichts zu entgehen.

Aber wieviel bleibt vom Menschen übrig, wenn man ihn in Einsen und Nullen verwandelt?

Sebastian Maas

4 Blick ins Unendliche?

Bild mit KI generiert

5 Medien als Sinn-Ersatz?

Wenn das Fernsehen Transparenz an die Stelle von Transzendenz setzt, dann setzt es an die Stelle von Heil Heilung. Das Fernsehen ist innerweltlich. Es fokussiert unsere Aufmerksamkeit auf das, was hier auf dieser Erde vorgeht. […] Transzendenzgrößen werden durch innerweltliche Größen ersetzt. Und das heißt sehr konkret auch, dass an die Stelle des ehemals größten Wertes Seelenheil der heute allergrößte Wert tritt, hier schon ein heiles, ein ganzes, ein überzeugendes, ein hedonistisches Leben zu führen. Dazu trägt das Fernsehen ganz erheblich bei. Es fokussiert unsere Aufmerksamkeit auf diese Welt hier. […]

[Es] ist eine absolute Diesseitsreligion, es ist ein profaner Kultus, aber ein Kultus absolut. Ähnlich […] wie ja schon das Geld die alte Religion beerbt. Da tritt der Erlös an die Stelle der Erlösung, indem man Waren oder Dienstleistungen verkauft. Und in dem Maße, wie die Geldgesellschaft sich in eine Mediengesellschaft konvertiert, tritt an die Stelle von Erlös eben Heilung. […]

Wenn an unserer These etwas dran sein sollte, dass das Fernsehen von Transzendenz auf Transparenz umstellt, ist ja die Frage, wer ist da die letzte Instanz? Wo ist die geblieben? Wenn wir kein Weltgericht mehr haben und Gott nicht mehr unsere guten und bösen Taten im Buch des Lebens verzeichnet […]. Dann muss ja etwas an die Stelle treten.

Jochen Hörisch

1 a) Skizzieren Sie zu zweit mögliche Antworten auf die drei Fragen aus der Speisekarte. > 1

b) Setzen Sie sich mit Ihrem eigenen „ZDE (Zweck der Existenz)“ auseinander und klären Sie, was Sie tun müssten, um diesen zu erfüllen, bzw. was Sie daran hindern könnte. > 1

2 a) Arbeiten Sie heraus, welche Attribute Grönemeyer dem Menschen zuschreibt. > 2

b) Interpretieren Sie das Lied. > 2

plus c) Verfassen Sie einen (ähnlichen) Liedtext über das, was Ihnen im Leben besonders wichtig ist.

3 a) Erörtern Sie in Gruppen, welchen Einfluss ein „Upload“ auf den Sinn des Lebens hätte. > 3,

plus b) Nehmen Sie Stellung, inwiefern ein „Upload“ aus Ihrer Sicht ethisch legitim wäre. > 3

4 Interpretieren Sie das Bild (M 2). Beziehen Sie wenn möglich ein, dass das Bild mit Künstlicher Intelligenz erstellt wurde. > 4

5 a) Setzen Sie sich kritisch mit der These auseinander, dass das Fernsehen Transzendenz durch Transparenz ersetze. Beziehen Sie auch andere moderne Medien in Ihre Überlegungen ein. > 5

b) Untersuchen Sie, was Hörischs Theorie für die Frage nach dem Lebenssinn bedeutet. > 5

c) Beziehen Sie einen eigenen Standpunkt, inwiefern moderne Medien als Religionsersatz dienen können. > 5

Sinnangebote in der Psychologie

1 Sinnsuche

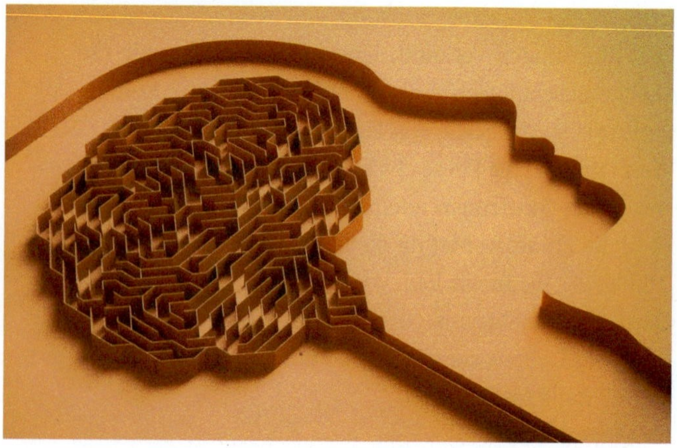

2 Leere und Sinnlosigkeit!?

Viele Psychotherapeuten haben den Eindruck, dass gegenwärtig eigenartige, zunächst grundlos erscheinende Verstimmungen mit dem Gefühl allgemeiner Leere und Sinnlosigkeit („Null Bock auf nichts", „Egalgefühl", „No future") vermehrt zur Beobachtung kommen, auch – und vor allem – bei jüngeren Menschen. Diese als „Anhedonie" bezeichneten Bilder lassen sich nicht mehr zwanglos einordnen in die herkömmliche Systematik depressiver Verstimmungen. Wir begegnen der Sinnproblematik aber nicht nur bei diesen Menschen und bei Depressiven […], sondern auch bei allen Menschen, die […] ihr Dasein bereits als sinnerfüllt erleben, wenn das Bankkonto stimmt, keine gesundheitlichen Probleme bestehen und die leiblichen Bedürfnisse erfüllt sind, einschließlich der Sexualität.

Mit einer solchen schlichten Grundeinstellung lässt sich eine Weile leben. Irgendwann prallen aber auch diese Menschen mit der Tatsache zusammen, dass die Sinnwidrigkeit, Unberechenbarkeit und Grausamkeit des Schicksals als dunkle, bedrohliche, der Vernunft letztlich unzugängliche Macht im Hintergrund unseres Lebens steht und dass diese Bedrohung eben auch zu einem gewichtigen pathogenetischen Faktor werden kann.

Henner Völkel

3 Über den Sinn des Lebens

Viktor E. Frankl (1905–1997) war ein österreichischer Neurologe und Psychiater.

Leben selbst heißt Gefragtwerden, heißt antworten – je sein eigenes Dasein verantworten. Das Leben erscheint so nicht mehr als eine Gegebenheit, sondern als eine Aufgegebenheit – es ist in jedem Moment Aufgabe. Daraus resultiert aber auch schon, dass es nur umso sinnvoller werde, je schwieriger es wird. Der Sportler, etwa der Kletterer, der sich Aufgaben sucht, schafft sich Schwierigkeiten sogar selber […]! An dieser Stelle müssen wir anmerken, dass der religiöse Mensch in seinem Lebensgefühl, in seinem ‚Seinsverständnis', insofern ausgezeichnet ist, als er noch einen Schritt weiter geht, über den das Leben als Aufgabe verstehenden Menschen noch hinausgeht, indem er zur Aufgabe gleichsam jene Instanz hinzuerlebt, die ihm eine Aufgabe ‚stellt', oder die ihn vor Aufgaben gestellt hat – die göttliche Person! Mit anderen Worten: Der religiöse Mensch erlebt sein Leben als göttlichen Auftrag. […]

Der Mensch vermag seinem Dasein Sinn zu geben erstens, indem er irgendetwas tut, indem er handelt, indem er etwas schafft – indem er ein Werk verwirklicht; zweitens jedoch auch, indem er etwas erlebt – Natur, Kunst, Menschen liebt; und drittens schließlich vermag der Mensch auch noch dort, wo ihm weder in der ersten noch in der zweiten Richtung die Möglichkeit gegeben ist, seinem Leben Wert zu verleihen, in ihm einen Sinn zu finden – nämlich gerade dann, wenn er zu der unabänderlichen, schicksalhaften, unausweichlichen und unvermeidlichen Einschränkung seiner Möglichkeiten Stellung nimmt, wie er sich zu ihr einstellt, zu ihr verhält, wie er dieses Schicksal auf sich nimmt. Im Ablauf eines Lebens muss der Mensch nun bereit sein, entsprechend den jeweiligen ‚Forderungen der Stunde' die Richtung solcher Sinnerfüllung jeweils zu ändern, oft jäh zu ändern. […] Die Frage, die das Leben an uns stellt, wechselt von Person zu Person ebenso wie von Situation zu Situation.

Viktor E. Frankl

4 Die Technik des Leiterns

Die Psychologin Tatjana Schell beschreibt die Technik des „Leiterns" in einem Interview mit Dorothea Siegle.

Sie beschreiben in Ihrem Buch *Psychologie des Lebenssinns* die Technik des „Leiterns", die einem dabei helfen kann, „innerlich aufzuräumen". Können Sie diese Technik einmal beschreiben?

Das ist eigentlich sehr simpel: Es geht darum, dass man mit einer Frage einsteigt, die idealer Weise relativ existenziell ist, zum Beispiel: Was ist für dich ein guter Mensch? Und dann nenne ich vielleicht eine Eigenschaft. Nach dieser Antwort wird gefragt: Was bedeutet das für dich? Und dann erzähle ich vielleicht von einer Begegnung mit einem Menschen, bei der mir die Eigenschaft positiv aufgefallen ist. Dann fragt man wieder: Wofür steht dieses Verhalten für dich? Man steigt die Leiter immer tiefer hinab, es wird so oft nachgefragt, bis man auf dem Grund, dem existenziellen Fundament, angekommen ist. Am Ende stehen dann so genannte Letztbedeutungen, die Quellen unseres Lebenssinns wie zum Beispiel Fürsorge, soziales Engagement, Generativität oder Entwicklung.

Sie raten dazu, das mit jemandem zusammen zu machen.

Ja, zum Beispiel im Dialog mit einer guten Freundin. Und zwar vor allem deshalb, weil es wirklich anstrengend ist. Wir denken häufig: Das ist jetzt die Antwort. Und wenn wir dann allein mit uns sind, ist es viel leichter zu sagen: Ja, das ist es jetzt. Aber wenn jemand sagt: Überleg doch nochmal: Was heißt das denn jetzt für dich, was heißt dieser Begriff oder wofür steht das – ehrlich zu sein oder anzupacken oder für andere da zu sein? Dann ist es nochmal viel motivierender, als wenn man es alleine tut.

Die Antworten kann man untereinander aufschreiben und in der Regel entstehen dabei so genannte Sinnbäume. Auf die erste Nachfrage werden oft mehrere Bedeutungen genannt; das ist normal, weil es verschiedene Gründe gibt, warum wir Dinge wichtig finden. Die Antworten können sich dann noch weiter verästeln, aber gegen Ende des Prozesses werden es wieder weniger, so dass man von einer Frage in der Krone auf zwei bis drei grundlegende Bedeutungen in den Wurzeln kommt.

Muss man nicht sehr sprachfähig sein, um diese Leitertechnik anzuwenden und immer präzise beschreiben zu können, was man genau meint?

Nein, gar nicht, das ist ja das Spannende. Ich habe solche Interviews als Grundlage meiner Sinnforschung geführt. Und wir haben sehr großen Wert darauf gelegt, eine breite Stichprobe zu bekommen. Wir haben die Einladungen zu den Gesprächen weit gestreut, in Imbissbuden, bei Arztpraxen, in der Tageszeitung, und fanden so Teilnehmerinnen und Teilnehmer mit allen Ausbildungshintergründen und mit unterschiedlichsten kulturellen Hintergründen. Man kann Fragen ganz einfach formulieren wie: Was ist für dich ein guter Mensch? Was feierst du? Was ist für dich ein guter Tag? So was kann jeder Mensch beantworten. Und wenn man dann fragt: Warum das? Dann beginnen Menschen, darüber nachzudenken, und fassen es in Worte. Diese Reflexion hilft dabei, innerlich „aufzuräumen", und bringt uns weiter. Das muss nicht komplex formuliert sein. Manche Interviews dauerten bis zu acht Stunden, und fast überall wurde geweint. Die Personen wollten reden, das war sehr bewegend.

Und es wurde geweint, weil viele Menschen auf Dinge und Erlebnisse kamen, die zentral waren in ihrem Leben?

Genau.

Tatjana Schell im Interview mit Dorothea Siegle

1 Interpretieren Sie das Bild (M 2). > 1

2 a) Erläutern Sie mithilfe von Beispielen, was Völkel unter „dem Gefühl allgemeiner Leere und Sinnlosigkeit" versteht. > 2

b) Setzen Sie sich kritisch mit der Aussage auseinander, dass alle Menschen sich mit der Sinnfrage beschäftigen müssen. > 2

3 a) Erklären Sie, wie der Mensch nach Frankl den Sinn in seinem Leben verwirklichen kann. > 3

b) Erörtern Sie in Gruppen, ob *alles* im Leben einen Sinn hat bzw. haben muss. > 2, 3

4 a) Beschreiben Sie die Technik des „Leiterns". > 4

b) Wenden Sie die Technik des „Leiterns" mit einer anderen Person an und tauschen Sie sich anschließend über Ihre Erfahrungen aus. > 4

Sinn und Religion

1 Sinnsuche

Wolfgang Lettl (1919–2008): Der Turm (1963)

2 Gott als Sinn des Daseins

Der Philosophieprofessor Volker Gerhardt (*1944) schreibt über das Verhältnis von Glaube und Lebenssinn.

Sinn ist ein Ausdruck, der viele Bedeutungen hat: Er meint die Richtung, in der sich etwas bewegt, bezeichnet die Bedeutung, die Gegenstände oder Ereignisse, Gesten oder Wörter, Zeichen, Symbole oder Kunstwerke haben; Philosophen unterscheiden gern zwischen der allgemein anerkannten Bedeutung von Begriffen und dem jeweils gemeinten Sinn von Aussagen.

Sinn ist jedoch auch das, was unseren Empfindungen und Wahrnehmungen zugrunde liegt. Das kann man auf die fünf Sinne beziehen, die uns sinnliche Eindrücke geben, kann es aber auch allgemein auf den „inneren“ Sinn der Zeit oder den „äußeren“ des Raumes anwenden, in welchen uns Vorstellungen gegeben werden. „Sinn“ ist überdies ein allgemeiner Ausdruck für die Aufmerksamkeit, für das Gedächtnis oder das Bewusstsein insgesamt.

Schließlich kennen wir die Rede vom „Sinn der Geschichte“ oder vom „Sinn des Lebens“, die darauf zurückgeht, dass wir zwar gelegentlich den Eindruck machen können, „ohne Sinn und Verstand“ zu handeln, tatsächlich aber auch dabei etwas im Sinn haben, das dem Tun die für uns bestimmende Bedeutung gibt. […]

Der Sinnhorizont steckt den Rahmen ab, in dem wir überhaupt etwas erwarten. Er ist das Äußerste, in dem selbst das Fremde seinen Ort finden muss, in dem aber auch das Vertraute seinen natürlichen Platz hat. Der Sinnhorizont ist die Bedingung für das Verstehen überhaupt. Wir müssen an ihn glauben, wenn wir überhaupt etwas verstehen wollen. Auf ihn lässt sich unter keinen Umständen des menschlichen Lebens verzichten – es sei denn, man hat sich selbst aufgegeben. Ohne ihn verliert alles Reden, Handeln und Verlangen seinen Sinn. Und niemand kann bestreiten, dass es diesen Horizont des Denkbaren, in dem das Gedachte einen auf ihn selbst bezogenen Sinn erhält, tatsächlich gibt. Nur dürfte offensichtlich sein, wie unsinnig es wäre, die Existenz oder das Dasein dieses Horizontes „beweisen“ zu wollen. Wir haben ihn, und wir haben ihn nötig, solange uns unser Dasein etwas bedeutet.

Das wird dem Christen, dem Moslem, dem Juden, dem Hindu oder dem Buddhisten gewiss nicht reichen, um den Sinn zum Ausdruck zu bringen, den er […] mit dem Göttlichen verbindet. Und wenn dem so ist, bleibt es ihm unbenommen, unter den Bedingungen des für alle Menschen geltenden Sinnhorizonts, seinen Gott als eine ihn selbst bestimmende Kraft, und damit als einen bestimmten, ihm durch Überlieferung, gutes Beispiel oder Offenbarung vertrauten Sinn anzunehmen, dem er die Verehrung, das Vertrauen oder die Schuldigkeit entgegenbringt, die ihm die Tradition seines Glaubens zur Pflicht oder zum Bedürfnis macht. […]

Gott ist der Name für diesen tragenden Sinn des Ganzen und Glaube das durch die Vernunft vermittelte Gefühl, in dem man sich ausdrücklich zu dem bekennt, was man ohnehin schon tut. Das „ich glaube“ liegt dem „ich denke“ zugrunde. Also gilt auch für den Glauben, dass er alles Welt- und Selbstverstehen begleiten können muss.

Es ist der Glaube, der das Wissen groß gemacht hat. Sollte er sich eines Tages durch das Wissen verdrängen lassen, würde das Wissen selbst seine individualisierende, seine bildende Kraft verlieren und das Universelle hätte keine Bedeutung mehr, die den Einzelnen in seiner Existenz berührt. Wollen wir dem entgegenwirken, haben wir das Göttliche in dem Sinn zu suchen, der uns menschlich macht.

Volker Gerhardt

3 Gott als Garant des Sinns

Der Glaube an Gott fängt in den praktischen Vollzügen unseres Lebens gar nicht direkt mit Gott an, sondern mit einer unmittelbar in uns aufkommenden Daseins- und Weltgewissheit, die uns absichtsvoll handeln und auf unser Wissen vertrauen lässt. Wir sind uns vor aller Reflexion unmittelbar dessen bewusst, dass sich uns die Welt im Wissen fortschreitend erschließt und wir mit unserem Handeln zumeist erfolgreich sind. Den Grund dieser Selbst- und Weltgewissheit können wir nicht wissend vor uns bringen. Diese Gewissheit hat den Charakter einer emotionalen Selbsterschlossenheit. Sie ist ein Gefühl, ein Grundgefühl der Welteinpassung, ein unmittelbares Realitätsbewusstsein, das uns in unserer Weltzugewandtheit trägt und zum Handeln affektiv befähigt. […]

Der Glaube an Gott ist eine Artikulation der Tatsache, dass wir vom Sinn unseres Daseins und Handelns in dieser Welt zumeist fraglos überzeugt sind und hierfür eine Deutung suchen. […] Dann versuchen wir zu sagen, worauf der Sinn des Ganzen, also der innere Zusammenhang zwischen uns selbst und der Welt, in der wir zielbewusst tätig sind, beruht bzw. worin er gründet. Dafür aber ist schließlich das Wort ‚Gott‘ seit alters und zumal im Kontext der christlichen Symbolkultur der treffende Ausdruck. Gott, so spricht der an ihn glaubende Mensch, ist der Garant des Sinns, in dem wir unser Leben führen.

Auf den Weg zu Gott führt somit das sinnliche Sinnempfinden, in das uns der Lebensvollzug selbst hineinzieht. Erst mit seiner sprachlichen Deutung und Artikulation wird dieser Sinngrund jedoch als Gott bewusst. Nur im Rahmen dieser Deutung und Artikulation wird ein Mensch von seinem Glauben an Gott sprechen. Wer von seinem Glauben an Gott spricht, übersteigt damit zugleich auch sein Selbstvertrauen und seine Lebenssinngewissheit auf den unbedingten Grund hin, aus dem sie entspringen. Er bezieht sich im Glauben an Gott bewusst auf den Garanten dafür, dass ein unbedingter Sinn ihn selbst und die ihm erschlossene Welt im Ganzen trägt.

Wilhelm Gräb

plus **1** a) Recherchieren Sie (M 8) zur Stilrichtung des Surrealismus und erläutern Sie dessen Anliegen.

b) Interpretieren Sie das Gemälde (M 2) und untersuchen Sie, welchen Beitrag es zur Frage nach dem Lebenssinn leisten kann. > 1

— **2** a) Setzen Sie sich in Kleingruppen mit Gerhardts Erklärung des Sinns auseinander. > 2

b) Nehmen Sie Stellung zum dargestellten Verhältnis von Gott und Sinn. Entwickeln Sie aus der Sicht von Gerhardt Perspektiven für eine Zukunft, in der es keinen Gottesglauben mehr in der Welt gibt. > 2

— **3** a) Skizzieren Sie Gräbs Thesen zu Gott als Garanten des Lebens- und Weltsinns. > 3

b) Erläutern Sie Gräbs Gottesbild und warum er vom „Wort ‚Gott‘“ (Z. 23) spricht. > 3

— **4** a) Vergleichen Sie die Texte von Gerhardt und Gräb und arbeiten Sie Unterschiede und Gemeinsamkeiten heraus. > 2, 3

plus b) Setzen Sie das Bild in Beziehung zu den Texten. > 1 – 3

c) Diskutieren Sie (M 4), inwiefern Religion einen Sinn im Leben geben kann.

Gott und das Leid

ZUR SACHE

1 Theodizee

Zu allen Zeiten haben Menschen sich mit der Frage nach dem „Warum" und damit dem Sinn des Leides in der Welt befasst. Besonders im Christentum, das von einem zugleich allmächtigen wie gütigen Gott ausgeht, stellt sich die Frage, weshalb Gott all das Leid in der Welt zulässt. Der deutsche Philosoph Gottfried Wilhelm Leibniz (1646–1716) führte in diesem Kontext den Begriff Theodizee (ursprünglich französisch: théodicée) ein, der sich aus den altgriechischen Wörtern *theós* (Gott) und *díke* (Gerechtigkeit) zusammensetzt. Dabei geht es nicht um die Rechtfertigung Gottes (der sie nicht nötig hat), sondern letztlich um die Rechtfertigung des Glaubens an Gott angesichts des Leids.

2 Gott – kein „netter Typ"?

Im Roman „Die Känguru-Chroniken" von Marc-Uwe Kling unterhalten sich das Känguru und der Protagonist über Gott.

„Ich dachte immer, es kann unmöglich einen Gott geben, bei all dem Übel in der Welt … Aber vielleicht gibt es die ganzen Übel ja gerade, weil es einen Gott gibt. Ja. Vielleicht, vielleicht nämlich ist Gott einfach nur kein besonders netter Typ. Es könnte doch sein, dass Gott gar kein DJ ist, sondern ein Ar[…]", sagt das Känguru.

„Wahrscheinlich ist er sogar beides", sage ich. „Ein DJ, der auf einem Kindergeburtstag die ganze Zeit nur Rammstein spielt."

„Exactemento", sagt das Känguru. „Du kennst doch bestimmt den Spruch, dass Gott die Menschen nach seinem Ebenbild geschaffen hat. Kuck dich mal um! Wenn man davon ausgeht, dass Gott ein Ar[…] ist, ergibt das plötzlich mächtig viel Sinn."

„Allerdings", sage ich grübelnd.

„Oder nimm die Klimakatastrophe", sagt das Känguru. „Den armen Ländern drohen Dürre, Überschwemmungen, Tod und Verderben, und uns Verursacher erwartet: besseres Wetter. Zufall? Nein. Ein schlechter Witz eines ganz und gar verdorbenen Schöpfers. Haste die Bibel gelesen?"

„Na ja", sage ich. „So halb. Die beste Lektüre, um jemanden zum Atheisten zu machen."

„Genau. Völlig unglaubwürdiges Machwerk. Aber nur wenn man davon ausgeht, dass Gott ein Guter ist."

„Du meinst, man müsste die Bibel noch mal neu lesen", frage ich, „als großen Schurkenroman?"

„Ich meine nur: ‚Das Schweigen der Lämmer' würde dir auch komisch vorkommen, wenn du mit dem festen Ansatz an das Buch rangehst, bei Hannibal Lecter handle es sich um den Guten."

„Hm", sage ich. „Ich verstehe."

„Kuck ma", sagt das Känguru. „Da stellt sich einer ein goldenes Kalb in seinen Garten. Schlechter Geschmack, keine Frage. Aber nur ein Sadist verhängt dafür eine Strafe wie 40 Jahre in der Wüste rumgurken. Oder so Sachen wie Hosea 14,1: Samaria wird wüst werden; denn es ist seinem Gott ungehorsam. Sie sollen durchs Schwert fallen und ihre kleinen Kinder zerschmettert und ihre schwangeren Weiber aufgeschlitzt werden. Ich denke, der Fall ist klar."

„Und nu?", frage ich.

Das Känguru zuckt mit den Schultern.

„Kann man nix machen", sagt es. „Ist ja allmächtig, der Typ." […]

In diesem Moment kackt dem Känguru eine Taube auf den Kopf.

„Ich weiß Bescheid!", ruft das Känguru und reckt seine Stinkepfote gen Himmel.

Marc-Uwe Kling

3 Luther und die zwei Seiten Gottes

Martin Luther wagte keine klare Antwort auf den Sinn des Leides zu geben. Wir dürfen Gottes Handeln nach Luther nicht nach menschlichen Maßstäben beurteilen. Ebensowenig können wir Gottes Wirken als Menschen wirklich ganz begreifen.

Es gibt nach Luther eine verborgene Seite Gottes, den

deus absconditus, der sich unserer menschlichen Erkenntnisfähigkeit völlig entzieht. Wir können Gott nur da erkennen und uns ihm nähern, wo er sich uns im *deus revelatus* (geoffenbarter Gott) zeigt. Und das geschah in Jesus Christus.

Man kann sich diese zwei Seiten Gottes mithilfe des Bildes einer Münze, die auf der Straße liegt, veranschaulichen. So wie wir nur die uns zugewandte Seite der Münze erkennen und nicht sicher wissen, was sich auf der anderen Seite befindet, so erschließt sich uns Gott nur in dem, wo er sich uns selbst offenbart. Für Luther kann Gotteserkenntnis allein aus dem Glauben an Jesus Christus entspringen. Die menschliche Vernunft könne zwar erkennen, dass es einen Gott gibt, aber nicht, wer oder was dieser Gott ist. Die Vernunft in ihrem philosophischen Reden über Gott müsse angesichts des Leids in der Welt entweder zu dem Schluss gelangen, dass Gott nicht existiere, oder aber, dass er ein ungerechter Gott sei.

Der Mensch kann sich Gott also nur in einem Akt des Vertrauens (Glaube) nähern. Dabei ist dieser Glaube stets ein Geschenk, das dem Menschen von außen durch Gott zugeeignet werden muss. Nur in den alltäglichen Entscheidungen habe der Mensch eine Willensfreiheit, aber nicht in der Frage des Glaubens. Der Mensch lebe zudem in dieser Welt in einem Spannungsfeld zwischen dem Reich Gottes und dem Reich der Welt/des Bösen. Zwar habe Gott den Sieg über das Böse errungen, doch sei das Böse (in Gestalt des Teufels) immer noch in der Welt zugegen. Erst mit der Wiederkunft Christi werde alles Leid vergehen und sich die Geheimnisse des Glaubens offenbaren. Luther war überzeugt davon, dass Gott auch durch das Böse Gutes schaffe.

Annop Tirakitti

— **1** a) Entwickeln Sie in Kleingruppen eigene Antwortversuche auf die Theodizeefrage. > **1**

b) Stellen Sie Ihre Antworten vor und diskutieren Sie sie (M 4). Erörtern Sie (M 5) die jeweiligen Grenzen Ihrer Antwortversuche. > **1**

— **2** a) Beschreiben Sie die Position des Kängurus in eigenen Worten. > **2**

b) Setzen Sie sich kritisch mit der Position des Kängurus auseinander > **2**

— **3** Erklären Sie Luthers Zugang zur Theodizee und sein Verständnis vom „Deus absconditus". > **3**

— **4** Interpretieren Sie das Gemälde (M 2) und setzen Sie es in Beziehung zu Luthers Verständnis vom „Deus absconditus". > **3**, **4**

4 Deus absconditus

Michael Triegel (*1968): Deus absconditus (2013)

Informationen
79502-03

Hiob und die Theologie nach Auschwitz

Vertiefung
79502-04

1 Der ausharrende Hiob

Gerhard Marcks (1889–1981): Hiob (1957)

2 Das Buch Ijob (Hiob)

Das Ijobbuch wird meist stark von der Rahmenerzählung her gelesen. Ijob ist hier vor allem der von konkretem Leid Betroffene, das Ijobbuch demnach eine Auseinandersetzung eines einzelnen mit seiner Leidenssituation. Diese Dimension ist wichtig und unverzichtbar, aber zu eng. Der biblische Ijob ist auch Problemträger, d.h., diese fiktive Gestalt wird literarisch zum Träger von grundsätzlichen weltanschaulichen und theologischen Anfragen bestimmter gesellschaftlicher Gruppen. Ijob klagt nicht nur über sein Unglück, sondern vor allem klagt er auch an: seine Freunde, die Zustände, die Weltordnung und den Gott, der hinter all dem steht. Der gesamte Dialogteil ist ein weisheitlicher Diskurs, in dem verschiedene weltanschauliche Positionen ins Kreuzfeuer geraten, inklusive der Gottesreden, die abschließend eine konsensfähige neue Position ins Spiel bringen. […]

Das eigentliche Problem entsteht, weil nach gemeinorientalischem Denken ein Zusammenhang zwischen dem Tun eines Menschen und seinem Ergehen postuliert wird. Dieser Zusammenhang ist fest verankert in der von den Gottheiten gesetzten und garantierten Weltordnung, die alle Bereiche des Lebens umfasst und in der der einzelne in Familie und Generationenfolge eingebunden ist. Demnach sollen die Gerechten und Frommen zu Lebzeiten Glück und Segen erfahren, die Gottlosen aber scheitern. […] Entgegen allen Erfahrungswerten halten auch die IsraelitInnen an dem postulierten Axiom fest. Die Propheten Israels haben jedoch in der Exilszeit eine markante Wende in der Tun-Ergehen-Theologie eingeleitet. […] Das Ijobbuch setzt diese Entwicklungen voraus (21,19f). Es kreist um die dramatisch zugespitzte Frage, welche Bedeutung das Unglück Ijobs hat, ob er wirklich, wie er behauptet, ein Gerechter ist und was Gott dann zu diesem unauflösbaren Widerspruch zu sagen hat.

Christl Maier / Silvia Schroer

3 Der Gottesbegriff nach Auschwitz

Aber für den Juden, der im Diesseits den Ort der göttlichen Schöpfung, Gerechtigkeit und Erlösung sieht, ist Gott eminent der Herr der Geschichte, und da stellt ‚Auschwitz' selbst für den Gläubigen den ganzen überlieferten Gottesbegriff in Frage. […] Wer aber vom Gottesbegriff nicht einfach lassen will – und dazu hat selbst der Philosoph ein Recht –, der muss, um ihn nicht aufgeben zu müssen, ihn neu überdenken und auf die alte Hiobsfrage eine neue Antwort suchen. Den ‚Herrn der Geschichte' wird er dabei wohl fahren lassen müssen. Also: Was für ein Gott konnte es geschehen lassen? […]

Selbst die Worte der großen Seher und Beter, der Propheten und Psalmisten, die außer Vergleich stehen, waren ein Stammeln vor dem ewigen Geheimnis. Auch jede Antwort auf die Hiobsfrage kann nicht mehr als das sein. Die meine ist der des Buches Hiob entgegengesetzt: Die beruft die Machtfülle des Schöpfergottes; meine seine Machtentsagung. […] Ob sie wahr ist, können wir von keiner Antwort wissen.

Hans Jonas

4 Christliche Theologie nach Auschwitz

Erst gegen Ende der fünfziger Jahre wurden Stimmen vernehmbar, die einen neuen, kritischen Blick auf die christliche Tradition warfen und theologische Konsequenzen anmahnten. […]

Im Mittelpunkt der Diskussion stehen seither vor allem die Versuche von Jürgen Moltmann, Dorothee Sölle und Johann Baptist Metz. Weichenstellend ist für alle drei eine Begebenheit geworden, die Elie Wiesel in seinem Bericht aus Auschwitz erzählt:

„Die SS erhängte zwei jüdische Männer und einen Jungen vor der versammelten Lagermannschaft. Die Männer starben rasch, der Todeskampf des Jungen dauerte eine halbe Stunde. ‚Wo ist Gott? Wo ist er?' fragte einer hinter mir. […] Und ich hörte eine Stimme in mir antworten: ‚Wo ist er? Hier ist er … Er hängt dort am Galgen …'"

Dass Gott am Galgen hängt, ist auch für Jürgen Moltmann die einzig mögliche Antwort. Ein Gott, der absolut, d.h. losgelöst vom Geschehen über allem thront, ein Gott, der hier nicht mitleidet, wäre in seinen Augen Blasphemie. In Moltmanns Entwurf ist darum alles Leiden der Welt in den innertrinitarischen Prozess hineingenommen, in dem Gott das Sterben seines Sohnes erleidet. Jesu Auferweckung sei in diesem Prozess die Antwort Gottes auf dessen Schrei der Verlassenheit am Kreuz und damit „der herrliche Anfang gelöster Theodizeefragen in der Welt."

Für Dorothee Sölle stellt sich die Frage, ob eine solche Deutung nicht Unvergleichbares vergleiche. In der Passionsgeschichte Jesu vollziehe sich die entscheidende Wendung von Jesu Bitte, verschont zu werden, hin zu der Gewissheit, dass das nicht der Fall sein würde, und schließlich zur Annahme des Leidensweges. In der Geschichte aus Auschwitz aber gebe es keine Entwicklung vom Schrei der Gottverlassenheit hin zur aktiven Annahme des Leidens in der Einheit einer Person. Werde aber diese Geschichte mit Hilfe jener von Golgatha gedeutet, so werde das sinnlos verhängte Leiden von Auschwitz mit der freien Passion Jesu gleichgesetzt – mit dem Ergebnis, dass diese Deutung „auf eine sublime Weise Entschärfung, ja Rechtfertigung" bewirke. […]

Johann Baptist Metz hat sowohl Moltmanns als auch Sölles Deutung der Geschichte von Elie Wiesel zurückgewiesen. Ob Christen als Außenstehende überhaupt berechtigt seien, den Jungen am Galgen in Auschwitz auf irgendeine Weise mit Gott in Verbindung zu bringen, bezweifelt er. „Ich meine, dass das nur der mit all den Kindern in Auschwitz bedrohte Jude sagen darf, er ganz allein."

Norbert Reck

— 1 Interpretieren Sie das Kunstwerk (M 2). Berücksichtigen Sie auch die Überschrift. > 1

2 a) Setzen Sie sich anhand von Ijob 1–3 und 31–42 in Kleingruppen mit der Bearbeitung der Theodizeefrage bei Hiob auseinander.

b) Beschreiben und interpretieren Sie die Hiob-Statue noch einmal vor dem Hintergrund der Botschaft des Hiobbuches. > 1, 2

— 3 a) Erläutern Sie, wie Jonas die Theodizee beschreibt und wo seine Lösung ansetzt. > 3

b) Arbeiten Sie Jonas' Antwortversuch heraus und nehmen Sie Stellung dazu. > 3,

— 4 a) Erläutern Sie die dargestellten christlichen Versuche einer „Theologie nach Auschwitz". > 4

plus b) Stellen Sie die Positionen von Moltmann und Sölle einander gegenüber. > 4

— 5 a) Diskutieren Sie (M 4) zu zweit, welche Fragen und Probleme sich aus der Erfahrung der Shoa für christliche und jüdische Theologie ergeben. > 3, 4

b) Entwerfen Sie einen Beitrag für ein Blog oder ein soziales Netzwerk, der die Theodizeefrage angesichts der Shoa thematisiert. > 1 – 4

— 6 Recherchieren Sie (M 8) die Hintergründe der Schreibweisen Ijob/Hiob und nehmen Sie Stellung, welche Variante Sie bevorzugen.

Das Leid und der Sinn

Leibniz

Steckbriefe

79502-05

ZUR SACHE

1 Leibniz' Formen des Übels

Gottfried Wilhelm Leibniz (1646–1716) war ein wichtiger Vordenker der Aufklärung und gilt als letzter „Universalgelehrter". Er differenzierte zwischen drei Formen des Leids: malum metaphysicum, morale und physicum. Der Begriff **malum metaphysicum** (metaphysisches Übel) meint die Begrenztheit der Schöpfung. Die Welt ist unvollkommen, woraus sich zwangsläufig moralische und natürliche Übel ergeben. Unter **malum morale** verstand Leibniz jene Übel, welche durch Menschen aufgrund der ihnen gegebenen Willensfreiheit verursacht werden. Sie sind daher nicht Teil von Gottes Schöpfungsplan. Dieses Böse kann uns jedoch helfen, uns moralisch weiterzuentwickeln. Mit **malum physicum** bezeichnet Leibniz jene Übel, die sich aus den in der Welt herrschenden Naturgesetzen ergeben. Leibniz war der Auffassung, dass Gott das Gute nicht ohne ein geringeres Maß an Übel hätte verwirklichen können.

2 Die beste aller möglichen Welten

Gottes überlegene Weisheit konnte in Verbindung mit seiner nicht weniger unendlichen Güte einzig und allein das Beste erwählen. […] Kann ein Gegner diesem Argument nicht beikommen, so wird er vielleicht auf unsere Schlussfolgerung mit einem entgegengesetzten Argument antworten: Er wird sagen, die Welt hätte ja ohne Sünde und ohne Leiden sein können; aber was ich bestreite, ist, dass sie dann besser wäre. Wissen muss man, dass in jeder möglichen Welt alles miteinander in Verbindung steht; jedwedes Universum ist ein Ganzes aus einem Stück, gleich dem Ozean; die geringste Bewegung breitet sich in beliebige Entfernung aus […]: So hat Gott ein für allemal alles im Voraus geregelt, er, der die Gebete, die guten und schlechten Handlungen und alles andere voraussah; und jedes Ding hat vor seiner Existenz idealiter zu dem Entschluss beigetragen, der über das Dasein aller Dinge gefasst wurde. […] Wenn somit das geringste Übel, das in der Welt eintrifft, fehlte, es wäre nicht mehr diese Welt, die, alles in allem, von dem sie auswählenden Schöpfer als die beste befunden worden ist.

Gottfried Wilhelm Leibniz

3 Kritik an Leibniz

(1) Kritik aus unabweisbarer Erfahrung: […] Im Jahre 1755 wurde Lissabon von einem verheerenden Erdbeben heimgesucht, dem etwa 30.000 Menschen zum Opfer fielen. […] Die Katastrophe von Lissabon war als physisches Übel im Sinne von Sündenfolge nicht zu deuten, es sei denn, man wollte Zyniker werden. Dann aber rechnet man nicht mehr mit der Güte Gottes. Leibniz' sorgfältig austariertes Gleichgewicht von Übeln in der Welt und Gottes Güte geriet in den Augen der meisten Zeitzeugen völlig durcheinander. […]

(2) Kritik aus erkenntnistheoretischer Perspektive I: David Hume (1711–1770) warf Leibniz vor, Dinge wissen zu wollen, die man nicht wissen kann. In […] „Dialogues Concerning Natural Religion" argumentiert er, dass es unzulässig ist, beobachtbare Kausalketten über das Sichtbare hinaus zu verlängern: […] nur weil wir meinen, es „müsse" so sein, muss es noch lange nicht sein. […] Das ist der Grundgedanke der Skepsis. Hält man ihn für plausibel, so bricht in der Tat das ganze Leibniz'sche Hypothesengebäude in sich zusammen. […]

(3) Kritik aus erkenntnistheoretischer Perspektive II: […] Der Vorwurf an Leibniz seitens Kant lautet, er betreibe doktrinäre Theodizee, […] die Lehrsätze, Doktrinen über Gott aufstellt. Das aber ist unmöglich. Es ist gleichwohl unumgänglich, über Gott zu reden. Das ist aber nicht die Aufgabe der theoretischen Vernunft, sondern die der praktischen. […] Das ist ein Reden von Gott, das nichts über ihn lehrt, aber jederzeit mit seiner Realität rechnet. […]

(4) Kritik im Namen der Realität des Bösen: Einen ganz anderen Punkt greift der Theologe Karl Barth (1886–1968) auf. Er wirft Leibniz vor, die Realität des

Bösen zu verharmlosen. […] Es ist nicht bloß das Nichtvorhandensein von Gutem, es ist selbst aktiv, subjekthaft, bedrohlich als Aktzentrum. […] Er rückt diese Rede absichtlich in große Nähe zum Dualismus, also zur Vorstellung zweier einander widerstrebender Prinzipien. Einen letzten Dualismus schließt er freilich aus und lehrt, dass das Nichtige vor Gott schon gerichtet ist und keinen Bestand haben wird. […] Die Realität der Sünde mit allen ihren fatalen Folgen braucht der Theologe nicht um seiner Sache willen entschärfen oder verschleiern. Gerade weil er auf Gott vertraut, kann er sie in voller Schärfe, und das heißt auch: als tendenziell eigenes Aktzentrum wahrnehmen.

Martin Hailer

4 Ein Problem – viele Lösungen?

Leugnung des Übels: Bei der sogenannten Bonisierung wird davon ausgegangen, dass Übel an sich nicht existieren und als etwas Gutes angesehen werden können.

Funktionalisierung des Bösen: Dem Leid wird eine bestimmte Funktion für einen höheren Zweck zugesprochen. Dazu zählt der Gedanke, dass Leid einen pädagogischen Sinn erfüllt oder dass es dazu da ist, damit der Mensch das Gute überhaupt erkennen und schätzen kann.

Verharmlosung des Übels: Man geht davon aus, dass ein allmächtiger und guter Gott nur Gutes erschafft. In der Privationstheorie wird das Übel lediglich als eine Beraubung des Guten bzw. als Abwesenheit von Gutem verstanden. Das Modell der Depotenzierung relativiert das Leid im Diesseits im Hinblick auf das zukünftige Leben (Vertröstung auf das Jenseits).

Mitleiden Gottes: Gott leidet selbst mit den Leidenden mit. Auch wenn dieser Gedanke keine echte Antwort auf die Theodizeefrage liefert, hat sie vielen Menschen in schwierigen Zeiten Kraft und Hoffnung gegeben.

Modifikation der Eigenschaften Gottes: Bei diesem Denkansatz werden die Gott zugeschriebenen Eigenschaften wie Güte, Allmacht oder Allwissenheit neu gedeutet, etwa indem man eine Ohnmacht Gottes denkt.

Verteidigung der Naturgesetze: Die Naturgesetze, die auch die Evolution bis hin zum Menschen ermöglichten, sind Ursache mancher Übel in der Welt. Sie können nicht verbessert werden.

Willensfreiheit: Es gibt zahlreiche Leiden, die durch Menschen aufgrund von deren Willensfreiheit, die immer auch die Freiheit zum Bösen einschließt, verursacht werden.

Deismus-These: Der Deismus geht davon aus, dass Gott die Welt zwar erschaffen hat, sich dann aber aus ihr zurückgezogen hat und nicht mehr in ihren Lauf eingreift.

Basierend auf Klaus von Stosch

— 1 a) Nennen Sie jeweils Beispiele für die drei Arten der Übel nach Leibniz. > 1

b) Erläutern Sie, inwiefern die Unterscheidung der Übel im Zusammenhang mit dem Theodizeeproblem hilfreich ist. > 1

— 2 a) Gestalten Sie eine Infografik (M 11) zu Leibniz' Theorie der „besten aller möglichen Welten". > 2

plus b) Beurteilen Sie den Beitrag von Leibniz' Theorie zur Theodizeefrage. > 1, 2

— 3 Fassen Sie die vier Kritikpunkte in eigenen Worten zusammen und erörtern Sie diese. > 3

— 4 a) Erklären Sie die Lösungen in Gruppen anhand von Beispielen. > 4

b) Nehmen Sie einen begründeten eigenen Standpunkt zu den dargestellten Lösungsansätzen zur Theodizeefrage ein. > 4

plus 5 Entwickeln Sie auf Grundlage der bearbeiteten Argumente einen eigenen Lösungsansatz zur Theodizeefrage. > 1 – 4

Ludwig Feuerbach – Mensch statt Gott

Feuerbach

Steckbriefe

79502-05

HINTERGRUND

1 Ludwig Feuerbach

Ludwig Feuerbach (1804–1872) gilt als einer der bedeutendsten Religionskritiker des 19. Jahrhunderts. Ursprünglich studierte er evangelische Theologie. Nachdem er mit immer stärkeren inneren Widerständen zu kämpfen hatte, wechselte er zur Philosophie, distanzierte sich aber bald von der universitären Philosophie. Seine Religionskritik ist heute als „Projektionstheorie" bekannt.

2 Das Wesen des Christentums

In einem seiner bedeutendsten Werke, „Das Wesen des Christentums", forderte Feuerbach, dass die Anthropologie an die Stelle der Theologie treten müsse. Für Feuerbach ist das, was der religiöse Mensch anbetet, letztlich nichts anderes als ein Teil von ihm selbst.

Das *absolute Wesen*, der Gott des Menschen ist *sein eigenes Wesen*. Die Macht des Gegenstandes über ihn ist daher die Macht *seines eigenen Wesens*. […]

Und hier gilt daher ohne alle Einschränkung der Satz: Der Gegenstand des Menschen ist nichts andres als sein *gegenständliches* Wesen selbst. Wie der Mensch denkt, wie er gesinnt ist, so ist sein Gott: soviel Wert der Mensch hat, soviel Wert und nicht mehr hat sein Gott. *Das Bewusstsein Gottes ist das Selbstbewusstsein des Menschen, die Erkenntnis Gottes die Selbsterkenntnis des Menschen.* Aus seinem Gotte erkennst du den Menschen und wiederum aus dem Menschen seinen Gott; beides ist eins. Was dem Menschen Gott ist, *das ist sein Geist, seine Seele,* und was des *Menschen Geist, seine Seele, sein Herz, das ist sein Gott:* Gott ist das *offenbare* Innere, das *ausgesprochene* Selbst des Menschen; die Religion die feierliche Enthüllung der verborgnen Schätze des Menschen, das Eingeständnis seiner innersten Gedanken, das *öffentliche Bekenntnis seiner Liebesgeheimnisse.*

Wenn aber die Religion, das Bewusstsein Gottes, als das Selbstbewusstsein des Menschen bezeichnet wird, so ist dies nicht so zu verstehen, als wäre der religiöse Mensch sich direkt bewusst, dass sein Bewusstsein von Gott das Selbstbewusstsein seines Wesens ist, denn der Mangel dieses Bewusstseins begründet eben das eigentümliche Wesen der Religion. Um diesen Missstand zu beseitigen, ist es besser zu sagen: die Religion ist das *erste* und *zwar indirekte Selbstbewusstsein* des Menschen. […] Der Mensch verlegt sein Wesen zuerst *außer sich*, ehe er es in sich findet. Das eigne Wesen ist ihm zuerst als ein andres Wesen Gegenstand. […]

Und unsere Aufgabe ist es eben, nachzuweisen, dass der Gegensatz des Göttlichen und Menschlichen ein illusorischer, d.h. dass er nichts andres ist als der Gegensatz zwischen dem menschlichen Individuum, dass folglich auch der Gegenstand und Inhalt der christlichen Religion ein durchaus menschlicher ist.

Die Religion, wenigstens die christliche, ist das *Verhalten des Menschen zu sich selbst, oder* richtiger: *zu seinem Wesen*, aber das Verhalten zu seinem Wesen als *zu einem andern Wesen. Das göttliche Wesen ist nichts andres als das menschliche* Wesen oder besser: *das Wesen des Menschen*, abgesondert von den Schranken des individuellen, d.h. wirklichen, leiblichen Menschen, vergegenständlicht, d.h. *angeschaut* und *verehrt als ein andres, von ihm unterschiednes, eignes Wesen* – alle *Bestimmungen* des göttlichen Wesens sind darum Bestimmungen des menschlichen Wesens. […]

Die Religion ist die Entzweiung des Menschen *mit sich selbst*: er setzt sich Gott als ein ihm *entgegengesetztes* Wesen gegenüber. Gott ist *nicht*, was der *Mensch* ist – der Mensch *nicht*, was *Gott* ist. Gott ist das unendliche, der Mensch das endliche Wesen; Gott vollkommen, der Mensch unvollkommen; Gott ewig, der Mensch zeitlich; Gott allmächtig, der Mensch ohnmächtig; Gott heilig, der Mensch sündhaft. Gott und Mensch sind Extreme: Gott das schlechthin Positive, der Inbegriff aller Realitäten, der Mensch das schlechtweg Negative, der Inbegriff aller Nichtigkeiten.

Aber der Mensch vergegenständlicht in der Religion sein eignes geheimes Wesen. […]
Denn wenn es auch eine eigennützige Liebe unter den Menschen gibt, so ist doch die wahre menschliche Liebe, die allein dieses Namens würdige, diejenige, welche dem Andern zu Liebe das Eigne aufopfert. Wer ist also unser Erlöser und Versöhner? Gott oder die Liebe? Die Liebe; denn Gott als Gott hat uns nicht erlöst, sondern die Liebe, welche über den Unterschied von göttlicher und menschlicher Persönlichkeit erhaben ist. Wie Gott sich selbst aufgegeben aus Liebe, so sollen wir auch aus Liebe Gott aufgeben; denn *opfern wir nicht Gott der Liebe auf, so opfern wir die Liebe Gott auf,* und wir haben trotz des Prädikats der Liebe den Gott, das böse Wesen des religiösen Fanatismus.

Ludwig Feuerbach

3 Kritik am Kritiker

Feuerbachs Wirklichkeitsbegriff lässt nur materielles Sein als real gelten und verdächtigt alles geistige Sein als bloßes Gedachtsein.

Feuerbach hat sein Religionsbild aus einem Christentum abgeleitet, das Frömmigkeit verjenseitigt und individualisiert.

Feuerbach vernachlässigt alle biblischen Traditionen, die von diesseitigem Heil sprechen.

Feuerbach blendet die Erfahrung aus, dass Begrenzung und Scheitern elementare Lebenserfahrungen sind, die allein innergeschichtlich nicht aufzulösen sind.

Feuerbachs These lässt die vielen Belege unbeachtet, die von Gottes radikaler Andersartigkeit und Fremdheit sprechen.

Nach Rolf Dober

4 Positive Impulse der Religionskritik

Im Grunde haben Feuerbach, Marx und Freud mit ihrer Religionskritik der Theologie einen Dienst erwiesen. Sie haben dazu angehalten, das erste und zweite Gebot – sich neben Gott keine anderen Götter und von Gott selbst keine Bilder und Gleichnisse zu machen – strenger zu beachten als zuvor. Dadurch hat eine Art theologischer Hygiene stattgefunden, indem zahlreiche erstarrte, ja falsche menschliche Vorstellungen von Gott zerstört und der Glaube an Gott von Pseudoelementen gereinigt wurde. Immer wieder droht ja das Bild Gottes von den Interessen der Gläubigen geprägt und überlagert zu werden. Weil die Bauern am guten Wetter interessiert waren, wurde Gott für sie zum Wettergott; weil die Soldaten sich den Sieg wünschten, riefen sie Gott als den Herrn der Heerscharen an; weil die Herrschaftsträger ihre Macht zu stabilisieren trachteten, beriefen sie sich auf Gott als den Hüter der Ordnung; weil die Besitzenden ihren Besitz behalten wollten, nannten sie Gott den Geber aller guten Gaben; weil die Armen und Unterdrückten sich nach Gerechtigkeit und Freiheit sehnten, verwandelte sich ihnen das Reich Gottes in die klassenlose Gesellschaft. […]
Die Warnung vor Projektionen erinnert uns daran, dass alle unsere menschlichen Bilder, Begriffe und Vorstellungen von Gott immer nur Symbole und Chiffren sind, unzureichend und flüchtig.

Heinz Zahrnt

— 1 Setzen Sie sich mit Leben und Werk Feuerbachs auseinander. > 1,

— 2 a) Fassen Sie die Kernthesen von Feuerbachs Theorie stichpunktartig zusammen. > 2

b) Erklären Sie, wie Feuerbach Gott versteht. > 2

c) Erörtern Sie, welche Konsequenzen sich aus Feuerbachs Theorie für ein religiöses bzw. religionsloses Leben ergeben. > 2

— 3 a) Setzen Sie sich in Gruppen mit den Argumenten gegen Feuerbachs Theorie auseinander und beziehen Sie einen eigenen Standpunkt. > 3

plus b) Entwickeln Sie ein weiteres Argument für oder gegen Feuerbachs Theorie. > 3

— 4 Beurteilen Sie die positiven Aspekte von Feuerbachs Projektionstheorie für das Christentum. > 4

Tod oder Opium? Nietzsche und Marx

Vertiefungen
79502-06

1 Gott ist tot!

Habt ihr nicht von jenem tollen Menschen gehört, der am hellen Vormittage eine Laterne anzündete, auf den Markt lief und unaufhörlich schrie: „Ich suche Gott! Ich suche Gott!“ – Da dort gerade viele von denen zusammenstanden, welche nicht an Gott glaubten, so erregte er ein großes Gelächter. „Ist er denn verloren gegangen?“ sagte der eine. „Hat er sich verlaufen wie ein Kind?“ sagte der andere. „Oder hält er sich versteckt? Fürchtet er sich vor uns? Ist er zu Schiff gegangen? Ausgewandert?“ – so schrien und lachten sie durcheinander. Der tolle Mensch sprang mitten unter sie und durchbohrte sie mit seinen Blicken. „Wohin ist Gott?“ rief er, „ich will es euch sagen! Wir haben ihn getötet, – ihr und ich! Wir alle sind seine Mörder! Aber wie haben wir dies gemacht? Wie vermochten wir das Meer auszutrinken? Wer gab uns den Schwamm, um den ganzen Horizont wegzuwischen? Was taten wir, als wir diese Erde von ihrer Sonne losketteten? Wohin bewegt sie sich nun? Wohin bewegen wir uns? Fort von allen Sonnen? Stürzen wir nicht fortwährend? Und rückwärts, seitwärts, vorwärts, nach allen Seiten? Gibt es noch ein Oben und ein Unten? Irren wir nicht wie durch ein unendliches Nichts? [...]

Gott ist tot! Gott bleibt tot! Und wir haben ihn getötet! Wie trösten wir uns, die Mörder aller Mörder? Das Heiligste und Mächtigste, was die Welt bisher besaß, es ist unter unseren Messern verblutet, – wer wischt dies Blut von uns ab? Mit welchem Wasser könnten wir uns reinigen? Welche Sühnfeiern, welche heiligen Spiele werden wir erfinden müssen? Ist nicht die Größe dieser Tat zu groß für uns? Müssen wir nicht selber zu Göttern werden, um nur ihrer würdig zu erscheinen? Es gab nie eine größere Tat, – und wer nur immer nach uns geboren wird, gehört um dieser Tat willen in eine höhere Geschichte, als alle Geschichte bisher war!“ – Hier schwieg der tolle Mensch und sah wieder seine Zuhörer an: auch sie schwiegen und blickten befremdet auf ihn.

Friedrich Nietzsche

2 Nicht fertig mit dem Christentum

Friedrich Nietzsche, Sohn eines lutherischen Pfarrers aus dem sächsischen Röcken, stritt zeit seines Lebens mit Kirche und Christentum. Er war weder Atheist noch gläubiger Christ, und doch setzte er sich in sämtlichen seiner Schriften mit religiösen Themen auseinander – mit der Götterwelt der alten Griechen, mit Katholizismus und Protestantismus, mit Buddhismus, Hinduismus und Islam. Nietzsche war auch kein Theologe, obwohl er in Bonn kurze Zeit protestantische Theologie studierte. [...]

In Nietzsches nachgelassenen Notizen findet sich die beiläufige Bemerkung: „Mit dem Christentum werde ich nicht fertig.“

Friedrich Nietzsches grundlegendes Thema, das er immer wieder in die unterschiedlichsten Werke seiner kurzen, 18-jährigen Schaffenszeit einfließen ließ, ist der Wandel unserer Gottesvorstellungen: Der Wandel vom sinnlich erfahrbaren Gott zu einem Wert, den wir als Gott verehren; der Übergang von einer Religion des Lebens zu einer der décadence. Das ist der zentrale Nerv seiner Argumentation: Der Kampf gegen die nihilistische, gegen die verneinende Kultur.

Klaus Englert

3 Nur „Opium des Volks“?

Für Marx hat Religion zwei Funktionen: Einerseits eine Protestfunktion, denn sie formuliert ein Idealbild der Welt – und tritt so in herausfordernden Gegensatz zur Realität. Andererseits hat sie eine Trostfunktion, weil sie mit erwarteten Belohnungen im Himmelreich Menschen über die Missstände in ihrem Leben hinwegtrösten kann.

Für Marx steht fest: Die Religion trägt zur Bindung des Arbeiters an den Fabrikanten bei, indem sie ihn stets auf das ewige Leben vertröstet und so die eigene Befreiung der Arbeiter behindert. Religion trägt für Marx also zur Unterstützung der bestehenden Verhältnisse bei, von denen die zur Obrigkeit gehörende Geistlichkeit durchaus profitiert. „Die Religion ist der Seufzer der bedrängten Kreatur, das Gemüt einer herzlosen Welt, wie sie der Geist geistloser Zustände ist. Sie ist das Opium des Volks."

Die Opium-Metapher hat Marx nicht erfunden [...]. Neben der betäubenden Wirkung steht Opium im Kontext der Zeit [...] für wirtschaftliche Interessen, Gewalt und Politik. Genau diese politische (und damit kapitalistische) Dimension der Religion ist es auch, die Marx stört. Sein enger Vertrauter Friedrich Engels kann die Folgen dieser Handlangerfunktion im eigenen Umfeld erleben, wie er in den Briefen aus seiner Heimat, dem Wuppertal, berichtet: „Die reichen Fabrikanten aber haben ein weites Gewissen und ein Kind mehr oder weniger verkommen zu lassen, bringt keine Pietistenseele in die Hölle, besonders wenn sie alle Sonntage zweimal in die Kirche geht." Religion konnte also ein Unterdrückungsinstrument für die Armen und ein Mittel der Selbstberuhigung für die Reichen sein. [...]

Wichtig ist hier noch eine Unterscheidung: Marx spricht vom „Opium des Volkes" – die Menschen betrügen sich also mit der Religion gewissermaßen selbst. Erst beim deutlich gewaltbereiteren Lenin wird daraus das „Opium für das Volk", da betäubt also jemand absichtsvoll einen anderen. Es findet hier also eine Verschärfung statt, die bereits unter Lenin zu Schließungen und unter Stalin dann zu zahlreichen Abrissen von Kirchen in Russland (vor allem Moskau) führt – Staaten wie die DDR ziehen später nach.

Doch Karl Marx „tickt" da anders: Zeit seines Lebens geht es ihm um Freiheit und Selbstbestimmung. Er will Religion nicht verbieten – er will, dass sie überflüssig wird, dass sie keine opiumhafte Wirkung mehr entfalten muss: „Die Aufhebung der Religion als des illusorischen Glücks des Volkes ist die Forderung seines wirklichen Glücks. Die Forderung, die Illusionen über seinen Zustand aufzugeben, ist die Forderung, einen Zustand aufzugeben, der der Illusionen bedarf."

Marx war also mehr als ein Religionsfeind. Er hat die äußerst problematische politische und gesellschaftliche Rolle einer antimodern geprägten Kirche seiner Zeit kritisiert und auf lange Sicht sogar dazu beigetragen, dass die Kirche ihre Haltung zum Teil revidiert hat. Privat scheint Marx zur Religion im Übrigen ein entspanntes Verhältnis gehabt zu haben: Er hatte kein Problem mit gläubigen Menschen und scheint zudem bibelfest gewesen zu sein.

Christoph Paul Hartmann

4 Ist Gott tot?

Graffiti am Limburger Bischofshaus

— **1** a) Fassen Sie die Erzählung in eigenen Worten zusammen und ordnen Sie die Aussage „Gott ist tot!" in den Zusammenhang ein. > 1

plus b) Erläutern Sie den wissenschaftlich-technischen Fortschritt im 19. Jahrhundert und setzen Sie Ihre Einsichten in Beziehung zu Nietzsches Erzählung. > 1

c) Beziehen Sie einen gut begründeten eigenen Standpunkt zur Aussage „Gott ist tot!". > 1

— **2** a) Erläutern Sie, wie Englert Nietzsche interpretiert, und prüfen Sie die Interpretation am Text. > 1, 2

b) Erklären Sie den „Wandel unserer Gottesvorstellungen" (Z. 17) anhand konkreter Beispiele. > 2

c) Entwerfen Sie als Fortsetzung eine Reaktion auf den „tollen Menschen" aus der Perspektive einer der zuhörenden Personen (Z. 37f.). > 1, 2

— **3** a) Erklären Sie zu zweit, was Marx mit „Opium des Volks" meinte. > 3

b) Gestalten Sie eine Präsentation (M 12) mit Beispielen, in denen Religion in der Gefahr steht, „Opium des Volks" zu sein. > 3

c) Entwickeln Sie Kriterien für einen Gottesglauben, in dem die Religion keine „betäubende" Wirkung mehr entfaltet. > 3

— **4** Interpretieren Sie das Bild (M 2) unter Berücksichtigung des Kontextes (Bildunterschrift). > 4

Die Frage nach Gott und die Antworten der Theologie

Vertiefungen
79502-07

1 Über Gott reden ...!?

Wolfgang Lettl (1919–2008): Das Plädoyer der Theologen (2000)

2 Woran dein Herz hängt

Was heißt, einen Gott haben, oder was ist Gott? Antwort: ein Gott heißt das, dazu man sich versehen soll alles Guten und Zuflucht haben in allen Nöten; also dass einen Gott haben nichts anders ist, denn ihm von Herzen trauen und glauben; wie ich oft gesagt habe, dass allein das Trauen und Glauben des Herzens beide macht, Gott und Abgott. Ist der Glaube und Vertrauen recht, so ist auch dein Gott recht; und wiederum, wo das Vertrauen falsch und unrecht ist, da ist auch der rechte Gott nicht. Denn die zwei gehören zu Haufe, Glaube und Gott. Worauf du nun (sage ich) dein Herz hängst und verlässest, das ist eigentlich dein Gott.

Martin Luther

3 Wovon der Mensch abhängt

§. 3. Die Frömmigkeit, welche die Basis aller kirchlichen Gemeinschaft ausmacht, ist rein für sich betrachtet weder ein Wissen noch ein Tun, sondern eine Bestimmtheit des Gefühls oder des unmittelbaren Selbstbewusstseins. […]

§. 4. Das gemeinsame aller noch so verschiedenen Äußerungen der Frömmigkeit […] ist dieses, dass wir uns unsrer selbst als schlechthin abhängig, oder, was dasselbe sagen will, als in Beziehung mit Gott bewusst sind. […]

§. 50. Alle Eigenschaften, welche wir Gott beilegen, sollen nicht etwas besonderes in Gott bezeichnen, sondern nur etwas besonderes in der Art, das schlechthinnige Abhängigkeitsgefühl auf ihn zu beziehen. […]

§. 167. Lehrsatz. Gott ist die Liebe.

Friedrich Schleiermacher

4 Was uns unbedingt angeht

Gott ist die Antwort auf die Frage, die in der Endlichkeit des Menschen liegt, er ist der Name für das, was den Menschen unbedingt angeht. Das heißt nicht, dass es zunächst ein Wesen gibt, das Gott genannt wird, und dann die Forderung, dass es den Menschen unbedingt angehen soll. Es heißt, dass das, was einen Menschen unbedingt angeht, für ihn zum Gott (oder Götzen) wird, und es heißt, dass nur das ihn unbedingt angehen kann, was für ihn Gott (oder Götze) ist. Der Ausdruck: „das, was unbedingt angeht“, weist auf eine Spannung in der menschlichen Erfahrung hin. Auf der einen Seite ist es unmöglich, dass uns etwas angeht, dem nicht konkret begegnet werden kann […]. Andererseits muss das, was unbedingt angeht, alles, was uns vorläufig und konkret angeht, transzendieren. Es muss den ganzen Bereich des Endlichen transzendieren, um die Antwort auf die Frage zu sein, die in der Endlichkeit liegt. Aber indem das religiöse Anliegen das Endliche transzendiert, verliert es die Konkretheit einer Beziehung zwischen endlichen Wesen. Es hat die Tendenz, nicht nur absolut, sondern auch abstrakt zu werden und damit Reaktionen des konkreten Elements hervorzurufen. Das ist die unausweichliche innere Spannung in der Gottesidee.

Paul Tillich

5 Der ganz Andere

Wir Theologen sind durch unsern Beruf in eine Bedrängnis versetzt, in der wir uns vielleicht vertrösten, aber sicher nicht trösten lassen können. […] *Wir sollen als Theologen von Gott reden. Wir sind aber Menschen und können als solche nicht von Gott reden. Wir sollen Beides, unser Sollen und unser Nicht-Können, wissen und eben damit Gott die Ehre geben.* Das ist unsre Bedrängnis. Alles Andre ist daneben Kinderspiel. […]
Der Mensch als Mensch schreit nach Gott, nicht nach einer Wahrheit, sondern nach der Wahrheit, nicht nach etwas Gutem, sondern nach dem Guten, nicht nach Antworten, sondern nach der Antwort, die unmittelbar eins ist mit seiner Frage.

Karl Barth

6 Gott träumt uns

Von Gott reden – das ist, was ich möchte und woran ich immer wieder scheitere. Das ist, was ich seit vielen Jahren versuche, in der Sprache der Frauen, in der Sprache der Rechtlosen und der Beschädigten, in der Sprache meiner Tradition, die ich liebe, die bei Jesaja anfängt und nicht mit dem Mittelalter zu Ende ist. Und es misslingt mir fast immer, dieses Von-Gott-Reden. […]
Aber, so höre ich einwenden, über Gott zu reden, hat das nicht nur dann Sinn, wenn Gott irgendeine Macht verkörpert? Wenn sich etwas in unserem Leben verändert durch Gott und mit Gott? […]
Ich wurde nicht Gott los, wie viele, die ihm die Verantwortung allein übertragen hatten, ich begriff vielmehr, dass Gott uns braucht, um das, was in der Schöpfung gemeint war, zu realisieren. Gott träumt uns, und wir sollen ihn nicht allein träumen lassen.

Dorothee Sölle

7 Gott als Geheimnis

Der Weg dieses Geheimnisses, das Wunder seines Prozesses, wird nicht durch sein Ziel gerechtfertigt. Er führt hinaus in Raum und Zeit, ohne einen allzu geradlinigen Pfad, auf dem er sich erstreckt. Und doch ist jeder Schritt von Bedeutung. Das Geheimnis zieht uns vorwärts. Wir versuchen immer, es zu ergründen; unseren Weg zu erkennen; Hinweise, Andeutungen und Zeichen zu sammeln. Auf dem Weg lösen wir eine Aufgabe nach der anderen. Aber der Inhalt, mit dem wir uns hier beschäftigen, kann ein richtiges Rätsel darstellen: Wenn wir glauben, dass wir es endlich haben, haben wir es dann bereits verloren? Ist „Gott“ das Geheimnis? […] Das Göttliche ist sicherlich ein Geheimnis.

Catherine Keller

— **1** a) Interpretieren Sie das Bild (M 2). Beziehen Sie Michelangelos Deckenfresko in der Sixtinischen Kapelle in Ihre Deutung ein. > 1

b) **Für alle Texte:** Geben Sie die Positionen zunächst in eigenen Worten wieder. Recherchieren Sie (M 8) außerdem Leben und Werk der Autorinnen und Autoren. > 2 – 7

— **2** Entfalten Sie Luthers Position anhand von Beispielen aus Ihrem Umfeld. > 2

— **3** a) Erklären Sie, was Schleiermacher unter Gott bzw. unter dem Glauben an Gott versteht. > 3

plus b) Beurteilen Sie, inwiefern sich ein Glaube als „Lebensgefühl“ von anderen denkbaren Arten des Glaubens unterscheidet. > 3

— **4** a) Erläutern Sie Tillichs Unterscheidung von bedingten und unbedingten Erfahrungen. > 4

b) Erörtern Sie, welche Bedingungen die „Gottesidee“ nach Tillich erfüllen muss. > 4

— **5** Analysieren Sie die Position Barths in Bezug auf das von ihm vorausgesetzte Gottesbild. > 5

— **6** Interpretieren Sie Sölles Aussagen bezüglich des Verhältnisses von Gott und Mensch. > 6

— **7** Setzen Sie sich mit Kellers Beschreibung von Gott als „Geheimnis“ auseinander und zeigen Sie mögliche Konsequenzen für den Glauben auf. > 7

— **8** a) Vergleichen Sie die Positionen in einer Tabelle oder einem Schaubild (M 10). > 2 – 7

plus b) Vergleichen Sie einen der Texte mit einer religionskritischen Position (S. 20–23). > 2 – 7

c) Entwerfen Sie eine Wortwolke, in der Sie „Gott“ anhand der untersuchten Texte umschreiben. Ergänzen Sie eigene Begriffe. > 2 – 7

d) Setzen Sie in Kleingruppen jeweils einen Text in Beziehung zum Bild. Erläutern Sie, ob bzw. wie das Bild geändert werden müsste, um zum Text zu passen. > 1 – 7

Gott als Schöpfer glauben

1 Schöpfungsglaube und Kunst

Robert Gottschalk (1906–1967): Schöpfung (1947)

2 Schöpfung glauben!?

Der Schöpfungsglaube ist ein Glaube, also keine Weltentstehungstheorie, sondern eine tief verwurzelte innere Einstellung zum Leben selbst. Deshalb interessiert er sich für naturwissenschaftliche Erkenntnisse, steht aber nicht in Konkurrenz zu ihnen. Denn er zielt auf eine andere Ebene des Denkens, Empfindens und Handelns. Das wird deutlich, wenn man seine verschiedenen Aspekte auseinanderlegt. Das grundlegende Empfinden des Schöpfungsglaubens ist Dankbarkeit. Sie quillt aus der Einsicht, dass mein Dasein sich nicht eigener Anstrengung verdankt. […] Dass es mich gibt, ich atme, gehe, schaue, spreche, arbeite, schlafe, hoffe, zweifle und glaube, lässt sich nicht restlos aus äußeren Umständen ableiten. Wenn ich es recht bedenke […], bin ich mir selbst ein Wunder vor meinen Augen: Ich verdanke mich der kreativen Kraft eines ganz Anderen. Diese Dankbarkeit entfaltet sich zu einem allumfassenden Staunen, wenn ich nicht nur auf mein kleines Leben schaue, sondern das Leben in seinen schier unendlichen Formen und Farben betrachte […]. Wie von selbst führt das Empfinden staunender Dankbarkeit so zu einem Gefühl von Verantwortung und Solidarität. Ich bin nicht allein. Diese Welt ist nicht nur für mich da. Ich bin Teil eines Ganzen, untrennbar verbunden mit dem Leben unzähliger anderer Geschöpfe. Ohne sie würde ich die nächste Sekunde nicht überleben. Aber es ist mehr als Eigennutz, wenn ich darauf achte, anderem Leben keinen unnötigen Schaden zuzufügen, sondern es in seiner Entfaltung zu fördern. Denn ich bin fähig, Mitleid zu empfinden mit jedem Kind, jeder Frau, jedem Mann, auch jedem Tier – ja, wenn ich es intensiv genug bedenke, auch mit jeder Pflanze, mit allem, dem Schmerz zugefügt wird, das verletzt wird, stirbt. Darin zeigt sich, dass das innerste Prinzip unseres Lebens die Liebe ist. Als Liebe zu allem, was lebt, ist sie unendlich groß und verweist auf den, der die Liebe selbst ist. […]

Johann Hinrich Claussen

3 „Schöpfung" und Kreationismus

Im 21. Jahrhundert sieht sich die Schöpfungstheologie vor allem durch zwei Problemzusammenhänge herausgefordert: Zum einen durch die mehrschichtige Konfliktsituation mit einem Weltbild, das die Wirklichkeit wahrnimmt, als ob es keinen Gott gäbe, zum anderen durch die ethischen Probleme, die aus einem schonungslosen Umgang mit der Natur und aus den neuen Möglichkeiten zur Einflussnahme auf die genetischen Bausteine des Lebens erwachsen. Deshalb muss sich heute jeder schöpfungstheologische Entwurf detailliert um die Hermeneutik der biblischen Schöpfungstexte und um das Gespräch mit der Physik, der Biologie sowie der Kosmologie und der Anthropologie bemühen. Darüber hinaus hat die ökologische Krise, die sich inzwischen zu einer Krise des Weltklimas auszuweiten scheint, zu einer Neubelebung der Theologie der Natur und zur Frage nach einem Ethos des schonenden Umgangs mit ihr geführt. […]

Gerade aus theologischen Gründen ist der Kreationismus abzulehnen. Er setzt sich über die bibelwissenschaftlichen und systematisch-theologischen Einsichten in die Entstehung, Ausformung und Bedeutung des biblischen Schöpfungszeugnisses hinweg und missachtet die geschichtlichen Kontexte seiner Entstehung. Damit bringt er sich um die Möglichkeit einer angemessenen Erschließung des biblischen Schöpfungszeugnisses. Und er ignoriert die Unterscheidung der Erkenntnisebenen. Der entscheidende Denkfehler besteht darin, mit Hilfe naturwissenschaftlicher Methoden das Eingreifen Gottes in die Evolution von Kosmos und Biosphäre beweisbar und insofern darstellbar machen zu wollen. Auf diese Weise gerät Gott in die zweifelhafte Rolle eines Lückenbüßers. Wenn man die Lücken im Bereich der Evolution aufspürt, um an ihnen das direkte Eingreifen Gottes zu belegen, wird dem Gottesverständnis ein schlechter Dienst erwiesen. Denn man schiebt Gott gedanklich mit jeder durch neue Erkenntnis geschlossenen Lücke unweigerlich aus der Welt hinaus, in die man ihn doch gerade hineinholen wollte.

Rat der EKD

4 Der Begriff „Schöpfung"

„Schöpfung" kann leicht missverstanden werden als eine ökologisch oder politisch motivierte Metapher für die Umwelt, insofern diese als verletzlich, bedroht und schützenswert in den Blick genommen wird. „Schöpfung" als Thema der Theologie wäre aber gründlich verfehlt, wenn dahinter eine metaphysisch verbrämte oder romantisierende Lehre von der Welt erblickt würde. Theologisch gesehen kann von „Schöpfung" nicht geredet werden, ohne zugleich vom Schöpfer zu reden. […] Schöpfung meint das von Gott Geschaffene und von ihm Unterschiedene und umfasst – theologisch verstanden – restlos alles, was nicht der Schöpfer selbst ist. […]

Im Zuge der […] ökologischen Krisen wurde der Schöpfungsbegriff wieder so populär, dass seine Vorgeschichte anscheinend – zumindest im öffentlichen Bewusstsein – weitgehend in Vergessenheit geriet. Allerdings ergaben sich Schwierigkeiten […] auch hinsichtlich des Begriffs selber, der namentlich in ökotheologischen Diskursen unscharf gegen den Naturbegriff abgegrenzt wurde. Im Rahmen des so genannten konziliaren Prozesses, der 1983 auf der Vollversammlung des Ökumenischen Rates der Kirchen in Vancouver seinen Anfang nahm und sich für Gerechtigkeit, Friede und Bewahrung der Schöpfung einsetzen sollte, wurde dies besonders deutlich. Namentlich das Ziel der „Bewahrung der Schöpfung" rief Kritik hervor, da hier Natur und Schöpfung nicht unterschieden werden. Theologisch kann der Mensch nicht Subjekt der Bewahrung von Schöpfung sein. Richtiger müsste von „Bewahrung der Natur im Wissen um ihren Charakter als Schöpfung" gesprochen werden.

Konrad Schmid

1 a) Interpretieren Sie das Bild (M 2). Beziehen Sie Ihr Vorwissen aus der 8. Klasse ein. > 1

b) Finden Sie einen Vers aus Gen 1–2, Ps 8, Ps 104 oder Spr 8,22–31, der für Sie zum Bild passt. > 1

2 a) Arbeiten Sie heraus, welche Aspekte nach Claussen zum Schöpfungsglauben gehören. > 2

b) Analysieren Sie, in welchem Verhältnis zu den Naturwissenschaften Claussens Position steht. Beziehen Sie Ihr Vorwissen ein. > 2

3 a) Setzen Sie sich mit den Herausforderungen für heutige Schöpfungstheologie auseinander. Skizzieren Sie mögliche Lösungen. > 3

b) Beziehen Sie einen eigenen Standpunkt zum Kreationismus. > 2, 3

4 Beurteilen Sie Schmids Kritik am Gebrauch des Wortes „Schöpfung" aus theologischer Sicht. > 4

5 a) Formulieren Sie eine eigene Erklärung, was die theologische Rede von „Schöpfung" heute (nicht) bedeuten kann. > 2 – 4

plus b) Recherchieren Sie (M 8) eine jüdische oder islamische Perspektive auf den Schöpfungsglauben und stellen Sie diese Ihrer Lerngruppe vor.

Gott als der Unverfügbare

Boff

Steckbriefe
79502-05

1 Lasst euch von ihm finden

Geht in euren Tag hinaus
ohne vorgefasste Ideen,
ohne an Müdigkeit zu denken,
ohne Plan von Gott,
ohne Bescheidwissen über ihn,
ohne Enthusiasmus, ohne Bibliothek –
geht so auf die Begegnung mit ihm zu.
Brecht auf ohne Landkarte –
und wisst,
dass Gott unterwegs zu finden ist
und nicht erst am Ziel.
Versucht nicht,
ihn nach Originalrezepten zu finden,
sondern lasst euch von ihm finden
in der Armut eines banalen Lebens.

Madeleine Delbrêl

2 Die Unverfügbarkeit des Schnees

Der Soziologe Hartmut Rosa vertritt die These, dass dem modernen Menschen die Akzeptanz des Unverfügbaren abhandengekommen ist. Um das Phänomen der Unverfügbarkeit zu veranschaulichen, erinnert er an den ersten Schneefall.

Es war wie der Einbruch einer anderen Realität. Etwas Scheues, Seltenes, das uns besuchen kommt, das sich herabsenkt und die Welt um uns herum verwandelt, ohne unser Zutun, als unerwartetes Geschenk. Der Schneefall ist geradezu die Reinform einer Manifestation des Unverfügbaren: Wir können ihn nicht herstellen, nicht erzwingen, nicht einmal sicher vorherplanen, jedenfalls nicht über einen längeren Zeitraum hinweg. Und mehr noch: Wir können des Schnees nicht habhaft werden, ihn uns nicht aneignen: Wenn wir ihn in die Hand nehmen, zerrinnt er uns zwischen den Fingern, wenn wir ihn ins Haus holen, fließt er davon, und wenn wir ihn in die Tiefkühltruhe packen, hört er auf, Schnee zu sein.

Hartmut Rosa

3 Unvorstellbarkeit

Rupprecht Geiger (1908–2009): Ludwigkirche Ibbenbüren (1971)

4 Das biblische Bilderverbot

In seinem narrativen Kontext im zweiten Buch Mose ist dieses Verbot („Du sollst dir kein Bildnis [= ‚Kultbild'] noch irgendein Gleichnis [= ‚Statue'] machen …"; Ex 20,4) eng mit der grundlegenden Erzählung von der Entmachtung der Bilder verknüpft, der Geschichte vom „Goldenen Kalb" aus Ex 32. […]

Die biblische Überlieferung verlegt einen Konflikt in die Wüstenzeit, der augenscheinlich immer wieder in der Geschichte des Volks aufflammte. Aus exilisch-nachexilischer Zeit finden sich Spottverse auf jene, die sich aus Holz oder Metall selbst einen Gott bauen und diesen anbeten […]. Dass solche Polemik nötig war, ist Indiz dafür, wie wenig selbstverständlich es war, keinen Götzen zu haben und anzubeten.

Im Tempel zu Jerusalem hingegen gipfelt die anikonische Bilderverehrung darin, dass im Allerheiligsten zunächst nur die Lade mit den Geboten Gottes steht – und dann, nach der Zerstörung des Tempels und nach dem Wiederaufbau im 6. Jahrhundert, nichts mehr! Das leere Allerheiligste ist religionsgeschichtlich ungewöhnlich (wenn auch nicht singulär), gleichzeitig aber eine theologische Notwendigkeit. Denn im Bilderverbot geht es um die Bewahrung einer zweifachen Freiheit: der Freiheit Gottes und der Menschen. Gott lässt sich nicht auf Bilder festlegen, die sich Menschen von ihm machen – weder auf gegossene goldene Kälber noch auf Sprachbilder.

Dem Bilderverbot entspricht eine Verweigerung der Festlegung auf einen Namen: „Ich bin, der ich bin", „werde sein, der ich sein werde" (Ex 3,14).

Alexander Deeg

5 Gott ist Mysterium, ist Liebe

Meine Grundaussage lautet: Im Anfang war das Mysterium. Das Mysterium war Gott. Gott war das Mysterium. Gott ist Mysterium für uns und für Gott.

Gott ist in dem Maß ein Mysterium für uns, als wir niemals aufhören, danach zu forschen, sei es durch den Verstand oder durch die Liebe. Jedes Zusammentreffen hinterlässt in uns eine Leere, die zu einem neuen Treffen führt. Jede Erkenntnis öffnet ein weiteres Fenster zu einer neuen Erkenntnis. Das Mysterium Gottes ist nicht die Grenze der Erkenntnis, sondern die Grenzenlosigkeit der Erkenntnis. Es ist die Liebe, die keine Ruhe kennt. Das Mysterium lässt sich in kein Schema pressen und lässt sich schon gar nicht in den engmaschigen Religionen, Kirchen oder Doktrinen gefangen halten. Es wird immer zu erforschen bleiben.

Das Mysterium ist eine abwesende Anwesenheit. Und auch eine anwesende Abwesenheit. Das Mysterium manifestiert sich in unserem völligen Unbefriedigtsein, das unermüdlich und vergebens nach Befriedigung sucht. In diesem Hin und Her zwischen An- und Abwesenheit vollzieht sich das menschliche Sein, tragisch und glücklich, fertig und doch nicht abgeschlossen. […]

Gott bleibt einer Zukunft gegenüber aufgeschlossen, die eine wirkliche Zukunft ist. Folglich ist Gott aufgeschlossen gegenüber etwas, das noch nicht geschehen ist, doch das geschehen könnte und für Gott selbst neu wäre. Mit der Menschwerdung begann Gott etwas zu werden, das Gott nicht zuvor war. Daher findet in Gott ein Werden statt, ein Zu-etwas-Werden.

Doch das Mysterium offenbart sich selbst ständig und kommuniziert mit sich selbst durch einen inneren Dynamismus. Es geht aus sich selbst heraus, kennt und liebt das Neue, das sich durch es zeigt. Was offenbart wird, ist keine Reproduktion, sondern immer etwas Anderes und Neues, auch für Gott. Im Gegensatz zu einem Rätsel, das sich selbst auflöst, indem man es löst, erscheint das Mysterium, je mehr es erkannt wird, als etwas immer Unbekannteres, d.h. als Mysterium, das zu mehr Erkenntnis und zu größerer Liebe führt. […]

Im Angesicht des Mysteriums blockieren sich die Worte, erlöschen die Bilder und verschwinden die Bezugspunkte. Was uns zukommt sind Stille, Verehrung, Anbetung und Kontemplation. Darin zeigt sich die adäquate Haltung dem Mysterium gegenüber.

Leonardo Boff

— **1** a) Analysieren Sie, wie Delbrêl über Gott denkt. > 1
b) Erörtern Sie, wie sich das Reden über Gott verändert, wenn Sie negative Formulierungen („ohne") durch positive („mit") ersetzen. > 1

— **2** a) Arbeiten Sie zu zweit heraus, was Rosa unter Unverfügbarkeit versteht. > 2
b) Prüfen Sie, inwiefern man auch von einer „Unverfügbarkeit Gottes" sprechen könnte. > 2

— **3** a) Interpretieren Sie das Bild (M 2) zu zweit und entwerfen Sie einen Titel dafür. > 3
b) Nehmen Sie spontan Stellung, ob das Bild auch den Titel „Gott" tragen könnte. > 3

— **4** a) Erläutern Sie anhand der Ausführungen von Deeg die zentralen biblischen Aspekte zur Unverfügbarkeit Gottes. > 4
b) Diskutieren Sie (M 4), weshalb Menschen sich Bilder von Gott und Göttern gemacht haben bzw. machen. > 4

— **5** a) Fassen Sie (M 1) die wichtigsten Aussagen von Boff thesenartig zusammen. > 5
b) Nehmen Sie Stellung zu der Aussage, dass Gott ein Mysterium sei. > 5

— **6** Setzen Sie das Bild jeweils in Beziehung zu den Texten. > 1 – 5

Gott zwischen Nähe und Distanz

1 El Roi – Gott sieht mich

Jutta Blühberger (*1959): El Roi – Gott sieht mich (2018)

2 Von Gott

Als vor Zeiten der erste bebende Laut über meine Lippen drang, erklomm ich den heiligen Berg und sprach zu Gott. Und ich sagte: „Herr, ich bin dein Diener. Dein geheimer Wille ist mein Gesetz, und ich folge dir immerdar."

Aber Gott antwortete nicht. Er entschwand einem mächtigen Sturme gleich.

Und nach tausend Jahren erklomm ich den heiligen Berg, und wieder sprach ich zu Gott. Und ich sagte: „Schöpfer, ich bin dein Geschöpf. Aus Ton hast du mich geformt, und was ich bin und habe, schulde ich dir." Aber Gott antwortete nicht. Er entschwand tausend eiligen Flügeln gleich.

Und nach tausend Jahren erklomm ich den heiligen Berg, und wieder sprach ich zu Gott. Und ich sagte: „Vater, ich bin dein Sohn. Aus Liebe und Erbarmen hast du mich gezeugt, und in Liebe und Ehrerbietung will ich dein Königreich erben."

Aber Gott antwortete nicht. Er verschwand wie Dunst in der Ferne.

Und nach tausend Jahren erklomm ich den heiligen Berg, und wieder sprach ich zu Gott. Und ich sagte: „Mein Gott, mein Ziel und meine Erfüllung. Ich bin dein Gestern, und du bist mein Morgen. Ich bin deine Wurzel in der Erde, du bist meine Blüte am Firmament, und gemeinsam wachsen wir vor dem Antlitz der Sonne."

Da neigte sich Gott hernieder und flüsterte süße Worte in mein Ohr. Und wie der See das Bächlein umfängt, das in ihn mündet, so umfing er mich. Und als ich in die Weiten und Täler hinabstieg, war Gott auch dort.

Khalil Gibran

3 Gott im Lichte

Gott wohnt in einem Lichte, dem keiner nahen kann.
Von seinem Angesichte trennt uns der Sünde Bann.
Unsterblich und gewaltig ist unser Gott allein,
will König tausendfaltig, Herr aller Herren sein.

Und doch bleibt er nicht ferne, ist jedem von uns nah.
Ob er gleich Mond und Sterne und Sonnen werden sah,
mag er dich doch nicht missen in der Geschöpfe Schar,
will stündlich von dir wissen und zählt dir Tag und Jahr.

Auch deines Hauptes Haare sind wohl von ihm gezählt.
Er bleibt der Wunderbare, dem kein Geringstes fehlt.
Den keine Meere fassen und keiner Berge Grat,
hat selbst sein Reich verlassen, ist dir als Mensch genaht.

Er macht die Völker bangen vor Welt- und Endgericht
und trägt nach dir Verlangen, lässt auch den Ärmsten nicht.

Aus seinem Glanz und Lichte tritt er in deine Nacht:
Und alles wird zunichte, was dir so bange macht.

Nun darfst du in ihm leben und bist nie mehr allein,
darfst in ihm atmen, weben und immer bei ihm sein.
Den keiner je gesehen noch künftig sehen kann,
will dir zur Seite gehen und führt dich himmelan.

Jochen Klepper

4 Gott in Bewegung

Im Extremfall führt das Gerichtshandeln Jhwhs sogar dazu, dass von seinem ‚fremden Werk' gesprochen wird (s. Jes 28,21); ja, in der Folge kann dann auch Jhwh selbst als *deus absconditus*, [...] als „sich verbergender Gott" (Jes 45,15) erfahren werden, der sich abgewandt hat; er zeichnet sich nicht mehr durch Präsenz, sondern durch unheilvolle Ferne und Abwesenheit aus, wovon insbesondere die Klagelieder der Einzelnen und des Volkes beredt Zeugnis ablegen. Diese „dunklen Seiten Gottes" dürfen keinesfalls vorschnell eingeebnet werden. Dennoch setzen diese Abwendungen und Weg-Bewegungen Jhwhs seine vorgängige Zuwendung voraus: Negative Gegenerfahrungen leben ihrerseits vom – nunmehr problematisch gewordenen – Gottesverhältnis und gewinnen allererst auf dieser Basis ihre Brisanz und Schärfe! Die Abwesenheit eines ohnehin weltfernen, selbstgenügsamen, in sich ruhenden Gottes wäre demgegenüber nicht der Rede wert.

Bei aller Vielgestaltigkeit dieser Gottesrelationen bleibt also die beziehungsreiche Bewegung Jhwhs als Zuwendung zu den Seinen grundlegend. Freilich begnügt man sich im alten Israel nicht damit, von der Bewegung Gottes auf Mensch und Welt zu, gleichsam von der Außenbewegung Jhwhs zu sprechen.

Vielmehr werden, zum anderen, auch Rückschlüsse auf Jhwh selbst, gleichsam auf seine Innenbewegung, gewagt: *Auch Jhwh selbst befindet sich in Bewegung*; nach Auskunft der Quellen bleibt er nicht statisch und unveränderlich, sondern wandelt sich selbst in vielfältiger Weise. [...]

Mithin werden Wandlungen und Transformationen Jhwhs selbst greifbar, der sozusagen auch intrinsisch in Bewegung ist bzw. sich immer wieder in Bewegung setzt und setzen lässt. Diese interne ‚Geschichte Jhwhs' stellt die zweite Seite der Bewegung Jhwhs dar, die mit seiner externen Geschichte, seiner Bewegung auf Israel, Menschen und Welt zu unlösbar verquickt ist [...]. Gerade so wahrt der in Zeit und Geschichte sich in Bewegung befindende Gott seine Identität und Selbigkeit: ‚*Er* wird der sein, der *er* sein wird', wie sich im Anschluss an den theologischen Spitzensatz Ex 3,14 formulieren lässt: als der sich bewegende Gott bleibt er einer und derselbe [...].

Nimmt man beide Bewegungsdimensionen zusammen, so ruht Jhwh weder selbstgenügsam und unbewegt in sich, noch bleibt er selbst statisch und unveränderlich; er geht vielmehr aus sich heraus und wandelt sich selbst: Jhwh bewegt sich auf Israel zu und zugleich in sich selbst. Er ist Gott in – beziehungsreicher – Bewegung und insofern kann man ihn als „beweglichen Gott" bezeichnen (Jan-Dirk Döhling).

Martin Leuenberger

1 Interpretieren Sie das Gemälde (M 2). > 1

2 a) Interpretieren Sie die Erzählung im Blick auf das enthaltene Gottesbild. > 2
b) Setzen Sie den Text mit Ex 3 in Beziehung. > 2
c) Vergleichen Sie die Verheißungen aus Ex 3 mit Ex 20,2 und beurteilen Sie, inwiefern man Jhwh als „befreienden Gott" bezeichnen kann.

3 a) Informieren Sie sich im Internet über das Leben Kleppers (M 8) und interpretieren Sie den Liedtext vor dem Hintergrund Ihres erworbenen Wissens. > 3
b) Nehmen Sie Stellung zu dem Gedanken, dass Gott zugleich unnahbar (Strophe 1) und doch immer da (Strophen 2 und 4) ist. > 3

4 a) Erläutern Sie die verschiedenen Gottesbewegungen nach Leuenberger. > 4
plus b) Erklären Sie, was mit den „dunklen Seiten Gottes" gemeint ist. > 4

5 a) Setzen Sie in Kleingruppen das Bild in Beziehung zu den Texten dieser Seite. > 1 – 4
plus b) Zeigen Sie auf, welche Konsequenzen es für den christlichen Glauben hat, Gott in der Spannung von Nähe und Distanz zu glauben.

Jesus Christus – Gott wird Mensch

HINTERGRUND

1 Jesus historisch

Die wichtigste Quelle über das Leben Jesu sind die Evangelien, die das Leben Jesu aber immer aus nachösterlicher Perspektive deuten.

Wann und wo Jesus tatsächlich geboren wurde, lässt sich heute nicht mehr rekonstruieren. Als Geburtsorte kommen sowohl Nazareth als auch Bethlehem infrage. Folgt man den Angaben bei Lukas (Augustus als römischer Kaiser, Quirinius Prokurator in der Provinz Syria) und Matthäus (Herodes der Große König in Galiläa, seltene Sternenkonstellation), so könnte man Jesu Geburt in den Zeitraum zwischen 7 und 4 vor unserer Zeit einordnen.

Dass der Mensch Jesus tatsächlich gelebt hat, darüber besteht heute in der Forschung Einigkeit. Ob und inwiefern Jesus allerdings auch göttlich war, darüber ist in der Theologiegeschichte immer wieder gestritten worden.

2 Krippe in der Zeltstadt

Kelly Latimore (*1986): Tent City Nativity

3 Was heißt „Menschwerdung Gottes"?

„Der Heilige Geist wird über dich kommen, und die Kraft des Höchsten wird dich überschatten", kündigt der Bote der jungen Frau an. Ein Gott werde die Sterbliche schwängern. Der Bote ist der Verkündigungsengel. Und er sagt der Jungfrau Maria die Geburt eines von Gott gezeugten Kindes an: Jesus.

Dass ein Götterwesen sich irdischen Freuden hingibt, kommt in den Mythen vieler Religionen vor. Die Herrscher Babylons und Ägyptens waren angeblich göttlichen Ursprungs. Auch bedeutenden Persönlichkeiten der griechischen Antike wurde das nachgesagt.

Doch die Ankündigung dieses Boten findet sich in der Bibel, im ersten Kapitel des Lukasevangeliums. Das Paradoxe an der Situation: Gerade die biblische Tradition schließt jede Vermischung von menschlicher und göttlicher Sphäre kategorisch aus. Streng unterscheidet die Bibel zwischen Schöpfer und Geschöpf. Sie verbietet jegliche Gottesabbildung, damit die Gläubigen Gott nicht auf eine Ebene mit irgendwelchen existenten Dingen oder Lebewesen stellen. Und wenn israelitische Könige dennoch beanspruchten, von Gott gezeugte Söhne zu sein […], hielt das Judentum stets mit Nachdruck dagegen: Dies sei bildlich zu verstehen, nicht wörtlich.

Als „unvereinbar mit der tiefsten Wahrheit der prophetischen Offenbarung" bezeichnete daher der evangelische Theologe Paul Tillich die Vorstellung eines höheren Wesens, das auf die Erde kommt, eine Jungfrau schwängert und selbst Mensch wird: „Der Gott, der alles Seiende erschafft, erhält und übersteigt, ist nicht selbst ein Seiendes, auch nicht das höchste Seiende", schrieb er […] gegen allzu naive Inkarnationsvorstellungen. Wer wörtlich an der mythischen Variante von Gottes Menschwerdung festhält, muss sich von Juden, Muslimen und Atheisten zu Recht vorwerfen lassen, er sei abergläubisch.

Dennoch mutet das Neue Testament den Gläubigen eine sehr weitgehende Identifikation von Gott und Jesus zu. Etwa wenn der Evangelist Johannes Jesus mit dem Satz wiedergibt: „Ich und der Vater sind eins."

Leider hat sich nach zwei Jahrtausenden beharrlichen Gebrauchs von Bekenntnisformeln wie „aus dem Vater geboren, Gott von Gott, Licht vom Licht" (so im Glaubensbekenntnis von Nizäa, 325 n. Chr.) das Bewusstsein dafür abgeschliffen, wie skandalös und anmaßend solch eine Behauptung für die ersten Hörer klang.
Denn auch das betont das Neue Testament: Jesus von Nazareth war kein über die Erde wandelnder Gott, sondern ein Mensch, der wirklich gelebt hat. Aber darin, wie er lebte, starb und den Tod überwand, erkannten seine Jünger Gottes wahres Ebenbild. „Er ist das Ebenbild des unsichtbaren Gottes, der Erstgeborene vor aller Schöpfung", so heißt es im Kolosserbrief, einem der ältesten christlichen Schriftzeugnisse überhaupt. Modern formuliert: So wie Jesus war der Mensch gedacht, als Gott ihn schuf.
Die Faszination für Jesus hat sich über die Jahrtausende gehalten. Der Philosoph Karl Jaspers zählte den Mann mit dem „grenzenlosen Leidensbewusstsein" zu den „maßgebenden Menschen" der Weltgeschichte. Der atheistische Publizist Gerhard Szczesny [tschesni] nannte Jesus ein „Genie des liebenden Verstehens".
Die Lehre von der Menschwerdung Gottes kann man auch so verstehen: Wenn es einen Gott gibt, dann muss er so sein wie dieser Mensch Jesus von Nazareth – annehmend, vergebend, liebend und bis zur völligen Selbstverleugnung sich für andere hingebend.
„Wahrlich, dieser Mensch ist Gottes Sohn gewesen", sagte der Hauptmann unterm Kreuz, nachdem er Zeuge geworden war, wie Jesus starb (Markusevangelium 15,39). Christen haben Bekenntnisse wie dieses ins Zentrum ihres Glaubens gerückt. Jesus ist nicht nur der Messias, der Christus, der Sohn Gottes. Mehr noch: In Jesus von Nazareth zeigt sich, wie Gott wirklich ist. Insofern ist die Lehre, dass Gott Mensch wird, Krankheit, Verachtung und den Tod auf sich nimmt und mit den Menschen teilt, logischer Rückschluss aus diesem Christusglauben. Dass Jesus gezeugt, nicht geschaffen sei, unterstreiche, dass sich in diesem Menschen Gott gezeigt habe, sagen die Theologen. Ansonsten ist die Weihnachtsgeschichte vom Heiligen Geist, der eine Jungfrau schwängert, legendarische Ausschmückung, mehr nicht.

Burkhard Weitz

4 Universum und Atom

Der Themawechsel vom Glauben an Gott den Schöpfer der Welt zum Glauben an Gott den Versöhner der Welt lässt sich außer vom Inhaltlichen her schon formal als ein auffallender Szenenwechsel kennzeichnen. Er ähnelt dem Wechsel in der Physik vom Universum zum Atom. Im Zeichen des ersten Glaubensartikels war von der Wirklichkeit im ganzen die Rede, von der Welt als Natur und als Geschichte und darum auch [...] von der gesamten Menschheit [...]. Aus diesen ungeheuren Weiten stellt sich nun jedoch der Blick um auf einen winzigen Punkt, historisch datierbar [...], auf einen einzigen Menschen, biographisch dürftig beschreibbar und nur von kurzer Lebensdauer, den Menschen Jesus. [...]
So exklusiv also der Blick auf den einen Jesus Christus gerichtet wird, so universal ist das, was sich in diesem einen Brennpunkt versammelt. [...] Trotz der nicht strenger denkbaren Konzentration auf einen einzigen Menschen wird erneut das Ganze zum Thema: Gott, Welt und Mensch, nun vereint im Glauben an Jesus Christus.

Gerhard Ebeling

1 a) Vergleichen Sie Mt 1,1–2,12 mit Lk 2,1–20 (M 16). Arbeiten Sie heraus, inwiefern Jesus aus der Sicht der Evangelisten mehr als ein „normaler Mensch" war.
b) Erläutern Sie, welchen Einfluss die nachösterliche Perspektive auf die Jesusdarstellung der Evangelien hatte. > 1

2 a) Interpretieren Sie das Bild (M 2). > 2
b) Arbeiten Sie aus dem Bild eine Aussage über die Menschwerdung Gottes heraus. > 2
c) Setzen Sie das Bild in Beziehung zu Phil 2,6–11. > 2

3 a) Fassen Sie die Grundaussagen des Textes thesenartig zusammen. > 3
b) Erörtern Sie zu zweit, wie der Glaube an Jesus Christus das Gottesbild beeinflusst. > 3
plus c) Skizzieren Sie Argumente für eine zustimmende oder ablehnende Erwiderung auf Weitz. > 3

4 a) Erklären Sie den Zusammenhang von Schöpfungs- und Christusglaube nach Ebeling. > 4
plus b) Zeigen Sie Konsequenzen für Ihr Verständnis des christlichen Glaubens auf. > 4

Ein (mit-) leidender Gott?

Origenes
Moltmann

Steckbriefe
79502-05

1 Leidens(un)fähig?

In den ersten Jahrhunderten des Christentums wurde meist gelehrt, Gott sei kein emotionales Wesen und könne daher nicht leiden (*impassibilitas* / Apathie Gottes). Allerdings findet sich schon in der Ezechielauslegung des Origenes (VI,6) ein Abschnitt, der von der Leidensfähigkeit Gottes ausgeht.

Er, der Erlöser stieg auf die Erde herab aus Mitleid mit dem Menschengeschlecht. Er hat unsere Leiden (*passiones*) gelitten, bevor er das Kreuz erlitt und bevor er sich würdigte, unser Fleisch anzunehmen; denn hätte er nicht (zuvor) gelitten, so wäre er nicht in den Wandel des menschlichen Lebens eingetreten. Zuerst hat er gelitten, dann stieg er herab und wurde sichtbar. Was ist das für ein Leiden, das er für uns erlitt? Das Leiden ist Liebe (*caritas est passio*). Und der Vater selbst, der Gott des Alls, ‚langmütig und von großer Erbarmung' (Psalm 103,8) leidet er nicht auch in gewisser Weise? Oder weißt du nicht, dass er, wenn er sich zu den Menschen herablässt, menschliches Leiden leidet? ‚Es ertrug der Herr, dein Gott, deine Sitten, wie wenn ein Mensch seinen Sohn erträgt' (Deuteronomium 1,31). So erträgt Gott unsere Sitten, wie der Sohn Gottes unser Leiden trägt. Selbst der Vater ist nicht leidensunfähig (*ipse pater non est impassibilis*). Wenn er angerufen wird, erbarmt er sich und fühlt den Schmerz mit. Er erleidet ein Leiden der Liebe (*passio caritatis*) und wird etwas, was er wegen der Größe seiner Natur nicht sein kann, und hält unsertwegen menschliche Leiden aus.

Origenes

2 Gott im Dialog

[Die] Gotteserfahrung der Bibel lebt von allem Anfang an aus dem Dialog. Mit einem allmächtigen Gegenüber aber gibt es keinen Dialog, da gibt es nur Unterwerfung [...]. Es wäre kein einziger Psalm gebetet und geschrieben worden, kein einziger Prophet hätte so geredet, stünde die Gottesvorstellung eines Allmächtigen dahinter. Sie erschlägt jeden Dialog. Sie erdrückt jedes Gebet, sie erstickt jede Prophetie. Sie nivelliert die Einzigartigkeit der biblischen Gotteserfahrung.

Denn die liegt von allem Anfang an in der Menschlichkeit dieses Gottes. Der abstrakte Gott der Philosophen, gedacht als das absolute höchste Sein, ist unberührbar, nicht verletzlich, nicht leidensfähig. Es gibt aber keine Liebe ohne Verletzlichkeit, keine Liebe ohne Leiden, ja: keine Liebe ohne die Erfahrung der Ohnmacht. Für Jugendliche kann die Vorstellung eines allmächtigen Vaters zu einem Alptraum werden. Sensible Väter machen dagegen unweigerlich die Erfahrung der Ohnmacht – eine leidvolle Erfahrung, aber nur so bewahren sie ihren Kindern die Freiheit, sich selbst zu finden. [...]

Wo es so klingt, steht nicht die Vorstellung eines allmächtigen Gottes dahinter, sondern die pure Verzweiflung – dass dieser gute befreiende Gott doch ohnmächtig bleibt gegen die Unmenschlichkeit der Feinde.

Diese Erfahrung hat Dietrich Bonhoeffer immer wieder reflektiert, nicht aus einem Abstand, in dem man sich in theologische Paradoxien retten kann, sondern in der wachsenden Bedrängnis seiner Haft. Er findet im Neuen Testament den Hinweis, dass auch Christus nicht hilft kraft seiner Allmacht, sondern gerade in der Teilnahme am Leiden, in seiner Schwachheit, er begreift, dass gerade dies zur Eigenart der biblischen Gotteserfahrung gehört, dass er sich „aus der Welt herausdrängen lässt – ans Kreuz" – „und nur so ist er bei uns und hilft uns" – denn: „nur der leidende Gott kann helfen".

Ingo Baldermann

3 Der gekreuzigte Gott

Das Kreuz wird nicht geliebt und kann nicht geliebt werden. Und doch verschafft nur der Gekreuzigte jene Freiheit, die die Welt verändert, weil sie den Tod nicht mehr fürchtet. Der Gekreuzigte galt in seiner Zeit als Ärgernis und Torheit. Es ist auch heute unzeitgemäß, ihn in den Mittelpunkt des christlichen Glaubens und der Theologie zu stellen. Und doch befreit nur die unzeitgemäße Erinnerung an ihn Menschen von der Macht gegenwärtiger Fakten und den Gesetzen und Zwängen der Geschichte und öffnet sie für eine Zukunft, die nicht wieder dunkel wird. Es kommt heute darauf an, dass sich Kirche und Theologie auf den gekreuzigten Christus besinnen, um der Welt seine Freiheit zu zeigen, wenn anders sie werden wollen, was sie zu sein behaupten: nämlich die Kirche Christi und christliche Theologie.

Christliche Kirche und christliche Theologie werden für mich nur dann für die Probleme der modernen Welt relevant, wenn sie den „harten Kern" ihrer Identität im gekreuzigten Christus offenbaren und durch ihn selbst zusammen mit der Gesellschaft, in der sie leben, in Frage gestellt werden. […] Glaube, Kirche und Theologie sollen zeigen, was sie von jenem Mann aus Nazareth, gekreuzigt unter Pontius Pilatus, eigentlich glauben und erhoffen und welche praktischen Konsequenzen sie daraus ziehen wollen. Der gekreuzigte Christus ist selbst die Herausforderung der christlichen Theologie und Kirche, die sich nach seinem Namen zu nennen wagen.

Jürgen Moltmann

1 a) Nehmen Sie einen Standpunkt ein (M 18): Kann Gott leiden?

b) Diskutieren Sie Origenes' Argumente (M 4). Prüfen Sie anschließend, ob sich Ihr Standpunkt verändert hat (M 18). > 1

2 a) Arbeiten Sie heraus, warum „Allmacht Gottes" keine biblische Vorstellung ist. Beziehen Sie den Text auch auf eigene Erfahrungen. > 2

b) Interpretieren Sie zu zweit die zitierten Aussagen Bonhoeffers (Z. 25–35). > 2

plus c) Setzen Sie Allmacht/Ohnmacht und Liebe Gottes in Beziehung zueinander. > 1, 2

3 a) Erläutern Sie die Bedeutung des Kreuzes für die christliche Theologie nach Moltmann. > 3

b) Zeigen Sie anhand der Texte Konsequenzen für das Verhältnis zwischen Gott und Mensch auf. > 1 – 3

4 a) Interpretieren Sie das Bild (M 2) im Zusammenhang mit den Texten der Doppelseite. > 4

plus b) Recherchieren Sie (M 8) weitere Kreuzesdarstellungen. Interpretieren und vergleichen Sie diese. > 4

5 Setzen Sie ausgewählte Gedanken dieser Doppelseite in Beziehung zu biblischen Texten, etwa Gen 6,5f.; Num 23,19; Jer 4,19; Hos 11,9; Mk 15,34; Lk 19,41; Jak 1,17.

4 Das Kreuz in der Kunst

José Clemente Orozco (1883–1949): Christus zerstört sein Kreuz (1943)

Jesu Auferstehung

Bultmann

Steckbriefe
79502-05

1 Wahrheit im Glauben

Die Wahrheit der Auferstehung Christi kann nicht vor dem Glauben, der den Auferstandenen als den Herrn anerkennt, eingesehen werden. Die Tatsache der Auferstehung kann […] nicht als ein objektiv feststellbares Faktum […] erwiesen oder einleuchtend gemacht werden. Aber sie kann – und sie kann nur so – geglaubt werden, sofern sie bzw. der Auferstandene im verkündigten Worte gegenwärtig ist. Der Glaube an die Auferstehung Christi und der Glaube, dass im verkündigten Wort Christus selbst, ja Gott selbst, spricht (2. Kor 5,20), ist identisch. Christus ist ja im Kerygma nicht so präsent, wie eine große geschichtliche Person in ihrem Werk und ihren geschichtlichen Wirkungen präsent ist. Nicht um eine geistesgeschichtliche Wirkung, die sich innerhalb der Geschichte vollzieht, handelt es sich ja, sondern darum, dass eine geschichtliche Person und ihr Schicksal zum Range des eschatologischen Ereignisses erhoben ist. Das Wort, das dieses verkündigt, gehört selbst mit zu diesem Ereignis und trifft – anders als sonst alle historische Überlieferung – den Hörer als persönliche Anrede. Hört er es als das zu ihm gesprochene, ihm den Tod und dadurch das Leben zusprechende Wort, so glaubt er an den Auferstandenen.

Rudolf Bultmann

2 Gegen die todbringenden Mächte

„Ich glaube an das Leben nach dem Tod, das Leben, das weitergeht nach meinem individuellen Tod, an den Frieden, der vielleicht irgendwann einmal sein wird, wenn ich schon lange tot bin, an die Gerechtigkeit und die Freude. Ich glaube nicht an eine individuelle Fortexistenz und möchte auch nicht in die Lage kommen, daran glauben zu müssen. Ich empfinde das wie eine Krücke des Glaubens, aber eigentlich sollten wir ja gehen lernen, und ich möchte gehen lernen, ohne mich dieser bürgerlichen Krücke bedienen zu müssen".

Dorothee Sölle begreift sich als Teil eines Ganzen, als Teil der Natur, die vor ihr war und nach ihr sein wird, ohne dass sie als Individuum ihre Teilhaftigkeit weiterleben müsste. […] Aus dieser Haltung gegenüber dem Tod resultiert für sie eine radikale Zuwendung zum Leben […] in dem Sinn, dass sie sich mit allen Kräften gegen die menschengemachten todbringenden Mächte einsetzt. […] So versteht sie auch die Auferstehung Jesu Christi als ein Auferstehen in das Leben von Menschen, die seine Sache weitertragen, wie sie es in einem Glaubensbekenntnis für das Politische Nachtgebet 1968 formuliert hat: Ich glaube an Jesus Christus, der aufersteht in unser Leben, dass wir frei werden von Vorurteilen und Anmaßung, von Angst und Hass, und seine Revolution weitertreiben auf sein Reich hin.

Sabine Bieberstein

3 Wie Geschichte schreiben?

Der Theologieprofessor Peter Lampe erörtert drei Sichtweisen auf die Auferstehung, um zu erklären, wie Geschichtsschreibung funktioniert.

[Wirklichkeitskonstrukt A] „Ein toter Jesus stand zum Leben auf, weil Gott ihn erweckte. Er konnte sich deshalb nach Ostern den Hinterbliebenen in Selbstoffenbarungen […] zeigen. Mit seiner Auferweckung nahm er einen Ort der Herrlichkeit an der Seite Gottes ein. Als Kyrios ist er im Gebet anrufbar." […]

[Wirklichkeitskonstrukt B] „Jesus von Nazareth starb und wurde begraben. Wenig später sah Petrus in einer Vision einen lebendigen Jesus. […] Diese Gesichte werden von der Psyche des Visionärs generiert; ihnen korrespondiert nichts außerhalb der Psyche. […]"

[Wirklichkeitskonstrukt C] „Der erhöhte Christus offenbarte sich als ein den Menschen Externer in mehreren visionären Erlebnissen in die Gehirne des Petrus und anderer Jesusanhänger hinein – ohne dass dem außerhalb dieser Zentralnervensysteme etwas sinnlich Wahrnehmbares entsprochen hätte. Kameras hätten bei diesen Ereignissen nichts aufgezeichnet. […]"

[…] Jeder wird für sich entscheiden müssen, wie glatt Lösung A, B oder C sich in den eigenen Wirklichkeits-

Gesamtentwurf einfügt (Kohärenz). Deutlich wird dann, dass das historiographische Konstrukt, das eigentlich den Anspruch erhebt, damalige Wirklichkeit zu beschreiben, eng mit dem Wirklichkeitskonstrukt verbunden ist, das jeder Historiker für seine eigene Gegenwart sich baut. Auf das Auferstehungsbeispiel bezogen: Ob jemand das Geschichtskonstrukt A oder B bevorzugt, hängt davon ab, ob er für seine eigene *Gegenwart* einen wirkmächtigen, Tote auferweckenden Gott anzunehmen bereit ist. […] Wir schreiben Geschichte nicht nur um ihrer selbst willen, sondern unweigerlich um unserer selbst und unserer Gegenwart willen, um unser Jetzt zu verstehen und uns in ihm zu positionieren. […]

Selbst bei redlichstem Anstrengen und kontrolliertester Methodik vermögen wir als Menschen nicht, Geschichte gänzlich losgelöst von uns selbst zu betrachten, steril allein um ihrer selbst willen, als ließe sie sich zurückholen. Nein, sie ist tot, verweht – solange wir in die Zeitdimension eingebunden sind. […]

Mit der Erkenntnis, dass Geschichtsschreiben immer ein Teil der Konstruktion *gegenwärtiger* Wirklichkeit ist, verträgt sich durchaus die traditionelle theologische Position, dass ich als *Theologe* Jesusgeschichte, will ich ihrem Anspruch gerecht werden, nicht ohne die […] Perspektive des Betroffenseins kommunizieren kann – in diesem Falle eines Betroffenen, der mit der Gegenwart eines erhöhten und lebendigen Kyrios rechnet.

Peter Lampe

1 a) Führen Sie ein Brainstorming (M 7) zum Thema „Auferstehung" durch und vergleichen Sie Ihre Ergebnisse mit Bultmanns Position. > 1

b) Überprüfen Sie in Kleingruppen, inwiefern sich Bultmanns Position auf Auferstehungstexte (Mk 16; Mt 28; Lk 24; Joh 20f.) berufen kann.

2 Setzen Sie sich mit der Position Sölles auseinander und vergleichen Sie diese mit Bultmanns. > 1, 2

3 a) Vergleichen Sie die drei „Konstrukte". > 3

b) Analysieren Sie, wie Geschichtsschreibung nach Lampe möglich ist. Nehmen Sie Stellung. > 3

4 a) Arbeiten Sie heraus, wie Paulus Jesu Auferstehung und die allgemeine Auferstehung der Toten in 1 Kor 15,12–24 aufeinander bezieht.

b) Interpretieren Sie das Bild (M 2). > 4

plus c) Setzen Sie das Bild in Beziehung zur Position Lampes. > 3, 4

5 Erläutern Sie in Gruppen, welchen Einfluss der Auferstehungsglaube auf das Gottesbild hat.

4 Auferstehung

Infos zum Bild
79502-08

Max Beckmann (1884–1950): Auferstehung (ab 1916)

Der dreieinige Gott

ZUR SACHE

1 Die Entstehung des Dogmas

Bekenntnisse
79502-09

Wie lässt sich der Monotheismus aufrecht erhalten, wenn die biblischen Texte in dreifachen Formeln von Gott sprechen (1 Kor 12,4–6; 2 Kor 13,13; Eph 4,4–6; Mt 28,19)?
Um diese und andere Fragen wurde in den ersten Jahrhunderten in der Kirche heftig gerungen und gestritten.
Vertreter des **Adoptianismus** sahen in Jesus einen Menschen, der von Gott erwählt, „adoptiert" und erhöht wurde. Damit blieb die Einzigartigkeit Gottes unangetastet. Allerdings wurde Jesus damit zu einem erwählten Menschen unter vielen degradiert.
Auch Justin der Märtyrer ging von einer Unterordnung des Sohnes (**Subordination**) aus, beschrieb Christus jedoch als *„zweiten Gott"*, der schon vor der Erschaffung der Welt existierte (**Präexistenz**). Der Gedanke, dass man im Christentum zwei Götter habe, konnte von den Vertretern, die am Monotheismus des Christentums festhielten, nicht mitgetragen werden.
Für Noët von Smyrna handelte es sich bei Vater und Sohn um ein und denselben Gott, wobei diese Begriffe allerdings nur verschiedene Seinsweisen (lat. *modi*) des einen Gottes anzeigen. Solche Ansätze wurden später als **Modalismus** bezeichnet.
Dem entgegen steht die Überzeugung, Vater, Sohn und Heiliger Geist als drei verschiedene Verwirklichungsformen (**Hypostasen**) zu verstehen.
Anfang des vierten Jahrhunderts kam es schließlich zum **arianischen Streit**. Arius von Alexandrien konstatierte, dass einzig Gott-Vater ewig aus sich selbst heraus existiere. Der Sohn Gottes hingegen sei vom Vater „gezeugt" und könne deshalb nicht ebenso Gott sein, da er selbst Geschöpf sei. Diese Ansicht wurde jedoch von der damaligen Kirche verworfen.
325 einigte sich das **Konzil von Nizäa** darauf, dass Jesus **gezeugt** (nicht geschaffen) und **wesensgleich** mit dem Vater sei. Dies wurde 381 auf dem **Konzil von Konstantinopel** bestätigt: Gott wird als ein Wesen in drei *wesensgleichen* Hypostasen bzw. Personen geglaubt.

2 Trinität

Heilige Dreifaltigkeit (Süddeutschland, 17. Jahrhundert)

3 Das Bekenntnis zum dreieinigen Gott

Die Trinitätslehre ist kein unmittelbarer Inhalt der Offenbarung und auch kein unmittelbarer Ausdruck des Glaubens. Sie ist in ihrer von der Tradition vorgegebenen Gestalt das Ergebnis einer theologischen Reflexion und in dieser Gestalt jedenfalls kein Gesetz, an dessen fraglose und vollinhaltliche Übernahme der Glaube oder gar das Heil des Menschen gebunden wäre. Aber sie ist auch keine glaubensfremde Spekulation, die mit der geschichtlichen Selbstmitteilung Gottes nichts zu tun hätte. Sie kommt von dieser Selbstmitteilung her, in der die drei „Namen": der Vater, Jesus der Sohn, der Heilige Geist, untrennbar zusammengehören. Sie hat ihre Veranlassung darin, dass der Glaube, der in dieser *Selbstmitteilung* Gottes seinen Grund hat, nicht anders kann als Gott in diesen drei „Namen" zu bekennen und anzurufen. Die dreieinige *Selbstmitteilung* Gottes, von der die Bibel kündet, und das trinitarische *Bekenntnis* zu Gott, wie es sich im gottesdienstlichen Leben als Antwort ausbildet, gehen der Trinitätslehre vorher.
Deren Versuch, dieses Bekenntnis in Begriffe zu fassen, will der Frage antworten: Wer und wie ist der Gott, an

den wir als Christen glauben? Man kann an die historische Gestalt dieser Lehre kritische Anfragen haben; man kann versuchen, anstelle der Begriffe, die sie verwendet, andere zu finden […]. Aber das Thema, auf das diese Lehre sich bezieht, kann christliche Theologie nicht zurückstellen, sie kann es auch nicht als ein nur beiläufig und am Rande zu behandelndes Thema ansehen. Denn wenn christlicher Glaube nicht in einem allgemeinen Gottesgedanken, sondern in der biblisch bezeugten Geschichte des Kommens Gottes zum Menschen begründet ist, dann kann eine Theologie, die diesen Glauben zu reflektieren hat, auf die Frage „Wer ist Gott?" in der Tat nicht anders antworten als mit der Auslegung des Bekenntnisses zu ihm als dem Dreieinigen.

Wilfried Jost / Johannes von Lüpke

4 Trinität als Gottesbewegung

Es ist unerlässlich, dass religiöses Deuten vergegenständlichende Bilder aufbaut. […] Aber schon die trinitarische Grundgliederung des Glaubensbekenntnisses dokumentiert: Es geht nicht darum, Gott so oder so vorzustellen und in diesen Vorstellungsbildern festzuschreiben. Gott wird gerade darum als der *dreieine Gott* gedacht, weil er sich in einer *Bewegung* befindet, in sich selbst und über sich selbst hinaus; eine Bewegung, die die in Aussagesätze gefasste Vergegenständlichung durchbricht. […] Gott als Vater ist nur er selbst in der Beziehung auf den Sohn, wie der Sohn nur in Beziehung auf den Vater […]. Und die Einheit von Vater und Sohn ist abermals nichts in sich Geschlossenes, sondern zieht die Menschen […] ins göttliche Leben mit hinein.

Dietrich Korsch

5 Der göttliche Tanz

Die Dreieinigkeit beschreibt das Herz des Wesens Gottes, und dennoch hat sie so gut wie keine praktischen oder seelsorglichen Auswirkungen in unserem Leben … wenn wir sie morgen einfach aus den Büchern streichen könnten und sie wäre nur eine unwesentliche, unwirksame Lehrmeinung, die man vergessen kann … dann ist sie *entweder nicht wahr, oder wir verstehen sie nicht.* […]

Was immer in Gott geschieht, ist ein Durchströmen, ein Ineinanderfließen, eine radikale Verbindung, eine vollkommene Gemeinschaft dreier Wesen – ein Kreistanz der Liebe. Aber Gott ist nicht nur der Tänzer, er ist der Tanz selbst. […]

Es ist eine der wichtigsten Entdeckungen des Christentums, dass Gott nicht als ferner, statischer Weltenherrscher gesehen wird, sondern […] als lebendiger Beziehungstanz […]. Im Griechischen heißt dies „perichoresis", und darin steckt unser heutiges Wort *Choreografie.* Gott ist der Heilige, der im dynamischen, liebevollen Wechselspiel der Drei verkörpert wird.

Richard Rohr

1 a) Stellen Sie die unterschiedlichen Positionen in einer Infografik (M 11) dar. > 1

b) Vergleichen Sie die Bekenntnisse von Nizäa-Konstantinopel und das Apostolische Glaubensbekenntnis in Bezug auf die Trinität. > 1,

2 a) Interpretieren Sie das Kunstwerk (M 2). > 2

b) Bewerten Sie die Darstellung vor dem Hintergrund des Bilderverbots und der Unverfügbarkeit Gottes (S. 28/29). > 2

3 a) Erklären Sie die Bedeutung der Trinitätslehre. Nehmen Sie Stellung dazu. > 3

b) Entwerfen Sie zu zweit neue „Namen" (Z. 11) als Beschreibung der Trinität. Diskutieren Sie (M 4) Ihre Entwürfe im Plenum. > 3

4 a) Erläutern Sie, inwiefern man von der Trinität als „Bewegung Gottes" sprechen kann. > 4

b) Benennen und interpretieren Sie biblische Geschichten, die von einer solchen Bewegung sprechen. > 4

5 a) Analysieren Sie, was es bedeuten kann, die Trinität als „Tanz" zu bezeichnen. > 5

b) Prüfen Sie, inwiefern Rohrs Metapher vom „Tanz" aus Ihrer Sicht theologisch angemessen ist. > 5

plus **6** a) Zeigen Sie auf, welche Konsequenzen es für Theologie und Glaube hätte, wenn das Christentum auf die Trinität verzichten würde.

plus b) Beurteilen Sie die verschiedenen Positionen dieser Doppelseite hinsichtlich der Frage, was eine zeitgemäße Trinitätslehre Ihrer Ansicht nach leisten muss. > 1 – 5

Trinität im interreligiösen Gespräch

1 Trinitätslehre im Verständnis des Islam

Der wichtigste Vers im Koran, auf den die Muslime in der Diskussion zur Trinität hinweisen, ist folgender:
Ihr Buchbesitzer! Geht nicht zu weit in eurer Religion, und sagt nur die Wahrheit über Gott! Siehe, Christus Jesus, Marias Sohn, ist der Gesandte Gottes und sein Wort, das er an Maria richtete, ist Geist von ihm. So glaubt an Gott und seine Gesandten und sagt nicht: „Drei." Hört auf damit, es wäre für euch besser. Denn siehe, Gott ist ein Gott; fern sei es, dass er einen Sohn habe. Sein ist, was in den Himmeln und auf Erden ist. Gott genügt als Anwalt. (Koran 4:171)
In dieser Passage wird deutlich, dass Jesus laut Koran lediglich ein Prophet ist. Er sei der Messias und der Sohn der Maria, aber nicht Sohn Gottes. Jegliche Form einer Vergöttlichung des Propheten Jesus wird abgelehnt. Gott sei nur einer und Jesus habe eben diesen Monotheismus verkündet. Eine theologische Parallele hierzu kann direkt mit der Bibel hergestellt werden: „Höre, Israel, Jhwe, unser Gott, Jhwe ist einzig." (Dtn 6,4) Laut dem Lukas-Evangelium werfe sich Jesus nur vor den einen Herrn nieder, vor den allein man sich niederzuwerfen habe (vgl. Lk 4,8). Auch zu seiner Prophetenschaft findet man in der Bibel Parallelen: „Und das Wort, das ihr hört, stammt nicht von mir, sondern vom Vater, der mich gesandt hat." (Joh 14,24) Dass das Wort nicht von ihm selbst stammt, ist für die Muslime ein Merkmal aller Propheten. Aus dieser Textstelle und den Wortlauten „nicht von mir" und „der mich gesandt hat" leiten sie ab, dass Jesus nicht Gott selber sein kann. Ansonsten müsste er zwei verschiedene Persönlichkeiten gleichzeitig sein.

Cemil Şahinöz

2 Trinität jüdisch betrachtet

In einem Interview mit Andreas Main spricht der jüdische Historiker Michael Wolffsohn über die Trinität.

Ausgerechnet mit einem jüdischen Denker über Trinität, die Dreifaltigkeit Gottes zu sprechen – mit Verlaub, das hat was Bizarres. Was können Sie als jüdischer Historiker zu diesem christlichen Thema beitragen?
Ich bin, ich versuche jedenfalls ein denkender Mensch zu sein und mir die Frage zu stellen: Was bedeutet eigentlich die Trinität? Zum einen. Zum anderen: Ist tatsächlich die Trinität nur eine rein christliche Vorstellung? Gibt es nichts Vergleichbares im Judentum? Und wie steht der Islam dazu? Man muss sich hineinversetzen in die Art von Literatur, welche sowohl das Alte Testament, die Hebräische Bibel, bietet – als auch das Neue Testament. Wir haben es weitgehend mit einer bildhaften Literatur zu tun. Das heißt, die Botschaft ist in Bildern zu suchen. Die Bilder müssen wir verstehen. Gleiches gilt auch für die Dreifaltigkeit, die Trinität.

Wie wird die christliche Rede von dem dreifaltigen Gott im Judentum – oder sagen wir besser in den Judentümern – wahrgenommen?
In diesem Fall gibt es sogar weitgehend ein einheitliches Judentum, das sich abgrenzt vom christlichen Verständnis. Das bedeutet, die Trinität – also die Einheit der Dreiheit – sei sozusagen eine christliche Erfindung. […] Das ist eine Dreiheit, aber – so der Grundgedanke der Trinität – die Dreiheit ist eine Einheit. Was bedeutet das? Dieses Bild ist von tiefer Symbolik. Man darf es eben nicht wortwörtlich interpretieren und dann auch gleich dagegen polemisch argumentieren.
Damit wird gesagt – in aller Kürze und stark vereinfacht: Gott ist in allem, Gott ist alles, er ist Schöpfer der Welt, er ist allgegenwärtig. Das heißt, die Dreiheit als Einheit, könnte im Grunde genommen auch eine Vierheit, Fünfheit sein.
Das ist symbolisch für alles – Vater, Sohn, Heiliger Geist. Das ist die Grundbotschaft. Dann muss man darüber nachdenken. Hier unterscheiden sich dann Gläubige von Ungläubigen, aber nicht konfessionell gedacht Christen von Juden, Juden von Christen oder Muslimen. Wer das Bild versteht, wird es in dieser Botschaft verstehen – unter der Voraussetzung, dass er oder sie ein gläubiger Mensch ist. Das ist die trennende Perspektive.

Sie sprechen von einem Bild. Ist es für Sie reines Gedankenspiel, wenn wir hier über Trinität reden? Also, nichts gegen Gedankenspiele – aber dennoch die Frage: Sehen Sie eine Relevanz dieser Frage?

Oh ja. […] Der Kosmos, die Menschheit besteht aus einer Vielheit. Zugleich gibt es den Menschen an sich mit seinen Ängsten, Bedürfnissen, Überlebenswillen, der Wunsch zu lieben, geliebt zu werden, ein gutes Leben zu führen. Das sind allgemein menschliche Eigenschaften, Wünsche, Hoffnungen.

Zugleich ist jeder Mensch in sich ein Individuum – mehrere Milliarden Menschen. Das heißt, wir haben zum einen die Individualität, zum anderen die Vielheit. Das wird ausgedrückt durch dieses Bild. Ich halte dieses Bild für ein ganz grandioses Bild.

Jetzt der Vergleich zum Judentum. Im Judentum haben wir im Grunde genommen das gleiche. Man muss nur mit offenem Herzen und offenem Verstand an die biblischen Texte herangehen. […]

Sie plädieren […] für eine intensivere theologische Auseinandersetzung, um eben auch diese Spaltung, die auch religiös begründet ist, ein wenig zu kitten?

Ja, natürlich, denn wenn man sich mit den drei Religionen beschäftigt, da kennt man den gemeinsamen Kern, die gemeinsame Quelle. Alles, was danach an Trennendem gekommen ist, ist Ergebnis von Politik der Vergangenheit und der Gegenwart […].

Was ist aus Ihrer Sicht die Anregung […] aus dem, was wir hier besprochen haben?

Vorurteilsfrei an die jeweiligen Texte heranzugehen, seien sie christlich, jüdisch oder muslimisch. Und dann sich den eigenen Kopf zerbrechen und nicht den jeweiligen Dogmen nachzurennen, sondern fragen: Was ist das Dogma? Was will eigentlich der Text, der ein tief menschlicher Text in seinem Ansatz ist, uns sagen? Das heißt, zurück zur Menschlichkeit, und das durch das Denken angeregt – jenseits der Phrasendreschereien.

Und dann kommen wir zum Ergebnis, dass die Trinität […] keine unüberwindbare Barriere mehr sein muss.

Genau.

Michael Wolffsohn im Gespräch mit Andreas Main

3 Trinität illustriert

Jonathan Schöps (*1989): Undarstellbar (2013)

— **1** a) Stellen Sie die Position von Şahinöz zur Trinitätslehre dar. Beurteilen Sie sie anhand Ihres theologischen Wissens. > 1

b) Untersuchen Sie, welche Gemeinsamkeiten sich in der Trinitätslehre zwischen Christentum und Islam finden lassen. > 1

— **2** a) Fassen Sie die wichtigsten Thesen von Wolffsohn stichpunktartig zusammen. > 2

b) Überprüfen Sie, welche Chancen und Grenzen Wolffsohns Thesen für den Dialog zwischen Judentum und Christentum bieten. > 2

— **3** Interpretieren Sie das Bild (M 2). Setzen Sie es in Beziehung zu den Texten der Doppelseite. > 3

plus **4** Erörtern Sie, welche Rolle die Vorstellung von der Trinität im interreligiösen Gespräch spielt.

Im Überblick

Karsten Schley

In diesem Kapitel haben Sie intensiv an Sinn- und Gottesfragen gearbeitet und manchen Versuch einer Antwort kennengelernt. Nun geht es darum zu zeigen, wie Sie Ihr erweitertes Wissen und Ihre ausgebildeten Fähigkeiten anwenden können.

— **1** Interpretieren Sie die Karikatur (M 3) vor dem Hintergrund Ihrer erworbenen Erkenntnisse aus diesem Kapitel.

— **2** Untersuchen Sie, warum Menschen in ihrem Leben nach Sinn fragen.

— **3** Nehmen Sie Stellung, welche Rolle der Gottesglaube für die Frage nach Sinn spielt.

— **4** Setzen Sie sich anhand Ihrer Einsichten aus diesem Kapitel mit dem Verhältnis von Gott und Mensch auseinander.

— **5** Erläutern Sie die Mindmap und die Zusammenhänge zwischen den Themenbereichen. Diskutieren Sie (M 4) mögliche Ergänzungen.

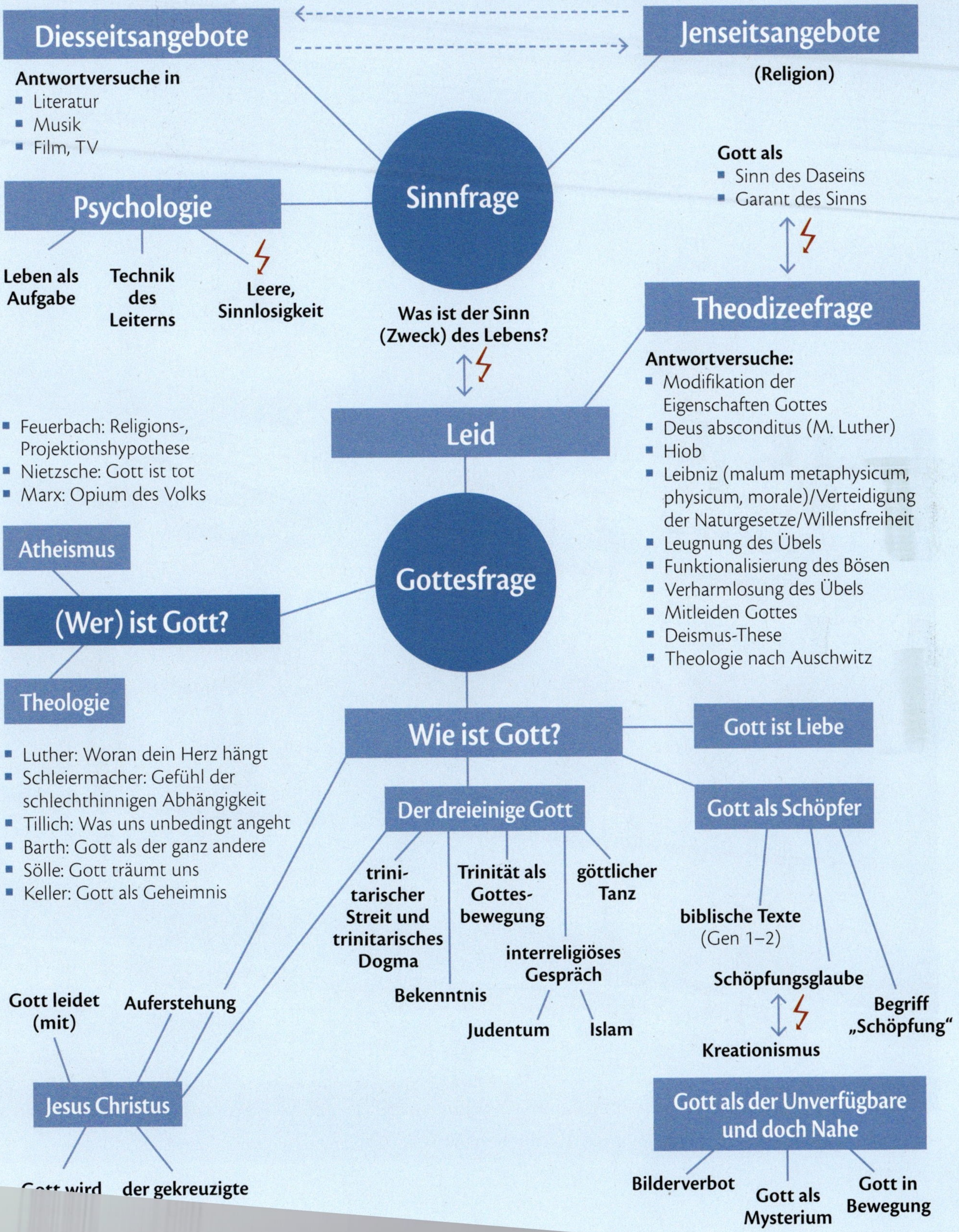
Diesseitsangebote
Jenseitsangebote
Antwortversuche in
▪ Literatur
▪ Musik
▪ Film, TV
(Religion)
Sinnfrage
Psychologie
Gott als
▪ Sinn des Daseins
▪ Garant des Sinns
Leben als Aufgabe
Technik des Leiterns
Leere, Sinnlosigkeit
Was ist der Sinn (Zweck) des Lebens?
Theodizeefrage
Antwortversuche:
▪ Modifikation der Eigenschaften Gottes
▪ Deus absconditus (M. Luther)
▪ Hiob
▪ Leibniz (malum metaphysicum, physicum, morale)/Verteidigung der Naturgesetze/Willensfreiheit
▪ Leugnung des Übels
▪ Funktionalisierung des Bösen
▪ Verharmlosung des Übels
▪ Mitleiden Gottes
▪ Deismus-These
▪ Theologie nach Auschwitz
Leid
▪ Feuerbach: Religions-, Projektionshypothese
▪ Nietzsche: Gott ist tot
▪ Marx: Opium des Volks
Atheismus
Gottesfrage
(Wer) ist Gott?
Theologie
▪ Luther: Woran dein Herz hängt
▪ Schleiermacher: Gefühl der schlechthinnigen Abhängigkeit
▪ Tillich: Was uns unbedingt angeht
▪ Barth: Gott als der ganz andere
▪ Sölle: Gott träumt uns
▪ Keller: Gott als Geheimnis
Wie ist Gott?
Gott ist Liebe
Der dreieinige Gott
Gott als Schöpfer
trinitarischer Streit und trinitarisches Dogma
Trinität als Gottesbewegung
göttlicher Tanz
Bekenntnis
interreligiöses Gespräch
Judentum
Islam
biblische Texte (Gen 1–2)
Schöpfungsglaube
Kreationismus
Begriff „Schöpfung“
Gott leidet (mit)
Auferstehung
Jesus Christus
der gekreuzigte
Gott als der Unverfügbare und doch Nahe
Bilderverbot
Gott als Mysterium
Gott in Bewegung

Artemisia und Maussolos (Mausoleum von Halikarnassos, ca. 350 v. Chr.)

Der im-perfekte Mensch

1 a) Interpretieren Sie die Abbildung der Statuen (M 2) im Zusammenhang mit der Kapitelüberschrift.

plus b) Recherchieren Sie (M 8) die abgebildeten Personen und bringen Sie Ihre Erkenntnisse in die Deutung ein.

2 Benennen Sie zwei bis drei Werte, die Sie für wesentlich für den christlichen Glauben halten. Erläutern Sie anschließend, inwiefern diese Werte Ihr Bild vom Menschen prägen.

3 Benennen Sie Situationen aus der Tagespresse oder ihrem Umfeld, in denen ein christliches Menschenbild infrage gestellt wird.

4 Nehmen Sie Stellung (M 18), ob der christliche Glaube eher ein Bild vom „perfekten" oder vom „imperfekten" Menschen zeichnet.

Perfektes Leben?! – Selbstoptimierung in den sozialen Medien

1 Alles perfekt?!

2 Identität – so what?

Die eigene Identität wird heutzutage immer mehr zu einem Puzzle unterschiedlicher Teilidentitäten und somit zu einer flexiblen und offenen Struktur. Es wird immer wichtiger, online seine eigene Individualität hervorzuheben. Dafür nutzen Jugendliche den Handlungsraum der Sozialen Netzwerke, um Entwürfe der eigenen Identität zu produzieren, zu präsentieren und auf Akzeptanz zu prüfen. Was nicht passt, wird in Sozialen Medien passend gemacht. Es ist wesentlich, Einzigartigkeit zu betonen und aus der Masse hervorzustechen, um gewünschte Reaktionen [...] zu erzielen. Es gibt oft Verknüpfungen der Online-Welt in die sich offline abspielende Lebenswelt, insbesondere in Bezug auf die Peer Groups. Oft sind Freunde nicht nur ein Grund für die eigene Registrierung und die Aktivitäten in Sozialen Medien, sondern auch sehr wichtig in der Beurteilung und Auswahl selbstdarstellender Inhalte. Die Selbstdarstellung in den Sozialen Medien kann die Entwicklung des Selbstbildes durchaus fördern. Problematisch wird es aber dort, wo Realitäten verzerrt wahrgenommen werden. Scheinwelten und Perfektionismus können der Entwicklung eines stimmigen und positiven Selbstbildes schaden. Früher fanden die Vergleiche in einem kleineren Rahmen statt, heutzutage können Vergleiche innerhalb eines globalen Netzwerkes stattfinden. Es finden sich auf Social Media viele vermeintliche Ideale und Vorbilder. Besonders Influencer*innen treten innerhalb der Sozialen Netzwerke sehr nahbar auf, wodurch die Nutzer*innen häufig Vergleiche zu ihrem eigenen Leben ziehen. Hinter den Kulissen geht es allerdings meistens um Marketing. Dadurch werden (Rollen-)Bilder, die nicht zwingend der Wirklichkeit entsprechen müssen, und an denen sich Nutzer*innen orientieren, vermittelt. Netzwerke der Perfektion entstehen, weshalb sich die Nutzer*innen folglich meist selbst viel abverlangen. Dadurch entwickelt sich die Gefahr für Selbstzweifel und es entsteht ein hoher Druck.

Anna-Sophie Nolte

3 Mein Körper als Tempel

„Oder wisst ihr nicht, dass euer Körper ein Tempel des Heiligen Geistes ist, der in euch ist und den ihr von Gott habt (...)?“ (1 Kor 6,19)

Wenn Paulus hier von Körper spricht, dann verwendet er im Griechischen das Wort *σόμα* (ausgesprochen: *soma*), das sowohl den ganzen Körper als auch die ganze Person meint. Für ihn ist klar, dass beide zusammenhängen. Alles, was ich lebe, lebe ich durch den Körper. Mein Körper und mein Leben sind demnach als Leib-Seele-Einheit untrennbar miteinander verbunden. Dementsprechend will unser Leib auch geachtet sein. Aber wir sind diejenigen, die ihn achten. Im Umgang mit den Bedürfnissen des Leibes und der Seele geht es um ein Doppeltes: Leibhaftig genießen zu lernen, meinen Bedürfnissen nachzugehen und gleichzeitig die Fähigkeit zu gewinnen, verzichten zu können und mich nicht abhängig zu machen.

Nach Bernd Popp

HINTERGRUND

4 Ebenbildlichkeit

Die Bilder, die sich Menschen voneinander machen, entfalten mächtige Wirkungen im Zusammenleben. In der Bibel wird vor allem ein Bild deutlich: Gott schuf den Menschen als Ebenbild (Gen 1,29). Darin liegt seine Menschenwürde. Leistungen werden in der Schule und in der Gesellschaft bewertet, Bilder bekommen je nach Gefallen einen Like oder eben nicht. Doch die Menschenwürde entzieht sich allen Wertmaßstäben und Bewertungsvorgängen. Jeder Mensch ist ein Wert in sich, er hat einen unzerstörbaren Selbstwert. Der Philosoph Immanuel Kant nennt dies „Selbstzwecklichkeit" jedes Menschen. Laut Grundgesetz ist diese Würde „unantastbar" (Art. 1). Jeder Mensch hat vor Gott also einen unzerstörbaren, von keinen politischen, wirtschaftlichen, sozialen oder familiären Bedingungen abhängigen Selbstwert, der in keinem der digitalen Prozesse und Techniken angetastet werden kann.

5 Schluss mit Körperdruck

In Frankreich ist die Kennzeichnung bearbeiteter Fotos seit einigen Jahren Pflicht. Nun will auch Norwegen mit einem neuen Gesetz gegen den „kroppspress", auf Deutsch Körperdruck, vorgehen. Das hat das Parlament Anfang Juni mit klarer Mehrheit beschlossen. Ab Sommer 2022 müssen retuschierte Fotos in der Werbung, egal ob von großen Konzernen oder von Influencer:innen, gekennzeichnet werden.

Erlaubt sind dann nur noch ganzheitliche Bildbearbeitungen wie Aufhellung, Verdunklung oder Schärfung. Das Familienministerium will ein Logo entwickeln, mit dem die bearbeiteten Fotos markiert werden müssen. Das Ziel der Kennzeichnungspflicht ist es, gegen körperbezogene psychische Krankheiten vorzugehen und unrealistische Schönheitsstandards aufzudecken. Aber erreicht man das durch ein einfaches Logo?

In der Werbung und in unserem Instagram-Feed dominieren retuschierte Fotos. Sogenannte Beautyfilter und andere Bearbeitungsschritte machen Körper normschön: entfernen Pickel, machen Hüften schlanker und Beine länger. In Deutschland sind etwa vier von fünf Menschen mit ihrem Äußeren unzufrieden. Jede dritte Frau zwischen 11 und 21 Jahren würde kein unbearbeitetes Foto von sich hochladen.

„Die Schönheitsideale, die in den sozialen Medien präsentiert werden, sind alarmierend", sagt Melodie Michelberger, Body Image Aktivistin und Autorin des Buchs „Body Politics". Als Teenagerin war Michelberger umgeben von Frauenzeitschriften, die ihr das Gefühl gaben, eine Außenseiterin zu sein, weil ihr Körper nicht den Modelmaßen entsprach. […]

Studien zeigen: Der häufige Konsum retuschierter Inhalte kann Tendenzen einer Essstörung verstärken. Insbesondere Jugendliche, die viel Zeit online verbringen, leiden schnell unter den dort vorherrschenden Schönheitsidealen. Ihr Selbstbild, ihre Identität, ihr Körpergefühl entwickelt sich gerade erst. Sie sind umso empfänglicher für Einflüsse von außen. Dass diese Einflüsse die Realität, in der jeder Körper unterschiedlich ist, verzerren, ist gefährlich und setzt vor allem junge Mädchen unter Druck. Vielen gelingt es nicht, zu abstrahieren und die bearbeiteten Inhalte von der wahren Welt zu unterscheiden.

Nele Sophie Karsten

1 a) Untersuchen Sie die dargestellten Posts danach, inwiefern Vorstellungen eines perfekten Lebens dargestellt werden. > 1

b) Diskutieren Sie (M 4), wann man von einem perfekten Leben sprechen kann. Erstellen Sie darauf aufbauend eine Mindmap (M 9). > 1

2 Erklären Sie, welchen Einfluss soziale Medien auf die Identitätsbildung haben. > 1, 2

3 Arbeiten Sie Ansatzpunkte eines christlichen Menschenbildes heraus. Stellen Sie einen Zusammenhang mit den sozialen Medien her. > 3

4 Beurteilen Sie die Bedeutung der biblischen Rede von Ebenbildlichkeit für das Menschenbild. > 4

5 a) Erörtern Sie (M 5) Chancen und Grenzen der norwegischen Regelung. > 5

b) Recherchieren (M 8) oder gestalten Sie einen „unperfekten" Post für mehr Realität in den sozialen Netzwerken.

plus **6** Analysieren Sie eine Woche lang Ihre eigenen Social-Media-Feeds, indem Sie einige Posts bezüglich der Aspekte Selbstverwirklichung, Selbstoptimierung und Leistungsgedanke analysieren.

Zwischen Perfektion und Zerbrechlichkeit des Lebens – Identität und Fragmentarität

ZUR SACHE

1 Das Ich-Konzept

Der Psychologe George Mead hat ein Konzept zur Beschreibung der Identität aufgestellt. Dies teilt sich in die drei Komponenten I – Me – Self. Das I stellt das „impulsive Ich" dar, also die personale Identität, die spontan, kreativ handelt und die innere Seite des Individuums beschreibt. Es befindet sich im ständigen Austausch mit dem Me, dem „reflektierten Ich", das durch die Sichtweise anderer beeinflusst wird. Diese beiden Komponenten können in einem Spannungsverhältnis stehen, wenn die Selbstwahrnehmung nicht mit der Fremdwahrnehmung übereinstimmt. Das Ich-Konzept eines Menschen (Self) setzt sich also aus der Integration der eigenen Wahrnehmung von sich selbst sowie der Wahrnehmung anderer zusammen. Die Identität entwickelt sich in der Auseinandersetzung mit der eigenen Umwelt stetig weiter. Sie wird von dem Körperbild, den sozialen Beziehungen, der Arbeit und Leistungsfähigkeit, den eigenen Wertvorstellungen und der materiellen Sicherheit im Leben geprägt. Es ist wichtig, die verschiedenen Aspekte, die uns prägen, im Gleichgewicht zu halten, um in schwierigen Situationen standzuhalten und eine stabile Identität aufzubauen.

2 Leben als Fragment

Das Ideal der Vollkommenheit fasziniert uns. An ihm messen wir viel – unsere Leistungen und unser Leben, uns selbst und andere. Und obwohl wir [...] immer wieder scheitern, lassen wir ungern von diesem Ideal. Gibt es denn nicht immer wieder vollendet gelungene Leistungen, makellose Werke? [...]

Gegen das Ideal der Ganzheit und Vollkommenheit möchte ich die Vorstellung vom *Fragment* ins Spiel bringen. Leben als Fragment zu verstehen, heißt nicht, erniedrigt zu werden, auf die Unvollkommenheit *festgelegt* zu werden, also klein gemacht zu werden. [...] Leben als Fragment zu verstehen, soll vielmehr eine Befreiung sein, die uns von falschen Idealen erlöst. [...] Sehen wir unser Leben als Fragment, werden wir freier. [...] Das Fragment bezeichnet das Unvollendete und Unvollkommene, das, was noch nicht oder nicht mehr ‚ganz' ist. [...] Mindestens zwei Bedeutungen des Fragments sind dabei zu unterscheiden.

Da sind zum einen Fragmente als Überreste eines zerstörten, aber ehemals Ganzen – der Torso, die Ruine, also die *Fragmente aus Vergangenheit*.

Zum anderen sind da die unvollendet gebliebenen Werke, die ihre endgültige Gestalt nicht – noch nicht – gefunden haben, also die *Fragmente aus Zukunft*.

Fragmente – seien es die Ruinen der Vergangenheit, seien es die Fragmente aus Zukunft – weisen über sich hinaus. Sie leben und wirken in Spannung zu jener Ganzheit, die sie nicht sind und nicht darstellen, auf die hin aber der Betrachter sie zu ergänzen trachtet. Fragmente lassen Ganzheit suchen, die sie selber nicht bieten und finden lassen.

Von Fragmenten geht daher eine Bewegung der Unruhe aus, die nicht zu einem definitiven Stillstand führt. [...] Stützt nun aber nicht gerade der Gedanke der Gottesebenbildlichkeit des Menschen die Vorstellungen von Ganzheit? Beruht nicht die dem Menschen damit zugesprochene Würde darin, dass er als Ebenbild Gottes Anteil bekommt gerade an jenen Eigenschaften, die wir Gott zusprechen, wie etwa Vollkommenheit, Eindeutigkeit, Ruhe, Unwechselbarkeit, Eigenschaften jedenfalls, die die Gebrochenheit und Uneindeutigkeit überwinden? [...]

Der Gott, als dessen Ebenbild der Mensch gedacht ist, ist mit Christus nicht mehr der Gott der Stärke, sondern der Schwäche, nicht mehr der Gott der Macht, sondern der Ohnmacht. [...]

In der Gottesebenbildlichkeit liegt die Würde des Menschen begründet. Und diese Würde besteht nicht [...] in seiner ursprünglichen Ganzheit und Vollkommenheit, sondern gerade in seiner Unvollkommenheit, Schwäche und Verletzlichkeit.

Henning Luther

3 Wer bin ich?

4 Kulturelle Aneignung!?

Wenn wir unsere Kinder in Kostüme stecken, machen wir mehr, als unsere Kinder anzuziehen oder unseren Kindern eine lustige Zeit zu machen. Indem wir sie in Kostüme stecken, vermitteln wir unseren Kindern immer auch etwas darüber, wie die Welt funktioniert, wie man sich zu sich selbst verhält, wie man sich zu anderen Menschen verhält und wie gesellschaftliche Normen funktionieren. [...] Der Begriff der kulturellen Aneignung ist eigentlich ein Begriff, der falsch übersetzt ist. Deswegen wird er wahrscheinlich auch so häufig missverstanden. Er kommt vom englischen Cultural Appropriation. Und Appropriation im Englischen hat immer diesen Aspekt von widerrechtlicher Aneignung, Inbesitznahme und geht damit ganz stark in Richtung Diebstahl. [...]

In der Diskussion um kulturelle Aneignung gibt es einen Konsens darüber, dass drei Dinge kulturelle Aneignung beziehungsweise Kulturdiebstahl ausmachen. Erstens: Es gibt ein Machtungleichgewicht zwischen den beiden Kulturen, Regionen, Gemeinschaften oder was auch immer wir gerade verhandeln. Zweitens: Inhalte werden grob verzerrt beziehungsweise ins Lächerliche gezogen oder sogar völlig des Inhalts entleert. Und drittens: Ein großer Teil der betroffenen Menschen hat gesagt, dass sie mit dieser Form von Umgang mit ihrer Kultur oder ihren Wissensbeständen schlicht und einfach nicht einverstanden sind. Ein gutes Beispiel sind hier die immer wieder thematisierten Dreadlocks und die zahlreichen Stellungnahmen Schwarzer Menschen, die gesagt haben: Finger weg, das sind politische Frisuren. Und zwar nicht für Weiße. [...] Wenn wir uns einen Karneval anschauen, dann sollten wir eher um Begriffe wie Respekt, Diskriminierung und Rassismus herum argumentieren.

Lars Distelhorst

1 a) Stellen Sie das Ich-Konzept nach Mead als Schaubild (M 10) dar. > 1
b) Erläutern Sie, welche Rolle die Selbst- bzw. Fremdwahrnehmung bezüglich der eigenen Identität spielt. > 1

2 a) Fassen Sie den Text in Thesen zusammen. > 2
b) Nehmen Sie vor dem Hintergrund Ihrer eigenen Erfahrungen Stellung zu Luthers Position. > 2
c) Beurteilen Sie, welche Rolle christlicher Glaube in diesem Verständnis von der Identität als Fragment spielen könnte. > 2

3 a) Interpretieren Sie das Bild (M 2). > 3
b) Reflektieren Sie für sich, welche Eigenschaften zu Ihrer eigenen Identität gehören. Gestalten Sie eine eigene Collage. > 3
c) Setzen Sie Text und Bild in Beziehung. > 2, 3

4 a) Arbeiten Sie zu zweit heraus, worum es beim Thema „kulturelle Aneignung“ geht. > 4
b) Entwickeln Sie Pro- und Kontraargumente, ob man Kinder beispielsweise als amerikanische Ureinwohnerinnen und Ureinwohner verkleiden sollte, und setzen Sie sich damit auseinander. > 4
c) Recherchieren Sie (M 8) ein aktuelles Beispiel von „kultureller Aneignung“ und nehmen Sie Stellung dazu. > 4

plus **5** Recherchieren Sie (M 8) den Begriff der Identitätspolitik und erklären Sie ihn Ihrer Lerngruppe anhand von aktuellen Beispielen.

Bin ich gescheitert? Bin ich schuld?

1 Scheitern und Schuld in Beziehungen

I'm so glad you made time to see me / How's life? Tell me, how's your family? / I haven't seen them in a while / You've been good, busier than ever / We small talk, work and the weather / Your guard is up and I know why / Because the last time you saw me / Is still burned in the back of your mind / You gave me roses and I left them there to die

So this is me swallowin' my pride / Standin' in front of you sayin' I'm sorry for that night / And I go back to December all the time / It turns out freedom ain't nothin' but missin' you / Wishin' I'd realized what I had when you were mine / I'd go back to December, turn around and make it alright [...]

These days, I haven't been sleepin' / Stayin' up playin' back myself leavin' / When your birthday passed and I didn't call / Then I think about summer, all the beautiful times / I watched you laughin' from the passenger's side / And realized I loved you in the fall / And then the cold came, the dark days / When fear crept into my mind / You gave me all your love and all I gave you was goodbye

I miss your tan skin, your sweet smile / So good to me, so right / And how you held me in your arms that September night / The first time you ever saw me cry / Maybe this is wishful thinkin' / Probably mindless dreamin' / But if we loved again, I swear I'd love you right / I'd go back in time and change it, but I can't / So if the chain is on your door, I understand

Taylor Swift

2 Die innere Wand

Kein Gefühl ist so quälend, so überwältigend und so abgrundtief wie die Scham. Der Pickel im Gesicht, die anhaltende Arbeitslosigkeit, das nicht geschaffte Examen: Welche Schmach! Die Scham ist der genetische Oberaufseher, von der Natur geschickt, uns im Zaum zu halten. Ihr Werkzeug ist die Furcht: Von der Norm abzuweichen, sich lächerlich zu machen, nicht mehr dazu zu gehören. Einen stärkeren Garanten für die bestehende Ordnung gibt es nicht. [...] Seit der Vertreibung aus dem Paradies ist die Scham Motor und zugleich Bremse menschlichen Verhaltens. Nützlich für das gesellschaftliche Miteinander, doch für den Einzelnen oft eine hemmende Last. [...] Meistens sehen wir nicht, dass die Scham in fast allen Lebensbereichen existiert. Wir wollen sie nicht sehen, denn sie zu spüren ist schmerzhafter als alles andere, das wir fühlen können. Sich und anderen einzugestehen, dass man beschämt wurde, dass man schwach war, fällt nicht leicht. [...] In unserer medialen und hochtechnologischen Gesellschaft wird der Druck auf das Individuum immer größer. Wir bekommen „perfekte" Menschen präsentiert und die Möglichkeit, selber perfekt zu werden – nach dem Motto: Wer Segelohren, schlechte Haut oder dicke Beine hat, ist selber schuld. Und Schuld führt zu Scham. [...] Wer anders ist als die Mehrheit, droht beschämt zu werden. Das gilt für Arbeitslose, die mit ihrer Arbeit einen großen Teil ihrer Identität verloren haben, ebenso wie für Migranten. Eine große Herausforderung der nächsten Jahrzehnte wird sein, dass verschiedene Kulturen in unserem Land lernen, trotz ihrer unterschiedlichen Auffassung von Scham und Schuld friedlich miteinander zu leben.

Sandra Doedter / Esther Körfgen

ZUR SACHE

3 Der Umgang mit Scham

Jeder kennt das Gefühl der Scham, denn alle machen Fehler. Dies muss nicht immer ein negatives Gefühl sein, es nimmt in erster Linie eine Schutzfunktion ein, da es helfen kann, Grenzen der Privatsphäre zu schützen. Problematisch kann das Gefühl jedoch werden, wenn es unsere Identität beeinträchtigt. Ein erster Schritt, der Scham zu begegnen, ist die Wahrnehmung dieses Gefühls und die Akzeptanz dessen. Man kann sich nun fragen, woher das Gefühl stammt – wann habe ich mich geschämt und warum?

4 Scham

5 Schuld, Gewissen und Vergebung

Das Gewissen ist herkömmlich die innere Instanz, die das moralische Urteilen einer Person bestimmt – Ausdruck ihrer moralischen Urteilsfähigkeit und Freiheit. Im Gewissen drückt sich auch die Sorge des Menschen um die eigene Einheit und damit Identität aus. Gemäß dem eigenen Gewissen zu handeln ist immer auch das Streben, sich als Person mit den eigenen Überzeugungen im Handeln auszudrücken und darin mit sich identisch zu sein. Gegen das Gewissen zu handeln, wird daher als Gefährdung der eigenen Einheit und Integrität erlebt.

Wer schuldig geworden ist und dies nicht bagatellisiert oder verdrängt, wird die Erfahrung machen, dass das Gewissen an eigene Schuld erinnert. Dann kann das Gewissen den Weg zur Reue ebnen, zum Bekenntnis der Schuld, zur Bitte um Vergebung. So kann es zu einem Neuanfang und zu einer neuen Gemeinschaft mit denjenigen kommen, an denen er oder sie schuldig geworden ist. [...]

Je näher uns Menschen stehen, desto leichter können wir durch sie verletzt werden. Die gewachsene Vertrautheit zwischen Menschen macht uns empfindlicher und empfänglicher für alle Störungen in unseren Beziehungen. [...]

Zur Weisheit des menschlichen Zusammenlebens gehört die Kunst des Verzeihens, während Rechthaberei nicht selten das zerstört, was sie zu schützen vorgibt. So werden Eltern ihren Kindern zornige Äußerungen nachsehen und Kinder, wenn sie erwachsen geworden sind, den Eltern die erzieherischen Versäumnisse. Die Bereitschaft zum Verzeihen und Vergeben ist eine elementare Voraussetzung jeder Form von Partnerschaft.

EKD

— **1** a) Übersetzen und interpretieren Sie den Liedtext zu zweit. Erläutern Sie, wie die Erzählperson mit dem Scheitern der Beziehung umgeht. > 1

plus b) Entwerfen Sie eine Antwort der im Lied angesprochenen Person. > 1

— **2** a) Analysieren Sie, welche Aspekte für die Scham eine Rolle spielen. Entwickeln Sie eine Definition von „Scham" in eigenen Worten. > 2, 3

plus b) Recherchieren Sie (M 8) die Bedeutung von Scham in verschiedenen Kulturen. Nehmen Sie Stellung zum letzten Satz (Z. 28–32). > 2

— **3** Erläutern Sie, in welchen Situationen Scham aus Ihrer Sicht hilfreich bzw. problematisch ist. > 3

— **4** a) Interpretieren Sie das Bild (M 2) in Gruppen und entwerfen Sie eine Kurzgeschichte, die das Bild erläutert. > 4

b) Setzen Sie die Texte und das Bild zueinander in Beziehung. > 1 – 4

— **5** Erläutern Sie den Zusammenhang von Gewissen, Scham und Vergebung mithilfe eines Schaubildes (M 10). > 5

— **6** Analysieren Sie kritisch vor dem Hintergrund der anderen Materialien dieser Doppelseite, welche Aspekte von Scheitern und Schuld im Liedtext angesprochen werden. > 1 – 5

Was ist Wirklichkeit und was ist Fake?

Platon

Steckbriefe

79502-05

1 Illusionen?

Penrose-Dreieck, benannt nach dem Mathematiker Roger Penrose (*1931)

2 Das Höhlengleichnis

Nächstdem, sprach ich, vergleiche dir unsere Natur in Bezug auf Bildung und Unbildung folgendem Zustande. Sieh nämlich Menschen wie in einer unterirdischen, höhlenartigen Wohnung, die einen gegen das Licht geöffneten Zugang längs der ganzen Höhle hat. In dieser seien sie von Kindheit an gefesselt an Hals und Schenkeln, so dass sie auf demselben Fleck bleiben und auch nur nach vorne hin sehen, den Kopf aber herumzudrehen der Fessel wegen nicht vermögend sind. Licht aber haben sie von einem Feuer, welches von oben und von ferne her hinter ihnen brennt. Zwischen dem Feuer und den Gefangenen geht oben her ein Weg, längs diesem sieh eine Mauer aufgeführt, wie die Schranken, welche die Gaukler vor den Zuschauern sich erbauen, über welche herüber sie ihre Kunststücke zeigen. […] Sieh nun längs dieser Mauer Menschen allerlei Gefäße tragen, die über die Mauer herüber ragen, und Bildsäulen und andere steinerne und hölzerne Bilder […]; Einige, wie natürlich, reden dabei, andere schweigen. […] Wenn einer entfesselt wäre und gezwungen würde, sogleich aufzustehen, den Hals herumzudrehen, zu gehen und gegen das Licht zu sehn, und, indem er das täte, immer Schmerzen hätte und wegen des flimmernden Glanzes nicht recht vermöchte, jene Dinge zu erkennen, wovon er vorher die Schatten sah: was, meinst du wohl, würde er sagen, wenn ihm einer versicherte, damals habe er lauter Nichtiges gesehen, jetzt aber, dem Seienden näher und zu dem mehr Seienden gewendet, sähe er richtiger, und, ihm jedes Vorübergehende zeigend, ihn fragte und zu antworten zwänge, was es sei? Meinst du nicht, er werde ganz verwirrt sein und glauben, was er damals gesehen, sei doch wirklicher als was ihm jetzt gezeigt werde? […] Und, sprach ich, wenn ihn einer mit Gewalt von dort durch den unwegsamen und steilen Aufgang schleppte und nicht losließe, bis er ihn an das Licht der Sonne gebracht hätte, wird er nicht viel Schmerzen haben und sich gar ungern schleppen lassen? Und wenn er nun an das Licht kommt und die Augen voll Strahlen hat, wird er nicht das Geringste sehen können von dem, was ihm nun für das Wahre gegeben wird. […] Wenn ein solcher nun wieder hinunterstiege und sich auf denselben Schemel setzte: würden ihm die Augen nicht ganz voll Dunkelheit sein, da er so plötzlich von der Sonne herkommt? […] Und wenn er wieder in der Begutachtung jener Schatten wetteifern sollte mit denen, die immer dort gefangen gewesen, während es ihm noch vor den Augen flimmert, ehe er sie wieder dazu einrichtet, und das möchte keine kleine Zeit seines Aufenthalts dauern, würde man ihn nicht auslachen und von ihm sagen, er sei mit verdorbenen Augen von oben zurückgekommen und es lohne nicht, dass man auch nur versuche hinaufzukommen; sondern man müsse jeden, der sie lösen und hinaufbringen wollte, wenn man seiner nur habhaft werden und ihn umbringen könnte, auch wirklich umbringen?

Platon

3 Gelebte Lüge

Der Kinosaal mag dunkel sein, aber er hält uns nicht in der gleichen Weise gefangen, wie es Platons Höhle tut. Auf der Leinwand hat das Höhlengleichnis schon oft Pate gestanden für das filmische Gedankenexperiment, dass alles, was wir zu wissen meinen, in Wahrheit eine Täuschung ist – sei es von ausbeuterischen Maschinen, wie in „Matrix“, sei es, fast noch bösartiger in der aufgesetzten Harmlosigkeit, das RealityTV der „Truman Show“.

Es ist schwer, der Versuchung zu widerstehen, das berühmte Höhlengleichnis in den Kinosaal zu verlegen. So berühmt ist dieses Gleichnis, dass man Hegel zustimmen möchte, für den das allzu Bekannte und viel Zitierte oft das am wenigsten Verstandene ist. Deshalb sollte man gleich vorwegschicken, dass die von Platon beschriebene Höhle nichts mit einem Filmtheater gemeinsam hat. Da wäre zunächst die Tatsache, dass die Kinobesucher keine Gefangenen sind. Sie können kommen und gehen, wie es ihnen lieb ist, und sind sogar gewillt, für ihren Platz zu bezahlen. Da ihnen völlig bewusst ist, dass eine Vorführung stattfindet, unterliegen sie keiner Illusion. Sie beteiligen sich aus freien Stücken an der Fiktion. Das gespielte Geschehen auf der Leinwand wird nur für die Dauer eines Spielfilms zu einer Wirklichkeit, die unsere aktive und gebannte Teilnahme erfordert. Und doch lässt sich eine tiefgehende Verbindung zwischen dem Kino und Platons Höhle nicht leugnen. Es handelt sich in beiden Fällen um Orte der geistigen Erleuchtung, an denen es immer wieder zu Erweckungserlebnissen kommt. […]

Nicht „Matrix“, sondern die „Truman Show“ von Peter Weir (1998) veranschaulicht den Akt der Erkenntnis besonders eindrücklich. Truman ist der unfreiwillige Held einer RealityShow, die seine gesamte Existenz in ein künstliches Biotop verwandelt, das ihm als Wirklichkeit vorgegaukelt wird, während sich das in die Milliarden gehende Heer der Fernsehzuschauer weltweit am Spektakel seiner ahnungslosen Unschuld ergötzt. Er ist das einzig moralisch aufrichtige Geschöpf – buchstäblich ein true man – in einer Welt, in der ihn alle täuschen. Allmählich kommt er dem abgekarteten Spiel jedoch auf die Spur und schlussfolgert, in was für einer Lage er sich befindet – kurzum: Er begreift sein Schicksal. Und er entkommt ihm, nicht durch Zufall oder durch Glück, sondern kraft seines Verstandes. Das Denken weist ihm den Ausgang aus seinem goldenen Käfig.

Der französische Filmkritiker Serge Daney hat stets den Gegensatz zwischen der Welt und der Gesellschaft betont. Die Gesellschaft – die anderen, der feindselige Pausenhof, das schäbige Verhalten der Menschen – war für ihn die Hölle. Die Welt hingegen konnte er ganz allein und glücklich im Kino erkunden. […] Das Kino steht folglich für das platonische Versprechen der Wahrheit, die erst sichtbar wird, wenn Stille und Dunkelheit herrschen.

Ollivier Pourriol

— **1** a) Interpretieren Sie das Bild (M 2) und entwerfen Sie einen inneren Monolog der abgebildeten Person. > 1

b) Recherchieren Sie (M 8) das grafische Phänomen der „unmöglichen Figur“ und setzen Sie es in Beziehung zum Titel der Seite. > 1

— **2** a) Gestalten Sie eine kreative Darstellung (M 13) von Platons Höhlengleichnis. > 2

b) Interpretieren Sie das Höhlengleichnis und stellen Sie einen Bezug zum Bild her. > 1, 2

c) Diskutieren Sie (M 4) – ausgehend von Ihren Deutungen des Höhlengleichnisses – Konsequenzen der begrenzten Wirklichkeitswahrnehmung auf Ihr Leben. > 2

— **3** a) Arbeiten Sie heraus, wie Pourriol Kino und Höhlengleichnis miteinander in Beziehung setzt. Nehmen Sie Stellung dazu. > 3

b) Informieren Sie sich über den Inhalt der genannten Filme und prüfen Sie kritisch, inwiefern Platons Vorstellungen verarbeitet worden sind. > 2, 3

plus **4** Finden Sie einen weiteren Film oder eine Serie, worin die platonische Ideenlehre sichtbar wird, und arbeiten Sie heraus, wie die Ideen des Höhlengleichnisses hier umgesetzt worden sind. > 2, 3

Erkenntnis zwischen Vernunft und Erfahrung

Kant

Steckbriefe

79502-05

1 Sichere Erkenntnis?

Ich denke, also bin ich.
René Descartes

Woher hat die Seele all den Stoff für die Vernunft und das Wissen? Ich antworte darauf mit einem Worte: Von der Erfahrung.
John Locke

2 Zwischen Empirismus und Rationalismus

Dass alle unsere Erkenntnis mit der Erfahrung anfange, daran ist gar kein Zweifel; denn wodurch sollte das Erkenntnisvermögen sonst zur Ausübung erweckt werden, geschähe es nicht durch Gegenstände, die unsere Sinne rühren und teils von selbst Vorstellungen bewirken, teils unsere Verstandestätigkeit in Bewegung bringen, diese zu vergleichen, sie zu verknüpfen oder zu trennen, und so den rohen Stoff sinnlicher Eindrücke zu einer Erkenntnis der Gegenstände zu verarbeiten, die Erfahrung heißt? […] Wenn aber gleich alle unsere Erkenntnis *mit* der Erfahrung anhebt, so entspringt sie darum doch nicht eben alle *aus* der Erfahrung. […]
Es ist also wenigstens eine […] Frage: ob es ein dergleichen von der Erfahrung und selbst von allen Eindrücken der Sinne unabhängiges Erkenntnis gebe. Man nennt solche *Erkenntnisse a priori*, und unterscheidet sie von den *empirischen*, die ihre Quelle a *posteriori*, nämlich in der Erfahrung, haben. […]
Bisher nahm man an, alle unsere Erkenntnis müsse sich nach den Gegenständen richten; aber alle Versuche über sie *a priori* etwas durch Begriffe auszumachen, wodurch unsere Erkenntnis erweitert würde, gingen unter dieser Voraussetzung zu nichte. […] Wenn die Anschauung sich nach der Beschaffenheit der Gegenstände richten müsste, so sehe ich nicht ein, wie man *a priori* von ihr etwas wissen könne; richtet sich aber der Gegenstand (als Objekt der Sinne) nach der Beschaffenheit unseres Anschauungsvermögens, so kann ich mir diese Möglichkeit ganz wohl vorstellen. […] [I]ch nehme an, die Gegenstände oder, welches einerlei ist, die Erfahrung, in welcher sie allein (als gegebene Gegenstände) erkannt werden, richte sich nach diesen Begriffen, so sehe ich sofort eine leichtere Auskunft, weil Erfahrung selbst eine Erkenntnisart ist, die Verstand erfordert, dessen Regel ich in mir, noch ehe mir Gegenstände gegeben werden, mithin *a priori* voraussetzen muss. […]
Dass Raum und Zeit nur Formen der sinnlichen Anschauung, also Bedingungen der Existenz der Dinge als Erscheinungen sind, dass wir ferner keine Verstandesbegriffe, mithin auch gar keine Elemente zur Erkenntnis der Dinge haben […], folglich wir von keinem Gegenstande als Dinge an sich selbst, sondern nur so fern es Objekt der sinnlichen Anschauung ist […], Erkenntnis haben können, wird im analytischen Teile der Kritik bewiesen […]. Gleichwohl wird, welches wohl gemerkt werden muss, doch dabei immer vorbehalten, dass wir eben dieselben Gegenstände auch als Dinge an sich selbst, wenn gleich nicht erkennen, doch wenigstens müssen denken können. Einen Gegenstand erkennen, dazu wird erfordert, dass ich seine Möglichkeit (es sei nach dem Zeugnis der Erfahrung aus seiner Wirklichkeit, oder *a priori* durch Vernunft) beweisen könne. Aber denken kann ich, was ich will, wenn ich mir nur nicht selbst widerspreche. […] Um einem solchen Begriffe aber objektive Gültigkeit […] beizulegen, dazu wird etwas mehr erfordert.

Immanuel Kant

3 Kants Erkenntnistheorie

Grundsätzlich sind uns keine Erkenntnisse unabhängig von unseren Anschauungen möglich. Denn die

„Welt“ ist kein realer Gegenstand, sie ist vielmehr der ungegenständliche Gedanke von der Einheit raum-zeitlicher Gegenstände. Der „Raum“ ist ein subjektives Denkschema, mit dem wir unsere Eindrücke ordnen. Die „Gegenstände“ sind Denkinhalte, die vom erkennenden Subjekt nach einem Ordnungsschema erzeugt werden. Da die raum-zeitliche Anschauung bei allen Menschen dieselbe ist, haben unsere Erkenntnisse intersubjektive Gültigkeit.

Wie ist es möglich, dass wir uns urteilend auf Gegenstände beziehen? Welche sind die Bedingungen der Möglichkeit unseres Erkennens? Die metaphysischen Begriffe „Gott“, „Welt“ und „Seele“ sind nicht mehr Gegenstände möglicher Erkenntnis. Sie sind vielmehr Ideen und Gedanken, die wir im theoretischen und im praktischen Kontext unseres Lebens benötigen. […] Unser Verstand verbindet eine Vielzahl von Beobachtungsdaten zu Einheiten.

Alle unsere Erkenntnisse fangen mit Erfahrungen an, doch sie kommen entgegen empiristischen Lehren mit diesen allein nicht aus, da jede Erfahrung zum einen Anschauungen, zum andern Verstandesbegriffe benötigt. Gedanken ohne Inhalte sind leer, aber Anschauungen ohne Begriffe sind blind. Begriffe müssen mit anschaulichen Inhalten zusammenhängen, aber unser Verstand ist an jeder Erfahrung beteiligt. Zu einem Gegenstand wird etwas nur aufgrund unserer Deutungen. Nun sind uns aber Grundsätze des reinen Verstandes (synthetische Urteile a priori) möglich. Denn sie geben uns die Bedingungen an, unter denen uns Beobachtungen überhaupt möglich werden. Es gibt für uns keine Wirklichkeit unabhängig von unseren Deutungen, folglich können wir niemals ein „Ding an sich“ erkennen, sondern immer nur deutungsabhängige Phänomene und Erscheinungen. Wahrheit ist uns nur dann gegeben, wenn unser Urteil mit einem Ding als Erscheinung übereinstimmt. […] Wir erfassen die Natur immer als interpretierte Wirklichkeit, aber nie die Natur an sich. Die Gegenstände der Erfahrungen werden immer vom erkennenden Subjekt konstruiert. […] Auch wenn jenseits der Grenzen möglicher Erfahrungen Erkenntnisse unmöglich sind, benötigen wir die Idee einer jenseitigen Wirklichkeit als Boden für unsere Ethik.

Anton Grabner-Haider

4 Durch die Brille der Vernunft?

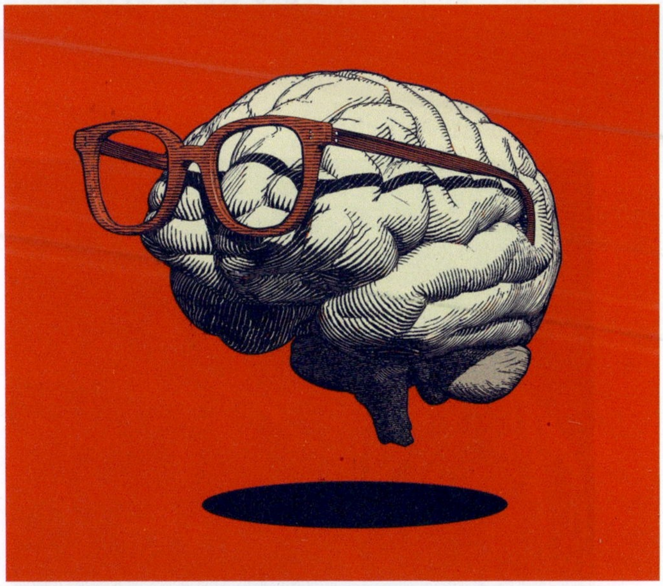

1 a) Positionieren Sie sich begründet zu einer der beiden Aussagen (M 18). > 1

b) Recherchieren Sie (M 8) die Grundlagen und Intention von Empirismus und Rationalismus. Informieren Sie sich jeweils über die berühmten Vertreter und stellen Sie diese in einer Präsentation (M 12) vor. > 1

2 a) Formulieren Sie den Text Satz für Satz mit Ihren eigenen Worten, so wie Sie ihn verstehen. > 2

b) Arbeiten Sie zu zweit die Kernaussagen von Kants Erkenntnistheorie heraus. > 2

3 a) Entwerfen Sie ein Schaubild (M 10) zu Kants Erkenntnistheorie und diskutieren Sie (M 4) die verschiedenen Entwürfe in Ihrem Kurs. > 3

b) „Aber denken kann ich, was ich will, wenn ich mir nur nicht selbst widerspreche.“ (Z. 53f.) Nehmen Sie Stellung zu Chancen und Grenzen dieser Aussage. > 2, 3

4 Interpretieren Sie das Bild (M 2). Beurteilen Sie anschließend, ob und inwiefern es Kants Erkenntnistheorie symbolisieren kann. Entwerfen Sie ggf. Änderungsvorschläge. > 4

plus **5** Vergleichen Sie die philosophischen Wahrheitsansätze von Platon (S. 52/53) und Kant. > 2, 3

Glaube, Wahrheit und Erkenntnis

Bonhoeffer

Steckbriefe

79502-05

1 Was ist Wahrheit?

Nikolai Ge (1831–1894): Was ist Wahrheit? (1890)

2 Jesus – wer bist du?

[37]Da sprach Pilatus zu ihm: So bist du dennoch ein König? Jesus antwortete: Du sagst es: Ich bin ein König. Ich bin dazu geboren und in die Welt gekommen, dass ich die Wahrheit bezeuge. Wer aus der Wahrheit ist, der hört meine Stimme. [38]Spricht Pilatus zu ihm: Was ist Wahrheit? Und als er das gesagt hatte, ging er wieder hinaus zu den Juden und spricht zu ihnen: Ich finde keine Schuld an ihm.

Joh 18,37–38

3 Wahrheit biblisch

Das hebräische Wort für „Wahrheit" im Alten Testament kommt von demselben Wort wie die Wörter für „Glaube" und „Treue". Wahrheit im biblischen Sinne bedeutet also nicht, dass eine Aussage mit der Wirklichkeit übereinstimmt, sondern man kann sich darauf verlassen. Sie hat Bestand und der, der etwas sagt, ist treu. Wahrheit ist das, was Menschen meinen, wenn sie jemanden als „wahren Freund" bezeichnen oder sagen, dass jemand ein „wahres Wort" gesprochen habe. [...] Zuverlässig, beständig und treu ist für Christinnen und Christen Gott (Röm 3,37). Er ist derjenige, „der da ist, der da war und der da kommt" (Offb 1,8). Weil Gott selbst in Jesus Christus auf die Welt gekommen ist, können Christinnen und Christen auch sagen, dass Jesus Christus die Wahrheit ist (Joh 14,6). Auch eine Botschaft von Gott kann als Wahrheit angenommen werden, wenn sie die Liebe Gottes, die Menschen aus Schuld und Tod errettet, bezeugt. Wenn Christinnen und Christen im Gebet und im Gottesdienst diese Wahrheit für sich annehmen, bestätigen sie das mit dem Wort „Amen". Das bedeutet „Ja, so ist es" oder „Ja, so sei es".

Weil aber der Glaube das unmittelbar Wirkliche überschreitet, kann Wahrheit immer nur als Wahrheitsanspruch gemeint sein. Das, was Christinnen und Christen aus ihrem Glauben heraus sagen, bleibt bestreitbar. Der Theologe Wolfhart Pannenberg bezeichnet deswegen beispielsweise die Aussagen von Christinnen und Christen über das zukünftige Reich Gottes als „Hypothese" und warnt: Alle, die ihre Erkenntnis Gottes als schon vollkommen bezeichnen, die nicht davon ausgehen, dass ihre Erkenntnis erweiterbar und fortschreitend ist, sollten ihre Aussagen überdenken.

EKD

4 Vorläufige Erkenntnis

Die Liebe begehrt Einlass in die Welt unserer Gedanken und Erkenntnisse. Die Erkenntnis ist der Liebe am

ähnlichsten. Auch sie hat den anderen zum Gegenstand, ist auf den anderen gerichtet. Sie will die Welt und den Menschen und die Geheimnisse Gottes begreifen und verstehen und erklären. […]
Es sind die großen Fragen, an denen jeder Mensch seine Erkenntnis versucht und an denen jeder auch zugleich die Grenzen seiner Erkenntnis kennen lernt: Was ist des Menschen eigener Weg? Was ist des anderen Menschen Weg? Und was ist der Weg Gottes, der hinter allen menschlichen Wegen geht? […]
Alle Lösungen sind Stückwerk, das vergeht. Das hat einer der größten Denker aller Zeiten selbst als das Ende und den Anfang aller Weisheit erkannt: Ich weiß, dass ich nichts weiß. Das war seine letzte Gewissheit. Unser Wissen ist Stückwerk – wenn aber kommen wird das Vollkommene, dann wird das Stückwerk aufhören (1 Korinther 13, 9 f). Dies Vollkommene aber ist die Liebe. Erkennen und Liebe verhalten sich wie Stückwerk und Vollkommenheit. Und je mehr Sehnsucht nach Vollkommenheit im erkennenden Menschen ist, umso mehr Liebe wird er haben. Das vollkommene Erkennen ist die vollkommene Liebe. Das ist ein seltsamer, aber doch sehr tiefsinniger und wahrer Satz des Paulus.

Dietrich Bonhoeffer

5 Der Neue Realismus

Nehmen wir an, Astrid befinde sich gerade in Sorrent und sehe den Vesuv, während wir (also Sie, lieber Leser, und ich) gerade in Neapel sind und ebenfalls den Vesuv betrachten. Es gibt also in diesem Szenario den Vesuv, den Vesuv von Astrid aus (also aus Sorrent) gesehen und den Vesuv von uns aus (also aus Neapel) gesehen. Die Metaphysik behauptet, dass es in diesem Szenario einen einzigen wirklichen Gegenstand gibt, nämlich den Vesuv. […]
Der Konstruktivismus hingegen nimmt an, dass es in diesem Szenario drei Gegenstände gibt: den Vesuv für Astrid, Ihren Vesuv und meinen Vesuv. […] Der Neue Realismus hingegen nimmt an, dass es in diesem Szenario mindestens vier Gegenstände gibt:

1. Der Vesuv.
2. Der Vesuv von Sorrent aus gesehen (Astrids Perspektive).
3. Der Vesuv von Neapel aus gesehen (Ihre Perspektive).
4. Der Vesuv von Neapel aus gesehen (meine Perspektive).

Man kann sich leicht klarmachen, warum diese Option die beste ist. Es ist nicht nur eine Tatsache, dass der Vesuv ein Vulkan ist, der sich an einer bestimmten Stelle auf der Erdoberfläche befindet, die derzeit zu Italien gehört, sondern es ist ganz mit demselben Recht ebenfalls eine Tatsache, dass er von Sorrent aus soundso und von Neapel aus eben anders aussieht. […] Der Neue Realismus nimmt also an, dass Gedanken über Tatsachen mit demselben Recht existieren wie die Tatsachen, über die wir nachdenken. […]
Die Welt ist weder ausschließlich die Welt ohne Zuschauer noch ausschließlich die Welt der Zuschauer.

Markus Gabriel

— **1** Interpretieren Sie das Bild (→ M 2). Gehen Sie insbesondere auf Licht und Schatten sowie die Haltung der Figuren ein. > 1

— **2** a) Interpretieren Sie den Bibeltext. Formulieren Sie eine Antwort Jesu auf Pilatus' Frage „Was ist Wahrheit?" und begründen Sie diese. > 2

b) Setzen Sie das Bild in Beziehung zum Text aus Joh 18,37–38. > 1, 2

— **3** a) Erläutern Sie das dargestellte biblische Verständnis von Wahrheit. > 3

b) Diskutieren Sie (→ M 4), welche Konsequenzen dieses Verständnis für die Wahrnehmung und das Verstehen von Wirklichkeit hat. > 3

— **4** a) Interpretieren Sie Bonhoeffers Aussagen zur Erkenntnis. > 4

b) Beurteilen Sie auf dieser Grundlage, welchen Beitrag der christliche Glaube in öffentlichen Diskursen leisten kann. > 4

c) Beziehen Sie den Begriff der Fragmentarität nach Henning Luther (S. 48) auf das dargestellte Verständnis von Erkenntnis in 1 Kor 13. > 4

— **5** a) Erklären Sie die Besonderheit des „Neuen Realismus". > 5

b) Vergleichen Sie den „Neuen Realismus" mit anderen Zugängen zur Wirklichkeit anhand von Sketchnotes (→ M 15). Nehmen Sie Stellung dazu. > 5

Kann ich, will ich, muss ich – mich kontrollieren?

Ausführlich
79502-10

1 Aggression – was ist das?

Aggression

Substantiv, feminin [agʁɛˈsi̯oːn]

Synonyme: Wut, Angriff, Zorn, Streitigkeit

a) durch Affekte ausgelöstes, auf Angriff ausgerichtetes Verhalten des Menschen, das auf einen Machtzuwachs des Angreifers bzw. eine Machtverminderung des Angegriffenen zielt

b) feindselige, ablehnende Einstellung, Haltung

Nach Duden

2 Aggression theoretisch erklärt

Thomas Hobbes (1588 – 1679, Philosoph)
Hobbes blickt pessimistisch auf die Welt. Der Mensch sei von Natur aus ungesellig und böse. Daher sei es nur eine Frage der Zeit, bis jeder Mensch aggressives Verhalten zeige. Lediglich die Angst vor dem eigenen Schaden oder der Missgunst der Gesellschaft könne den Menschen zurückhalten, aggressive Handlungen auszuführen.

Jean-Jacques Rousseau (1712 – 1778, Philosoph)
Im Gegensatz zu Hobbes blickt Rousseau positiv auf die Menschen. Er geht davon aus, dass alle Menschen von Natur aus gut sind. Das Böse sei erst durch die Vergesellschaftung entstanden. Erst mit der Entwicklung zu eigenen Besitztümern und Ehen sei die Angst vor deren Verlust geboren, sodass die Menschen böses Verhalten gegenüber ihren Mitmenschen gezeigt hätten.

John S. Dollard (1900 – 1980, Psychologe und Soziologe)
Dollard betrachtet aggressives Verhalten aus psychologischer Sicht. Er definiert Aggression als eine Sequenz von Verhaltensweisen, deren Ziel die Verletzung des Gegenübers ist. Dabei führt er jede aggressive Tat auf eine vorangegangene Frustration zurück. Dollard behauptet aber auch, dass die Menschen sehr lernfähig seien und schnell lernen würden, wie sie ihre Reaktionen auf eine gewisse Frustration kontrollieren. Jedoch gelte: Je größer die Frustration, desto stärker die Tendenz, aggressives Verhalten zu zeigen.

Konrad Lorenz (1903 – 1989, Mediziner und Verhaltensforscher)
Lorenz definiert Aggression als eine Art Energie. Diese Energie könne sich im Menschen anstauen und bei einem entsprechenden Auslöser in Form von aggressiven Verhaltensweisen entladen. Diese Auslöser stammen Lorenz zufolge aus der evolutionären Bestimmung des Menschen. Aggression sei als Trieb notwendig und bedürfe einer Befriedigung.

Albert Bandura (1925 – 2021, Psychologe)
Bandura ging davon aus, dass aggressives Verhalten durch das Lernen am Modell entsteht. Das bedeutet, dass Kinder aggressive Verhaltensweisen sowie die Reaktion darauf von Vorbildern nachahmen. Werde das aggressive Verhalten belohnt, sei es wahrscheinlich, dass das Kind dies wiederholt.

3 Aggression gegen den eigenen Bruder?

Lovis Corinth (1858–1925): Kain (1917)

4 Aggression gegen den Aktivismus

Seit Anfang 2022 sorgte das klimaaktivistische Bündnis „Letzte Generation“ (LG) mit Aktionen für Aufsehen. 2023 entbrannte eine heftige Diskussion um Aktionen, bei denen sich Mitglieder der LG auf Straßen festklebten. Der folgende Kommentar veranschaulicht die kontroverse und mitunter aufgeheizte Stimmungslage.

Diese sogenannten Aktivisten sprechen von „zivilem Ungehorsam“. In Wirklichkeit sind sie Gewalttäter. Ihre Waffe ist die Blockade. Mit ihr wollen sie anderen Menschen ihren Willen aufzwingen und daran hindern, zur Arbeit zu fahren, Kinder zur Schule zu bringen, Besorgungen oder einen Ausflug zu machen. So soll eine aufgebrachte Bevölkerung die Politik dazu bringen, die Forderungen der demokratisch nicht legitimierten „letzten Generation“ zu erfüllen. Es ist diesen Straßenbesetzern gleichgültig, ob Ärzte nicht zu einer Operation können oder Trauernde nicht zu einer Beerdigung, ob ein Blockierter seinen Vorstellungstermin verpasst oder einen wichtigen Geschäftstermin. Die Blockierer fühlen sich allen anderen moralisch überlegen und handeln nach dem Motto, „der Zweck heiligt die Mittel“. Genau diese Haltung legen alle an den Tag, die andere zu einem bestimmten Verhalten zwingen wollen. [...]
Die „letzte Generation“ als „Klima-Aktivisten“ zu bezeichnen, verharmlost deren Tun. Es diskreditiert zugleich alle anderen politischen Aktivisten, die sich mit legalen, demokratischen Mitteln Gehör zu verschaffen suchen. Für diese rücksichtslose Truppe passt viel besser der Begriff „Klima-Verderber“. Mit jedem von ihnen verursachten Verkehrsstau erhöhen sie nicht nur den CO_2-Ausstoß; sie verderben zugleich das politische Klima. Diese „letzte Generation“ ist das Letzte, was uns in der aktuellen Lage weiterbringt.

Hugo Müller-Vogg

1 a) Reflektieren Sie, in welchen Formen Ihnen Aggression im Alltag begegnet, und ordnen Sie diese in einer Mindmap an (M 9). > 1

b) Ergänzen Sie die Definition um weitere Gesichtspunkte des Aggressionsbegriffs. > 1

2 a) Präsentieren Sie den Kerngedanken einer Aggressionstheorie in Form einer Postkarte (M 14). > 2

b) Vergleichen Sie die einzelnen Aggressionstheorien miteinander und finden Sie jeweils passende Beispiele aus Ihrem Umfeld. > 2

c) Beurteilen Sie jeweils anhand der dargestellten Theorien, inwiefern der Mensch frei ist, selbst über sein Handeln zu entscheiden. > 2

3 a) Interpretieren Sie das Bild (M 2), insbesondere unter Berücksichtigung der Betrachtungsperspektive. > 3

b) Erklären Sie Kains Verhalten in Gen 4,1–16 mithilfe der Theorien. > 2, 3

plus c) Wenden Sie Ihre Einsichten auf ein neutestamentliches Beispiel an. > 1 – 3

4 a) Recherchieren Sie (M 8) die „Letzte Generation“ (vgl. S. 116/117) und analysieren Sie deren Aktionen sowie den Kommentar anhand der dargestellten Aggressionstheorien. > 2, 4

b) Diskutieren Sie (M 4) Aggressionen gegen Demonstrierende aus der Perspektive der verschiedenen Aggressionstheoretiker. Nehmen Sie auf aktuelle Medienberichte Bezug. > 2, 4

Der theologische Begriff der Sünde

1 Sünde – ein modernes Unwort?

Dimensionen 79502-11

Das Wort Sünde funktioniert nicht mehr. Statt irgendetwas zu erklären, bedarf dieser Ausdruck selbst der ständigen Erläuterung. Er produziert nur noch Missverständnisse. So empfinden es viele Menschen in der westlichen Welt, wenn sie nicht längst jedes Interesse an religiösen Fragen verloren haben. Aber ich gehe noch einen Schritt weiter. Auch viele Christen tun sich mit dem Wort Sünde schwer. Es ist ihnen manchmal geradezu unangenehm, wenn nicht peinlich. Im Grunde fragen sie sich selbst: Was genau ist eigentlich Sünde? […] Ich lade Christen ein, noch einmal ganz neu heute danach zu fragen, was wir unter Sünde verstehen können. Und ich bin sicher: Wenn es in der Bibel um eine gute Botschaft geht, dann muss die Menschenfreundlichkeit Gottes auch da sichtbar werden, wo es um die dunklen Voraussetzungen dieser Botschaft geht.

Ich weiß nicht mehr genau, wann ich zum ersten Mal das Wort Sünde gehört habe. Aber eines habe ich bereits im Laufe meiner Jugend schnell gemerkt. Man kann mit diesem Begriff auf zweierlei Weise umgehen: ironisch oder entrüstet.

Die ironische Verwendungsweise funktioniert so: Als Sünde bezeichnet man eine Regelabweichung, die man bedauert, ohne sie wirklich tragisch zu nehmen. „Sünde" ist eine Missbilligung mit Augenzwinkern. Man gebrauchte das Wort etwa, wenn man in den letzten Tagen beim Essen mit sich selbst großzügig war, sprich „gesündigt" hat, und nun halt den Gürtel etwas enger schnallen muss. Sünden, das waren auch kleine oder mittlere Vergehen des Straßenverkehrs, die in Flensburg in einer Verkehrssünderdatei registriert wurden. Für schwere Unfälle wurde das Wort nicht verwendet. Dann hatte jemand wirklich „Mist" gebaut. […]

Man darf sich durch die Banalität der Verkehrs- und Diätsünden nicht täuschen lassen. Da gab es noch eine andere Bedeutung des Wortes. Mit der Vergangenheit des Wortes schien etwas nicht zu stimmen. Ganz, ganz früher hatten Menschen sich angemaßt, dieses Wort im Sinne einer harten Verurteilung zu verwenden. Aber darüber könne man aus heutiger Sicht nur noch entrüstet sein.

Thorsten Dietz

2 Sünde ist der Zustand der Gottesferne

Das Wort „Sünde" ist mit dem deutschen Wort „Sund" verwandt, mit dem ein Abgrund oder ein Graben bezeichnet wird. Sünde bezeichnet – anders als im allgemeinen Sprachgebrauch – weniger einzelne Vergehen als vielmehr eine Haltung: sich gegen Gott wenden, sich von Gott abwenden, sich über Gott erheben wollen.

Viele biblische Geschichten versuchen, dies zu verdeutlichen. Nach traditionell christlicher Deutung erzählt die Bibel gleich zu Beginn mehrfach vom Ursprung der Sünde. Vom Sich-verführen-Lassen erzählt die Paradiesgeschichte. Adam und Eva essen eine Frucht vom Baum der Erkenntnis in der Hoffnung, zu sein „wie Gott" (1. Mose 3,5). Sie überschreiten eine von Gott gesetzte Grenze und verlieren so das Paradies.

Vom verletzten Stolz erzählt die Geschichte vom Brudermord. Kain neidet seinem Bruder Abel, dass Gott dessen Opfer gnädig ansieht, seines aber nicht. Er ergrimmt und „senkte finster seinen Blick", heißt es. „Da sprach der Herr zu Kain: Warum ergrimmst du? Und warum senkst du deinen Blick? Ists nicht so: Wenn du fromm bist, so kannst du frei den Blick erheben. Bist du aber nicht fromm, so lauert die Sünde vor der Tür, und nach dir hat sie Verlangen; du aber herrsche über sie." (1. Mose 4,6–7) Kain verliert seine Selbstbeherrschung und tötet seinen Bruder.

Vom Versuch, sich an die Stelle Gottes zu setzen, erzählt die Geschichte vom Turmbau zu Babel. Die Bewohner Babels beschließen in einem Anfall von Hybris: „Wohlauf, lasst uns eine Stadt und einen Turm bauen, dessen Spitze bis an den Himmel reiche, dass wir uns einen Namen machen." (1. Mose 11,4) Gott fährt dazwischen, zerstört den Turm und zerstreut die Menschen.

Menschen entfernen sich immer wieder von Gott und versuchen, sich an Gottes Stelle zu setzen. In der Sünde liegt nach christlichem Verständnis auch die Ursache für zwischenmenschliche Zerwürfnisse, für Unrecht, Ungerechtigkeit und Lieblosigkeit.

EKD

ZUR SACHE

3 Der theologische Sündenbegriff

Steckbriefe 79502-05

Für **Friedrich Schleiermacher** bedeutet Sünde eine Hemmung des Gottesbewusstseins, d.h. eine Störung im Glauben als Beziehung zu Gott. Sie ist daher als ein Mangel verstanden, aber nicht als eine aktive Kraft.

Dies ist sie jedoch für **Karl Barth**. Er versteht wie Schleiermacher die Sünde von der Erlösung in Jesus Christus her, als Wirkung des Unglaubens im Gegensatz zum Glauben. Allerdings hat sie bei Barth einen aktiven Charakter etwa im „Hochmut" als Gegensatz zur Demut Christi, in der „Trägheit" im Gebrauch der von Gott geschenkten Freiheit und in der „Lüge" des Menschen gegenüber der Versöhnungszusage Gottes. Die Sünde bestimmt den Menschen nach Barth ebenso radikal und grundsätzlich wie die Gnade Gottes.

Einen positiveren Ausgangspunkt nimmt **Paul Tillich**. Nach ihm steht die Sünde für eine gestörte Beziehung zu Gott. Sie beschreibt all das, was den Menschen von Gott, von seinen Mitmenschen und von sich selber trennt. Tillich versteht Sünde als ein „Symbol" für die Entfremdung von Gott, von Mitmenschen und von sich selbst. Nach Tillich spielt jedoch für den neuzeitlichen Menschen die Frage nach dem „Sinn" stets eine größere Rolle als die Frage nach der Sünde.

In neueren Ansätzen einer Sündentheologie wird besonders ein „struktureller" Sündenbegriff betont, der auf die Verstrickungen des Menschen in Unheilszusammenhänge aufmerksam macht. Nach **Dorothee Sölle** beispielsweise besteht „Sünde" in strukturellen Ungerechtigkeiten. „Erlösung" davon sah sie im kollektiven Handeln für gerechtere Verhältnisse. **Heinrich Bedford-Strohm** konkretisiert dies, indem er sagt, dass die Sünde den Menschen blind für die Bedürfnisse seines Nächsten macht und somit die zwischenmenschlichen Beziehungen beeinflusst.

Klaas Huizing plädiert für eine Theologie, die positiv vom Menschen denkt und ihn nicht als von Grund auf „sündig" versteht.

4 Vergebung der Sünden?

Schlorian / Stefan Haller (*1972)

— 1 a) Arbeiten Sie zu zweit das dargestellte Alltagsverständnis von Sünde heraus. > 1

b) Erläutern Sie aus Ihrem Vorwissen, worin die Missverständnisse (Z. 5) bestehen könnten. > 1

plus c) Entfalten Sie die sieben Dimensionen von Sünde nach Dietz und setzen Sie sie in Beziehung zu Ihrem Verständnis von Sünde. >

— 2 a) Fassen Sie den Text in Thesen zusammen. > 2

b) Entwickeln Sie aus den genannten Bibelstellen eine Infografik (M 11) zu „Sünde". Ergänzen Sie neutestamentliche Stellen. > 2

— 3 Vergleichen Sie die Grundgedanken zur Sünde miteinander und nehmen Sie Stellung. > 1 – 3

— 4 Interpretieren Sie die Karikatur (M 3) und beurteilen Sie diese. > 4

plus 5 Recherchieren (M 8) und beurteilen Sie anhand Ihrer Einsichten, wie der Begriff „Sünde" in Social Media und Werbung benutzt wird. Gestalten Sie eine Präsentation (M 12). > 1 – 3

Der „Sündenfall“

1 Der Apfel als „Unheilsfrucht“?

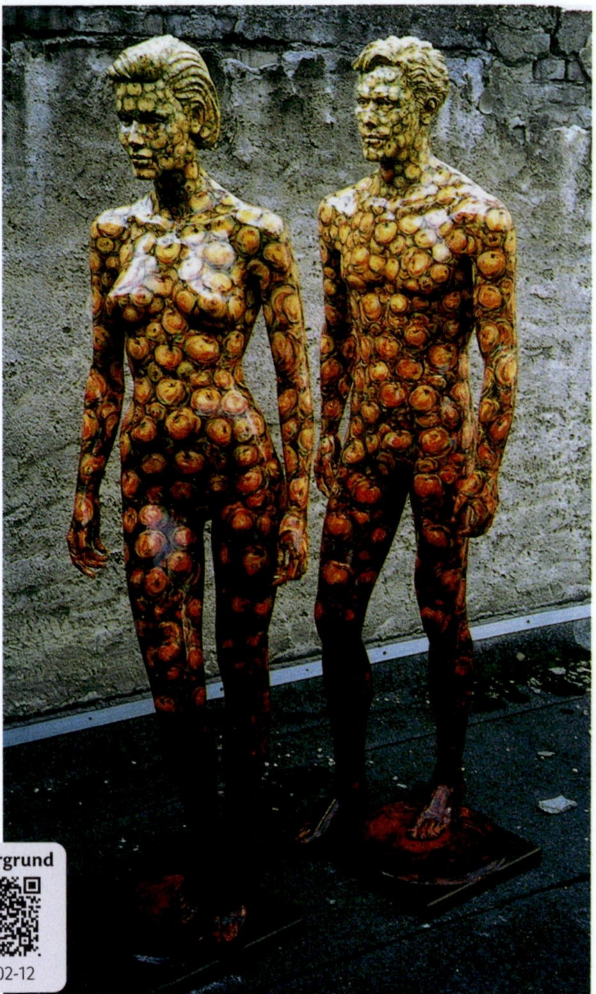

Hintergrund
79502-12

Sven Schalenberg (*1964): Adam und Eva (2000)

2 Genesis und der „Sündenfall“

Traditionell wird der Abschnitt [Gen 3,1–6] als Erzählung vom Sündenfall bezeichnet [...]. Darüber hinaus wurde die vermeintliche Erzählung vom Sündenfall immer wieder als Antwort auf die Frage nach der Herkunft des Bösen gelesen. In welchem Maße die Auslegungsgeschichte die Wahrnehmung des Textes bestimmt und diesen gleichsam überschrieben hat, belegen die Begriffe und Motive, die sich wie selbstverständlich mit Gen 3 verbinden, dort aber keine Erwähnung finden. Dies gilt für den berühmten Apfel, für Begriffe wie „Sünde“ und „Schuld“, das Motiv der „Verführung Adams“ [...]. Auch fällt im Vergleich mit der vornehmlich an der Sündenlehre interessierten Auslegungsgeschichte auf [...], wie sehr sich in Gen 3 der weisheitliche Erzähler und die Akteure der Erzählung mit einer Bewertung der Vorgänge zurückhalten. Wie bei kaum einem anderen biblischen Text ist es daher angebracht, die traditionelle Lesart [...] zunächst einmal so weit wie möglich außen vor zu lassen.

Jan Christian Gertz

3 Eine Entwicklungsgeschichte

Daniel Krochmalnik (*1956), Rabbiner und Professor für jüdische Religion und Philosophie, legt den „Sündenfall“ als Entwicklungsgeschichte des Menschen aus.

Es könnte Adam nicht besser gehen, doch er macht einen verhängnisvollen Fehler und wird aus der Idylle vertrieben. Was hat er getan? Worin bestand seine Sünde? Was symbolisiert der „*Baum der Erkenntnis des Guten und Bösen*“ [...]? Werden Adam und Eva wegen ihres Ungehorsams, ihrer Gefräßigkeit, ihrer Neugier, ihrer Lüsternheit oder ihres Hochmuts so schwer bestraft? Über den Baum der Erkenntnis ist viel gerätselt worden. Symbolisiert die verbotene Frucht und die Schlange, wie Abraham ibn Esra mit dem Midrasch von Rabbi Elieser vermutet, die Sexualität? [...] Doch der Mensch wurde nach den Schöpfungsberichten bereits geschlechtsreif erschaffen und zur Fortpflanzung berufen (Gen 1,29; 2,24). Es ist also kaum anzunehmen, dass die Bibel den Geschlechtsverkehr als Sünde verurteilt. Symbolisiert der Baum mit seinen Verzweigungen dann vielleicht die moralische Erkenntnis des Verbotenen und Erlaubten? Es ist allerdings schwer vorstellbar, dass Gott Adam diese wichtige Fähigkeit vorenthalten wollte, und in diesem Fall könnte er ihm kaum einen Vorwurf machen, denn er hätte das Verbot erst nach dem Genuss der Frucht als solches erkennen können. Ein Vers im fünften Buch Mose (Deuteronomium) führt zu einer ganz einfachen

Erklärung für den Namen und die Bedeutung des Baumes. Dort heißt es von den kleinen Kindern und den jungen Söhnen des Volkes, dass sie noch *„nicht wissen, was gut und böse“* […] ist (Dtn 1,39). Demnach ist der Zustand vor dem Fall ein Zustand kindlicher Unschuld. Der Mensch ist zwar schon mit der Fähigkeit erschaffen, zu erkennen (Gen 2,20) und zu handeln (Gen 1,28; 2,15), er ist aber noch ganz in der Obhut seines himmlischen Vaters, der für ihn entscheidet, was für ihn gut ist, und ihn versorgt. Das Essen der Frucht vom Baum der Erkenntnis des Guten und Bösen bedeutet in diesem Fall, dass der Mensch sich gegen den Rat seines himmlischen Vaters entscheidet und somit und fortan, wie Gott (Gen 3,5 u. 22), selbst bestimmt, was für ihn gut ist – die verbotene Frucht wäre die Freiheit der Wahl! So gesehen ist der Sündenfall eine Krise, die jeder Mensch in seiner Entwicklung durchmacht. Er stellt die Entscheidungen der Eltern in Frage, verlässt das Wunschland des Elternhauses und bestimmt selbst, was er will, auch wenn er dafür schwer büßen muss. Das schlechte Gewissen gegenüber den Eltern, die es ja immer besser wussten, und die Sehnsucht nach dem verlorenen Paradies kommen in der biblischen Erzählung zum Ausdruck. Wenn aber der Sündenfall ein notwendiger Entwicklungsschritt des Menschen ist, dann stellt sich die Frage, warum die Bibel ihn missbilligt. Soll der Mensch etwa ewig kindlich und abhängig bleiben?

Daniel Krochmalnik

4 Menschliches Dasein erklären

Im Interview erläutert Stephen Greenblatt, Professor für Literatur und Sprache an der Harvard Universität, sein 2018 erschienenenes Buch „Die Geschichte von Adam und Eva: Der mächtigste Mythos der Menschheit“.

Warum hat sich die biblische Erzählung von Adam und Eva in der abendländischen Kultur als so mächtig erwiesen?

Die Geschichte von Adam und Eva nimmt für sich in Anspruch, auf ganz knappem Raum einen Großteil des menschlichen Daseins zu erklären: die Vorherrschaft unter den Spezies, Liebe, sexuelles Verlangen, die Sünde in Form der Überschreitung eines Verbots, die patriarchale Unterdrückung der Frauen, Knochenarbeit, den Schmerz des Gebärens, die Sterblichkeit, ja sogar die Angst vor Schlangen. Das bedeutet einen unerhörten Triumph der Fantasie, der Vorstellungskraft, und er wurde von den drei großen monotheistischen Religionen des Westens als Grundpfeiler übernommen.

Was unterscheidet die Genesiserzählung von anderen Ursprungsmythen?

Es gibt unzählige Mythen vom Ursprung des Menschen – unsere Spezies, so scheint es, ist in dieser Hinsicht besonders erfinderisch –, und ich behaupte nicht, alle oder auch nur die meisten davon zu kennen. Doch die hebräische Ursprungsgeschichte beharrt in meinen Augen ungewöhnlich intensiv auf der moralischen Verantwortung der Menschen für unser Schicksal und das der Welt. Auffallend ist, dass wir heute einer Erkenntnis wieder näher sind, als das viele Jahrhunderte der Fall war: dass nämlich zwischen den moralischen Entscheidungen, die wir treffen, und dem Schicksal der Welt, in der wir leben, ein Zusammenhang besteht. Wie sonst können wir begreifen, welche Auswirkungen der Mensch auf die Umwelt und auf die Spezies hat, die wir unmittelbar in ihrer Existenz bedrohen?

Stephen Greenblatt im Interview

1 a) Interpretieren Sie die Skulpturen (M 2). > 1
b) Beziehen Sie anschließend Ihr Vorwissen sowie Gen 3 kritisch in Ihre Deutung mit ein. > 1

2 Prüfen Sie die Aussagen von Gertz an Gen 3. > 2

3 a) Fassen Sie die Kernaussagen zusammen und nehmen Sie Stellung dazu. > 3
b) Zeigen Sie mögliche Konsequenzen aus dieser Deutung für das Menschenbild auf. > 3
c) Entwerfen Sie eine Antwort auf die Frage: „Soll der Mensch etwa ewig kindlich und abhängig bleiben?“ (Z. 49f.). > 3

4 Diskutieren Sie (M 4) Greenblatts Ansatz und nehmen Sie persönlich dazu Stellung. > 4

plus 5 Recherchieren Sie (M 8) literarische und filmische Werke, in welchen der Sündenfall thematisiert wird, und nehmen Sie aus theologischer Sicht Stellung dazu.

Aus der Tiefe rufe ich zu dir – Gnade im Alten Testament

ZUR SACHE

1 Der Gnadenbegriff im Alten Testament

Der Ursprung der alttestamentlichen Vorstellung von Gnade/Barmherzigkeit wird entweder aus dem Sozial- bzw. Rechtssystem Israels oder aus der Gottesvorstellung abgeleitet. [...] Schon in der Urgeschichte wird Gottes gnädiges/barmherziges Handeln betont. In der Paradieserzählung setzt JHWH die Ankündigung, dass der Mensch an dem Tag, an dem er von der Frucht des Baumes der Erkenntnis isst, sterben werde, nicht um, sondern stattet die Menschen für ein Leben außerhalb des Paradiesgartens mit Kleidern aus (Gen 3,21). [...] Schließlich wird Gottes Gnade/Barmherzigkeit auch von den Propheten betont. Während in der vorexilischen Eschatologie das gnädige/barmherzige Handeln Gottes vor allem als eine Verbesserung der Lebensverhältnisse [...] anklingt (Jes 11,1–5; Jer 32,6–15 u. ö.), wird es seit der späten Exilszeit [...] universal gedacht [...]. Dabei wird Gnade/Barmherzigkeit als Verschonung vor göttlicher Strafe gedacht, wie es im Buch Jona an der Umkehr der Niniviten exemplarisch dargestellt wird.

Thomas Wagner

2 Aus der Tiefe (Psalm 130)

Ein Mensch ist in den Strudel seiner Schuld geraten. Es ist offenbar nicht beim einmaligen Fehlverhalten geblieben. Vertrauen wurde zerstört, Beziehungen sind zerbrochen. Diese Ausweglosigkeit tut die Tiefen auf, aus denen der Beter ruft. [...] Die Tiefen, von denen der Psalm spricht, mögen wohl die Gottesferne andeuten, die sich aus der Schuld ergibt – Mensch und Gott sind einander fremd geworden. Die Tiefen stehen aber auch für das Chaos, das unser Fehlverhalten bewirkt: Spaltung, Gewalt, Verachtung ... Der Beter ruft zu Gott wie ein Verirrter. Wird Gott ihn da oben im Himmel überhaupt hören, wenn er aus der düsteren Unterwelt schreit? Auf seine Ohren kommt es nun an. Zwar ist bekannt, dass Gott das Schreien der Bedrückten hört – gilt dies aber auch für jene, die selbst für ihr Elend verantwortlich sind?

Doch sind im Grunde genommen nicht alle Menschen in derselben Lage? So heißt es an anderer Stelle: „Keiner, der lebt, ist gerecht vor dir!“ (Ps 143,2). An der konkreten Schuld Einzelner wird also deutlich, welche Bürde sich die gesamte Menschheit aufgeladen hat. Wäre Gott nur ein gerechter Richter, der dem Gesetz folgt, um Ordnung zu schaffen, wer könnte vor seinem Strafgericht wohl bestehen? Die Antwort bleibt aus, weil sie auf der Hand liegt [...]. Auf diesem Hintergrund wendet der Psalm nun ein, dass Gott nicht nur jener ist, der die Sünden ahndet. Er ist von seinem innersten Wesen her auch der Gott der Vergebung. [...] Diese Erkenntnis verwandelt das hilflose Schreien zu Beginn unseres Psalms in Hoffnung. Der Beter hat in seiner Schuld zu Gott gerufen, nun wartet er auf Antwort. In der Morgenstunde, in der einst die Gerichtsurteile gefällt worden sind, erwartet er den Freispruch – nicht weil er unschuldig wäre, sondern weil der Richter zugleich auch der Retter ist. Wann er sich zeigt, liegt nicht in unserer Macht, oft braucht es Jahre, damit wir wirklich verstehen. So wartet der Beter ungeduldig auf den Morgen der Vergebung wie ein Wächter das Ende seines gefährlichen Dienstes herbeisehnt. Die aufgehende Sonne soll zu einem Zeichen für Gottes vergebende Gerechtigkeit werden und das Dunkel der Schuld vertreiben. Damit wäre der Weg aus der Gottesferne an sein Ziel gekommen. Freilich können wir uns die Vergebung nicht selbst zusprechen. Nun gilt es, zu hoffen und Gottes erlösendes Wort zu erwarten.

Klaus Einspieler

3 Nur ein Wort

Dürfte ich nur ein Wort des Glaubens wählen, ich nähme die Gnade. In dieser erfolgsverwöhnten, selbst optimierten Zeit, in der Scheitern um jeden Preis vermieden werden muss. Hier steckt für mich das wichtigste Protest-Potenzial des Protestantismus. Er widerspricht der Gnadenlosigkeit. Geiz ist nicht geil, Gnade ist großartig. Menschen sind nicht nur Nummern, sie haben Namen. Nicht allein, was wir leisten, gibt uns Wert. Nicht dass wir kaufen, horten, bauen, begründet unsere Würde, sondern dass wir ins Leben geliebt wurden. Dass wir in Beziehung leben, zu uns selbst, zu anderen, zu dieser Welt und zur Anderswelt, stiftet Sinn in unserem Leben. […] In gnadenlosen Zeiten, in denen Erfolg uns alles diktiert. Im Job. Zu Hause. Unser Wille muss funktionieren. Unser Körper. Auch unsere Gemeinde, unser Glaube. Ich wähle die Gnade. Denn sie wählt immer wieder mich. Sie macht mir klar, dass ich endlich bin. Sie hilft mir, in meine Begrenztheit einzuwilligen. Sie liebt mich in meinen Niederlagen und mit meiner Schwäche. Sie sieht meine Fehler freundlich an. Sie begleitet mein Leben und mein Sterben. Sie erinnert mich täglich daran, dass ich mich nicht selbst retten muss. Gnade ist Geschenk.

Christina Brudereck

4 Das selbstverschuldete Chaos

Infos zum Bild
79502-13

Matej Metlikovič (*1956): Das Leidensfenster (1997)

5 Gnade im Alten Testament

Erhöre mich, wenn ich rufe, Gott meiner Gerechtigkeit, der du mich tröstest in Angst; sei mir gnädig und erhöre mein Gebet!
Ps 4,2

Wer sich des Armen erbarmt, der leiht dem HERRN, und der wird ihm vergelten, was er Gutes getan hat.
Spr 19,17

Barmherzig und gnädig ist der HERR, geduldig und von großer Güte. Er wird nicht für immer hadern noch ewig zornig bleiben.
Ps 103,8–9

Denn woran soll erkannt werden, dass ich und dein Volk vor deinen Augen Gnade gefunden haben, wenn nicht daran, dass du mit uns gehst, sodass ich und dein Volk erhoben werden vor allen Völkern, die auf dem Erdboden sind?
Ex 33,16

— 1 Untersuchen Sie die verschiedenen Facetten des Gnadenbegriffs und visualisieren Sie Ihre Ergebnisse in einer Mindmap (M 9). > 1, 5

2 a) Untersuchen Sie Einspielers Auslegung von Ps 130 hinsichtlich der theologischen Bedeutung der Gnade. > 2

plus b) Entwerfen Sie eine moderne Variante von Ps 130 mit Bildern aus Ihrer Alltagserfahrung. > 2 – 4

— 3 a) Arbeiten Sie heraus, warum Brudereck die Gnade als Wort des Glaubens wählen würde. > 3

b) Wenden Sie Bruderecks Überlegungen auf konkrete Alltagsbeispiele an. > 3

— 4 a) Interpretieren Sie das Bild (M 2). > 4

b) Setzen Sie Ps 130 und die Auslegung in Beziehung zum Bild. > 2, 4

plus 5 Recherchieren Sie (M 8) in einer Onlinebibel weitere Verse über Gnade und ordnen Sie diese in Ihre bisherigen Überlegungen ein.

Vom Wiedergefundenen – Gnade im Neuen Testament

1 Der verlorene Sohn

Hintergrund
79502-14

Max Slevogt (1868–1932): Der verlorene Sohn (1899)

2 Das Gleichnis vom Vater

Ein junger Mann verlässt seine Familie mit einem Vorschuss auf sein Erbe. Aus meiner Sicht ziemlich normal. […] Der Sohn macht sich in die Welt auf – und investiert dabei nicht sonderlich vernünftig. Ungeschickt, ja. Aber böse? Sein Problem ist doch vor allem die Inflation, wenn ich die Geschichte richtig lese – was für eine fiese Interpretation, wenn wir heute allen, die mit dem Geld schwer auskommen, sagen würden: Selber schuld! Und er übernimmt Verantwortung für sein Leben – er sucht und findet einen Job! Es ist zwar nicht die Arbeit, die er sich vorgestellt hat, überhaupt nicht. Aber er braucht das Geld eben – obwohl es zu wenig ist, um zu überleben. In seiner prekären Situation fällt ihm ein, dass es in seinem Heimatland keine Inflation gegeben hat. Er kehrt also quasi als Wirtschaftsflüchtling nachhause zurück. Seine Hoffnung ist nicht mehr und nicht weniger, als einen Arbeitsplatz zu finden, bei dem das Gehalt reicht, um satt zu werden. Als er bei seinem Vater erscheint, reagiert der aber nicht wie ein Arbeitgeber, sondern: Als der Vater, der er ist. Er kann gar nicht anders. Eigentlich gar nicht so speziell – wunderbar, ja, dass es Mütter und Väter gibt auf dieser Welt und dass sie es in der Regel mit ihren Kindern richtig gut meinen! Wunderbar – aber nicht eigenartig. Es treffen zwei erwachsene Männer aufeinander. Einer, der Verantwortung gelernt hat, und einer, der seinen Sohn einfach liebt. Und der andere Bruder? Wie nachvollziehbar, dass er genervt ist – aber vielleicht wird er es irgendwann verstehen, das lässt die Geschichte Gott sei Dank hoffen! Und der Vater läuft zu ihm hinaus, um ihn mit einzubeziehen. […]

Es gibt nur eine aktive Suche in der Geschichte: Als der ältere Bruder nicht zu dem Fest kommen will, geht der

Vater los und sucht das, was er verloren hat. Dieses Verlorene ist nicht der ältere Bruder, sondern eine Familie aus Menschen, die lebendig miteinander verbunden sind. Keine künstliche „heile Familie", nicht im Sinne von „übertüncht". Keine Familie mit einer Überschrift, die nicht stimmt, so etwas wie „In unserer Familie halten wir immer zusammen". Es geht um eine tiefere Verbindung. Und Gott tut alles, damit sie entsteht. Damit echte Einheit entsteht, die niemanden ausschließt.

Gott sucht das, was nicht mehr ein Ganzes bildet: Eine Familie aus allen, die zu ihr gehören. Was wäre denn, wenn die ganze Sache mit dem jüngeren Bruder nur so was wie eine Vorgeschichte wäre? Wenn die Reise des Bruders – die äußere und die innere Reise – eigentlich nur der Anlass ist, dass Jesus von dem Vater erzählt, der den älteren Bruder sucht? Der zu ihm hingeht und ihn findet – wäre das nicht die Pointe der Geschichte? [...] Ja, so entdecke ich neu – nicht nur eine Geschichte. Sondern Gott, der das Ganze ganz machen will.

Tobias Wittenberg

ZUR SACHE

3 Gnade im Neuen Testament

Das griech. Wort charis (von dem „Charme" abgeleitet ist) [...] steht für Anmut (Kol 3,16), für die Zuwendung und Freundlichkeit Gottes (Röm 3,24; 5,2; 6,23), die sich bei denen, denen sie zuteil wird, in der Gabe verwirklichen kann, im Namen Jesu zu wirken (Röm 1,5). Es bezeichnet aber auch den Dank (Röm 6,17) als Reaktion auf Gottes Zuwendung. Besonders deutlich wird das Beziehungsgeflecht, das sich im Wort charis ausdrückt, in 2 Kor. Hier verbindet der eine Begriff alle Beziehungsebenen: die gegenseitigen zwischen Gott und Menschen und die der Menschen untereinander, was das deutsche Wort „Zuwendung" besser ausdrücken kann als das übliche „Gnade". Der Zuwendung (Gnade) Gottes (2 Kor 1,2) und Jesu (2 Kor 8,9) entspricht die des Paulus zur Gemeinde (2 Kor 1,15). Daraus folgt die materielle Zuwendung als Hilfe für die armen Gemeinden in Jerusalem (2 Kor 8,4.6.7; 9,8). Alles mündet in die Zuwendung zu Gott im Dank aller Beteiligten (2 Kor 8,16; 9,15).

Jürgen Ebach

4 Wie bist du gerecht vor Gott?

Ein Katechismus dient der Einführung in die wichtigsten Fragen und Antworten des christlichen Glaubens. Der Heidelberger Katechismus von 1563 gehört zu den wichtigsten Schriften der reformierten Kirchen.

Wie bist du gerecht vor Gott?

Allein durch wahren Glauben *Röm 3,21–25.28; Gal 2,16;*
an Jesus Christus. *Eph 2,8–9; Phil 3,9*
Zwar klagt mich mein Gewissen an,
dass ich gegen alle Gebote Gottes
schwer gesündigt
und keines je gehalten habe *Röm 3,9–20*
und noch immer zu allem Bösen geneigt bin. *Röm 7,23*
Gott aber schenkt mir
ganz ohne mein Verdienst *Tit 3,5*
aus lauter Gnade *Röm 3,24; Eph 2,8*
die vollkommene Genugtuung, *1 Joh 2,2*
Gerechtigkeit und Heiligkeit Christi. *1 Joh 2,1*
Er rechnet sie mir an,
als hätte ich nie eine Sünde *Röm 4,4–5;*
begangen noch gehabt *2 Kor 5,19*
und selbst den ganzen Gehorsam vollbracht,
den Christus für mich geleistet hat, *2 Kor 5,21*
wenn ich allein diese Wohltat
mit gläubigem Herzen annehme. *Röm 3,22; Joh 3,18*

Heidelberger Katechismus

1 a) Interpretieren Sie das dreiteilige Gemälde (M 2). Berücksichtigen Sie insbesondere die szenische Anordnung. > 1

b) Setzen Sie Lk 15,11–32 in Beziehung zum Gemälde. > 1

2 a) Fassen Sie Wittenbergs Deutung des Gleichnisses in eigenen Worten zusammen. > 2

b) Nehmen Sie Stellung zur Deutung. > 2

3 Arbeiten Sie in Gruppen heraus, wie Gnade im Neuen Testament verstanden wird. Beziehen Sie die angegebenen Bibelstellen ein. > 3

4 a) Beantworten Sie die Frage „Wie bist du gerecht vor Gott?" zunächst für sich. Diskutieren Sie (M 4) Ihre Antworten in der Gruppe.

b) Vergleichen Sie Ihre Ergebnisse mit der Antwort aus dem Katechismus. Lesen Sie dafür auch die angegebenen Referenzstellen aus der Bibel. > 4

Gnade dir Gott?!

1 Wegweisung zum Leben

Wenn heute von Gesetz im Zusammenhang mit Religion die Rede ist, wird dies meist negativ konnotiert. […] Hört man stattdessen auf die Selbstinterpretation von Religionen, entsteht vielfach ein anderes Bild.

Nicht selten wird die jüdische Religion als ein Glaubenssystem wahrgenommen, das ihren Gläubigen eine Unmenge an Regeln und Gesetzen auferlegt (613 Ge- und Verbote). […] Demgegenüber versteht sich das Judentum als „Religion der Tora" (Jakob Petuchowski), wobei *Tora* neben den Grundbedeutungen wie Lehre, Weisung, Offenbarung auch die Bedeutung *Gesetz* haben kann. Im Vordergrund jedoch steht die Wegweisung für das Leben […].

Wer den jüdischen Glaubensweg nicht länger missverstehen will, muss sich dem jüdischen *Selbstverständnis* der Gebote nähern. Die vielfältigen *Mitzwot* (Gebote), die observante Juden befolgen, bedeuten keineswegs unterjochende Gesetzlichkeit, sondern sind Erinnerungshandlungen und Erinnerungszeichen, die auf die Tora verweisen und damit auf Gott: „Alle Mitzwot sollen in uns das Bewusstsein wecken, dass wir in der Nähe Gottes leben, im Bereich des Heiligen" (Abraham Heschel). In jeder Tat des Menschen, der Befolgung von Speisegesetzen ebenso wie in der Hinwendung zum Bedürftigen, begegnen sich Heiliges und Menschliches. Das Tun der *Mitzwot* bedeutet das Erfüllen der *Tora* und ist damit Ausdruck der Gottesbeziehung im alltäglichen Leben. *Tora* ist nicht knechtendes Gesetz, sondern „Wegweisung, Weisung zum Leben" (Klaus Wengst). […]

Die für Luther grundlegende Unterscheidung zwischen Gesetz und Evangelium wird von ihm in eine unmittelbare Verbindung mit der Unterscheidung zwischen dem Alten und dem Neuen Testament gebracht. Diese Verbindung jedoch birgt die Gefahr der dualistischen Gegenüberstellung von Altem und Neuen Testament und damit der „vornehmlichen Bestimmung des Alten Testaments als ‚Gesetz' und der Festlegung der Juden auf Werkgerechtigkeit" (Klaus Wengst). Nach der Erneuerung des christlich-jüdischen Verhältnisses […] ist diese Tendenz unbedingt zu korrigieren. Denn nach protestantischem Selbstverständnis ist die Gegenüberstellung von Gesetz und Evangelium keine entscheidende Unterscheidungskategorie zwischen Altem und Neuem Testament bzw. Altem und Neuem Bund […].

Reinhold Boschki / Thomas Schlag

2 Im Licht der Gnade

Elizabeth Wang (1942–2016): Wann immer wir beten, gießt Gott seine Gnade auf uns (2000)

3 Demonstrieren für die Freiheit

Gnade ist zu einem Fremdwort geworden. Es kommt nur noch in Ausnahmefällen vor, etwa in dem Wort „Gnadengesuch". […] Verurteilte bitten um Gnade.

Oder man spricht davon, dass die Sonne gnadenlos vom Himmel brennt, das Land ausdörrt und die Ernte vernichtet. Gnadenlos geht es vor allem in Kriegen zu. […] Es ist bezeichnend, dass man auf Gnade erst dann aufmerksam wird, wenn sie abhandengekommen ist. Nur in der negativen Bedeutung von „gnadenlos" hat das Wort noch Gewicht. […] Niemand will von der Gnade anderer abhängig sein. Wer Gnade braucht, ist ein Schwächling. […] Denn Gnade versklavt. Es gibt unzählige Beispiele dafür. Die Großzügigkeit der Herren schafft eine Schar von ergebenen Dienern, die es nicht wagen, Einspruch gegen Zumutungen zu erheben. […]

Gottes Gnade befreit aber auch. […] „Zur Freiheit hat uns Christus befreit" schreibt der Apostel Paulus (Gal 5,1). […] So hat Luther bereits erkannt, dass Gottesdienst […] vom Menschendienst befreit. Alle Zwänge fallen ab, sobald sich der Mensch im Glauben der Gnade Gottes anvertraut. Allerdings wäre diese Freiheit als Beliebigkeit gründlich missverstanden. […] Freiheit zerstört sich selbst, wenn sie nicht in der Lage ist, Verpflichtungen zu übernehmen. Vor allem aber wird die Liebe verraten. Sie ist wesentlich „Nächstendienst". Ohne Diakonie wird auch der Glaube falsch. […]

Jeder braucht die Erfahrung des Angenommenseins. Sie ist die Bedingung von seelischer Gesundheit und Identitätsfindung. […] Alle streben nach Lob, nach Beifall, nach Zustimmung. Der Mensch muss das Gefühl haben, jemand zu sein, etwas zu gelten, einen Platz zu haben. Aber was geschieht, wenn die Gesellschaft […] ihre Glieder verstößt? Ich selbst kann zu dieser Gesellschaft gehören, wenn ich anfange, mich zu hassen und Minderwertigkeitskomplexe zu entwickeln. Dann bilde ich mir ein, nichts zu taugen, ein Versager zu sein, einen Makel zu tragen. Das ist eine gefährliche Entwicklung, die in Selbsthass oder Gewaltausbrüchen enden kann.

Gottes Gnade sagt es anders: Und wenn alle dich hänseln, dich demütigen und dich fertig machen, Gott hält zu dir. Du bleibst sein Geschöpf, dem seine Liebe gilt. Du bist nicht weniger wichtig als Andere. Lass dich nicht von deren Erfolg beeindrucken. Rechtfertigung bedeutet Emanzipation von gesellschaftlicher Verurteilung. […] Der Mensch ist immer mehr als die Summe seiner Taten und Untaten. Was Andere über mich denken, ist zwar nach wie vor wichtig. Das Image, das sie verbreiten, kann mir nicht gleichgültig sein. Niemand ist immun gegen Verunglimpfung und Aggression, und Rufmord gilt mit Recht als Straftat. Und doch haben menschliche Urteile ihre absolute Gültigkeit verloren. […] Entscheidend ist, was das Evangelium über mich sagt. Dann komme ich auch mit meinen Unzulänglichkeiten besser zurecht. Ich lerne es, mich selbst mit meinen Fehlern und Schwächen anzunehmen, ohne mich mit ihnen zu entschuldigen. Die Rechtfertigungszusage hat außerordentliche psychologische Wirkungen. Sie lehrt Schuld anzuerkennen, ohne in Verzweiflung zu stürzen.

Dem Hochmut freilich widersetzt sie sich. Sie durchkreuzt den Machbarkeitswahn und fordert ein realistisches Menschenbild. […] Für alle Selbstherrlichkeit bedeutet die Botschaft von der Rechtfertigung eine herbe Ernüchterung. Sie holt den Menschen auf den Boden der Tatsachen zurück und lehrt ihn Bescheidenheit. Gottes Gnade ist ein Ärgernis für die Stolzen, die Starken, die Gerechten, für die, die meinen, für nichts dankbar sein zu müssen. Doch ohne Gottes Gnade wären auch sie ein Nichts.

Gottfried Brakemeier

— **1** a) Erläutern Sie das beschriebene Missverständnis über religiöse Gesetze. > **1**

b) Erörtern Sie, welche theologischen Konsequenzen eine Gegenüberstellung von Altem und Neuem Testament hätte. > **1**

plus c) Setzen Sie den Text kritisch in Beziehung zu Anliegen und Inhalten der Reformation (theo*logisch* 8, S. 20–27). > **1**

— **2** Interpretieren Sie das Bild (M 2). > **2**

— **3** a) Fassen Sie den Text zu zweit in fünf Kernaussagen zusammen. > **3**

b) Arbeiten Sie heraus, wie die Befreiung durch Gottes Gnade von Brakemeier verstanden wird. > **3**

4 a) Stellen Sie die Kernaussagen von Röm 3,21–31 und Röm 7 in Sketchnotes (M 15) dar.

b) Setzen Sie Brakemeiers Aussagen in Beziehung zu Röm 3,21–31 und Röm 7. > **3**

Im Überblick

Karsten Schley

Sie haben sich in den vergangenen Stunden mit dieser Lerneinheit zum imperfekten Menschen einiges erarbeitet. Nun geht es darum zu zeigen, wie Sie Ihr erweitertes Wissen und Ihre ausgebildeten Fähigkeiten anwenden können.

— **1** Interpretieren Sie die Karikatur (M 3).

— **2** Entwerfen Sie eine Erwiderung auf die Aussage „Sie wären perfekt, wenn sie nicht so wären, wie sie sind."

— **3** Ein bekannter Sinnspruch heißt „Kein Mensch ist perfekt, aber jeder ist auf seine Weise einzigartig." Hinterfragen und erörtern Sie diesen in gesellschaftlicher sowie theologischer Perspektive.

— **4** Erläutern Sie die Mindmap, indem Sie die Zusammenhänge zwischen den einzelnen Begriffen und Begriffsfeldern erklären und ggf. ergänzen.

— **5** Gestalten Sie eine Infografik (M 11) zum Thema „christliches Menschenbild" und bringen Sie dabei Ihr gesamtes Wissen aus dieser Einheit ein.

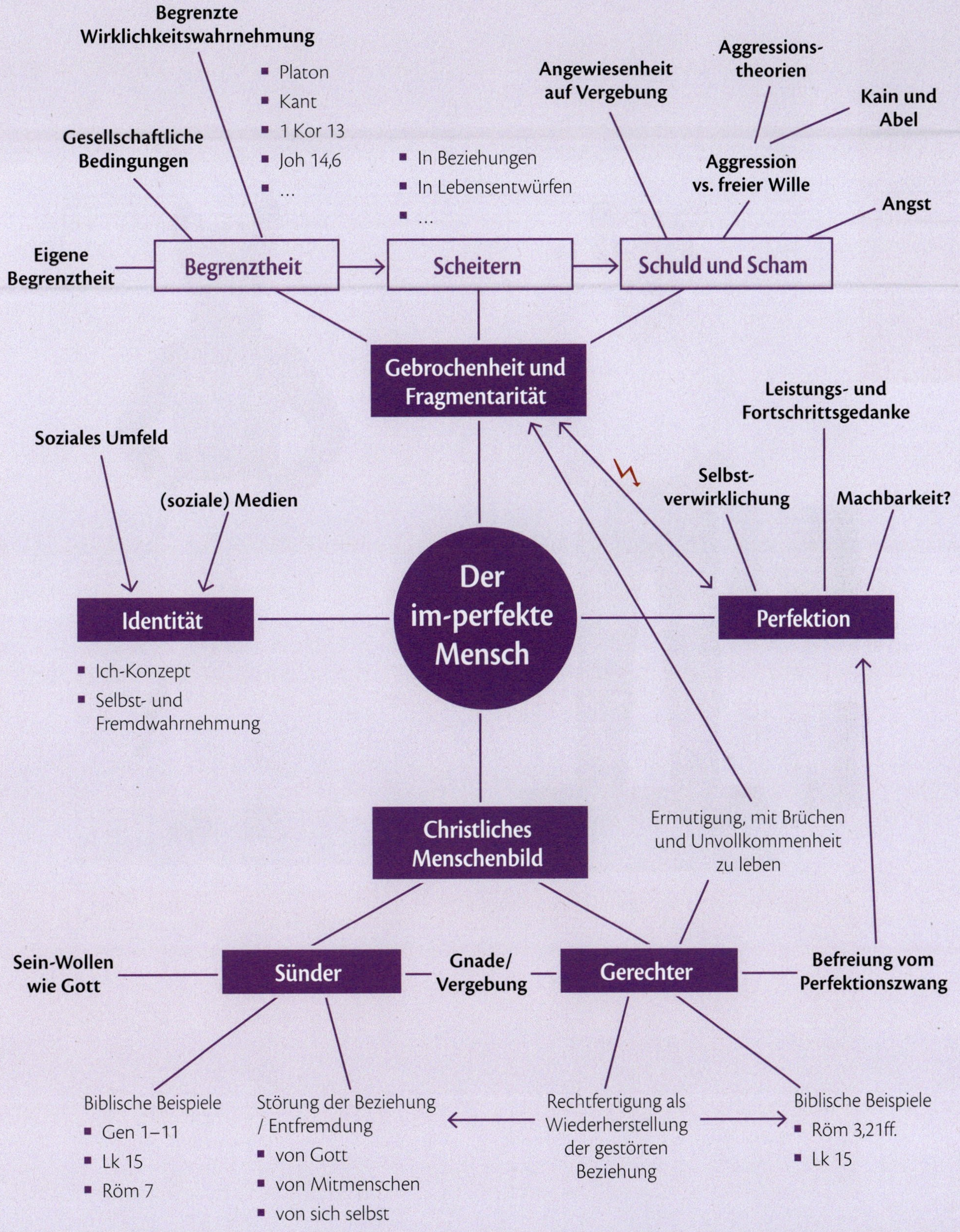
Begrenzte Wirklichkeitswahrnehmung
Platon
Kant
1 Kor 13
Joh 14,6
...
Gesellschaftliche Bedingungen
Eigene Begrenztheit
Begrenztheit
In Beziehungen
In Lebensentwürfen
...
Scheitern
Angewiesenheit auf Vergebung
Aggressions-theorien
Kain und Abel
Aggression vs. freier Wille
Angst
Schuld und Scham
Gebrochenheit und Fragmentarität
Soziales Umfeld
(soziale) Medien
Identität
Ich-Konzept
Selbst- und Fremdwahrnehmung
Der im-perfekte Mensch
Leistungs- und Fortschrittsgedanke
Selbst-verwirklichung
Machbarkeit?
Perfektion
Christliches Menschenbild
Ermutigung, mit Brüchen und Unvollkommenheit zu leben
Sein-Wollen wie Gott
Sünder
Gnade/ Vergebung
Gerechter
Befreiung vom Perfektionszwang
Biblische Beispiele
Gen 1–11
Lk 15
Röm 7
Störung der Beziehung / Entfremdung
von Gott
von Mitmenschen
von sich selbst
Rechtfertigung als Wiederherstellung der gestörten Beziehung
Biblische Beispiele
Röm 3,21ff.
Lk 15

Stephan Balkenhol (*1957): Tigermann / Katzenfrau (2022)

„Homo faber" – Der Mensch und seine Möglichkeiten

1 a) Interpretieren Sie die Skulpturen (M 2) sowohl einzeln als auch in der Zusammenstellung.

b) Erläutern Sie, welche Skulptur Sie eher anspricht.

c) Erörtern Sie (M 5) anhand der Skulpturen den Zusammenhang und die Differenz von Natur und Kultur.

d) Setzen Sie die beiden Skulpturen in Beziehung zu heutigen Geschlechterrollen.

2 a) Erläutern Sie, inwiefern die Skulpturen zum Sinnbild für Ihre eigenen Erfahrungen oder Erwartungen im Blick auf Aktivität, Kreativität und Leistung werden können.

plus b) Beurteilen Sie, ob der Mensch sein Menschsein verfehlen kann.

3 Überprüfen Sie Ihre bisherigen Überlegungen vor dem Hintergrund des christlichen Glaubens und diskutieren Sie (M 4), inwiefern Religion Teil eines Problems bzw. einer Lösung sein könnte.

Die Ambivalenz von Aktivität, Kreativität und Leistung

Bonhoeffer

Steckbriefe

79502-05

1 Wer bin ich?

Bonhoeffer schrieb das Gedicht 1944 in Haft.

Vertiefung

79502-15

Wer bin ich? Sie sagen mir oft,
ich träte aus meiner Zelle
gelassen und heiter und fest,
wie ein Gutsherr aus seinem Schloss.

Wer bin ich? Sie sagen mir oft,
ich spräche mit meinen Bewachern
frei und freundlich und klar,
als hätte ich zu gebieten.

Wer bin ich? Sie sagen mir auch,
ich trüge die Tage des Unglücks
gleichmütig lächelnd und stolz,
wie einer, der Siegen gewohnt ist.

Bin ich das wirklich, was andere von mir sagen?
Oder bin ich nur das, was ich selbst von mir weiß?
Unruhig, sehnsüchtig, krank, wie ein Vogel im Käfig,
ringend nach Lebensatem, als würgte mir einer die Kehle,
hungernd nach Farben, nach Blumen, nach Vogelstimmen,
dürstend nach guten Worten, nach menschlicher Nähe,
zitternd vor Zorn über Willkür und kleinlichste Kränkung,
umgetrieben vom Warten auf große Dinge,
ohnmächtig bangend um Freunde in endloser Ferne,
müde und leer zum Beten, zum Denken, zum Schaffen,
matt und bereit, von allem Abschied zu nehmen?

Wer bin ich? Der oder jener?
Bin ich denn heute dieser und morgen ein andrer?
Bin ich beides zugleich? Vor Menschen ein Heuchler
und vor mir selbst ein verächtlich wehleidiger Schwächling?

Oder gleicht, was in mir noch ist, dem geschlagenen Heer,
das in Unordnung weicht vor schon gewonnenem Sieg?

Wer bin ich? Einsames Fragen treibt mit mir Spott.
Wer ich auch bin, Du kennst mich, Dein bin ich, o Gott!

Dietrich Bonhoeffer

2 Ambivalenz – von Innen und Außen

3 Perfektion und Scheitern

Der ehemalige Torhüter Oliver Kahn denkt in seiner Biografie über Perfektion und Scheitern nach.

Für mich ist Perfektion – jedenfalls *die* Form von Perfektion, die ich für relevant halte – die Einstellung, sich mit voller Überzeugung und mit vollem Einsatz auf das zu stürzen, was es gerade zu tun gibt. Und das, was es zu tun gibt, so anzupacken, als sei es das Wichtigste und Beste, was es überhaupt geben kann – selbst wenn es sich eigentlich nur um eine wirklich kleine Aufgabe handelt. Die Perfektion liegt hier gerade und genau darin, diese Einstellung „perfekt“ hinzubekommen. Dank dieser Einstellung gibt es für mich zum Beispiel kaum ein „Naja-Spiel“, kaum ein „*Dieses-Mal-ist-es-nicht-so-wichtig-aber-beim-nächsten-Mal-bin-ich-dann-aber-konzentriert-Spiel*“. Es gibt nur das „JETZT-Spiel“, dieses Spiel, das „*Dieses-Spiel-ist-das-beste-Spiel*“, mein Spiel. Mein bestes Spiel. Das Tolle daran, Perfektion so zu sehen, ist, dass sie nur auf Befriedigung hinauslaufen kann: „*Toll, diese Aufgabe hab ich wieder super gelöst ...*“ […]

Es wäre übertrieben zu behaupten, das Verlieren und das Scheitern wären meine Lieblingsbe-

schäftigungen. Ich bin auch sicher nicht der Erste, der auf die Idee verfallen ist, es könnte mehr im Scheitern liegen als die pure Tatsache, dass etwas, das man versucht hat, halt nicht funktionierte. […]
Im Scheitern liegt – mehr, als im Gelingen – die Möglichkeit zu lernen. Das ist es, was mich daran interessiert. Das Scheitern als etwas Positives zu betrachten. Als ein Phänomen, bei dem es eigentlich „nur" darum geht, sich neu zu sortieren, sich zu straffen, sich zu professionalisieren – und wieder loszulegen. Die größte Schwierigkeit liegt darin, die Mechanismen der Selbstsabotage, der Selbstaufgabe, gar der Selbstzerstörung zu durchbrechen. Wem das gelingt, der ist, einmal gescheitert, unendlich viel reicher als jemand, dem diese Erfahrung fehlt.

Oliver Kahn

4 Eine Frage des Engagements?

Der Anteil der Jugendlichen, die sich nach eigenen Angaben sozial, politisch beziehungsweise ganz einfach für andere Menschen engagieren, liegt seit langer Zeit zwischen 33 und 40 %. Allerdings sagen inzwischen immer mehr Jungen und Mädchen, dass sie sich in diesem Sinne überhaupt nicht einsetzen, und auch der Anteil derer, die zumindest gelegentlich aktiv sind, geht zurück. […]
Die deutlichste Veränderung im Wertekanon von Jugendlichen zeigt sich bei den Wertorientierungen, die für eine bewusste Lebensführung stehen: Gesundheitsbewusstsein ist für vier von fünf Jugendlichen wichtig. Dies ist damit unter Jugendlichen ungefähr gleich wichtig wie der Wunsch nach Unabhängigkeit, die Bedeutung von Fleiß und Ehrgeiz sowie der Lebensgenuss. Der Schutz der Umwelt liegt 71 % am Herzen und ist damit inzwischen sogar wichtiger als ein eigener hoher Lebensstandard (63 %). Der Trend und die damit verbundenen Veränderungen sind an dieser Stelle klar ersichtlich: Im Jahr 2002 haben noch 60 % der Jugendlichen Umweltbewusstsein als wichtigen Wert benannt, inzwischen trifft dies für fast drei von vier Jugendlichen zu. Das ist ein ungewöhnlich hoher Bedeutungsanstieg, es gibt, mit nur einer Ausnahme, keinen anderen Bereich, der seitdem ähnlich stark an Relevanz gewonnen hat. Diese Ausnahme bildet interessanterweise das politische Engagement, dessen Bedeutung aus der Sicht der Jugendlichen, wenn auch auf einem niedrigeren Niveau, sogar noch etwas stärker angestiegen ist. Umwelt-, Klima- und Gesundheitsbewusstsein sowie eine bewusste Lebensführung gehen Hand in Hand mit dem Wunsch, sich bei den eigenen Entscheidungen auch von seinen Gefühlen leiten zu lassen. […]
Für junge Menschen haben demnach die idealistischen, also die eher sinnstiftenden Wertorientierungen an Bedeutung gewonnen. Gegenläufig ist die Entwicklung bei tendenziell materialistischen Orientierungen, die darauf abzielen, die persönliche Macht- und Durchsetzungskraft zu steigern. Nur jeder dritte Jugendliche betont den Stellenwert der eigenen Einflussnahme und Macht, also deutlich weniger als diejenigen, denen es wichtig ist, sozial Benachteiligten zu helfen (62 %). Sich und seine eigenen Bedürfnisse gegen andere durchzusetzen, ist ebenfalls für weniger Jugendliche wichtig, als Toleranz gegenüber anderen Meinungen zu üben (59 %). Dies hat nichts mit fehlender eigener Zielstrebigkeit zu tun. Fast alle Jugendliche (87 %) reklamieren für sich, ihre Ziele und Erfolgsvorstellungen in die Tat umzusetzen, und knapp zwei von drei Jugendlichen halten es für wichtig, mehr zu leisten als die anderen.

Shell Jugendstudie 2019

1 a) Interpretieren Sie das Gedicht. Setzen Sie es in Beziehung zu Bonhoeffers Erfahrungen in der Gefangenschaft. > 1

plus b) Entwerfen Sie eine eigene Strophe im Stil der ersten drei Strophen. > 1

2 a) Interpretieren Sie das Bild (M 2). > 2

b) Benennen Sie persönliche Erfahrungen, die Sie im Bild ausgedrückt finden. > 2

c) Setzen Sie das Bild in Beziehung zum Gedicht und begründen Sie Ihre Position. > 1, 2

3 Erörtern Sie (M 5) in Kleingruppen den Zusammenhang von Perfektion und Scheitern. > 3

4 Prüfen Sie anhand des Textes, welche Aktivitäten und Ziele jungen Menschen heute wichtig sind, und nehmen Sie persönlich Stellung. > 4

Der Mensch als „Homo faber“

1 Der (sich) schaffende Mensch

Thomas Rees (*1959): Homo faber – der schaffende Mensch (2019)

2 Was ist ein „homo faber“?

Simone de Beauvoir (1908–1986) war eine bedeutende französische Schriftstellerin, Philosophin und Feministin. In ihrem einflussreichen Werk „Das andere Geschlecht“ (1949) analysierte sie die soziale Konstruktion von Geschlecht und setzte sich kritisch mit der Unterdrückung von Frauen in der Gesellschaft auseinander.

Der Fall des Mannes liegt völlig anders; er ernährt die Gemeinschaft nicht nach der Art der Arbeitsbiene durch einen einfachen Lebensprozess, sondern durch Handlungen, die über sein tierisches Dasein hinausgehen. Der *homo faber* ist seit Anbeginn der Zeiten ein Erfinder gewesen. […]

Diesen Stolz bekundet er heute noch, wenn er ein Stauwehr, einen Wolkenkratzer, eine Atombombe schafft. Er hat nicht nur gearbeitet, um die vorgefundene Welt zu erhalten. Er hat ihre Grenzen gewaltsam ausgeweitet und das Fundament für eine neue Zukunft gelegt. […]

In der Beziehung zwischen seinem schaffenden Arm und dem hergestellten Objekt erlebt er das Prinzip der Kausalität: Das gesäte Korn keimt oder keimt nicht, während das Metall immer in gleicher Weise auf das Feuer, das Härten, die mechanische Einwirkung reagiert; diese Welt der Gebrauchswerkzeuge lässt sich in klare Begriffe einschließen: Rationales Denken, Logik, Mathematik können nun mehr entstehen. Das Antlitz des Universums ist vollkommen verwandelt. Die Religion der Frau war an die Herrschaft der Landwirtschaft, des langsamen Reifens, des Zufalls, der Erwartung, des Mysteriums gebunden. Die des *homo faber* bedeutet den Beginn einer Zeit, in der man den Raum überwinden kann, die Notwendigkeit des Entwurfes, der Tätigkeit, der Vernunft.

Simone de Beauvoir

3 Etwas erleben, was gar nicht ist?

Im folgenden Auszug aus Max Frischs Roman „Homo faber“ (1957) ist der Protagonist auf dem Weg nach Venezuela, sein Flugzeug musste allerdings in der Wüste von Tamaulipas in Mexiko notlanden. Er reflektiert seine Sicht auf die Welt, während er die Wüstenlandschaft beobachtet.

Ich habe mich schon oft gefragt, was die Leute eigentlich meinen, wenn sie von Erlebnis reden. Ich bin Techniker und gewohnt, die Dinge zu sehen, wie sie sind. Ich sehe alles, wovon sie reden, sehr genau; ich bin ja nicht blind. Ich sehe den Mond über der Wüste von Tamaulipas – klarer denn je, mag sein, aber eine errechenbare Masse, die um unseren Planeten kreist, eine Sache der Gravitation, interessant, aber wieso ein Erlebnis? Ich sehe die gezackten Felsen, schwarz vor dem Schein des Mondes; sie sehen aus, mag sein, wie die gezackten Rücken von urweltlichen Tieren, aber ich weiß: es sind Felsen, Gestein, wahrscheinlich vulkanisch. Das müsste man nachsehen und feststellen. Wozu sollte ich mich fürchten? Es gibt keine urweltlichen Tiere mehr. Wozu sollte ich sie mir einbilden? Ich sehe auch keine versteinerten Engel, es tut mir leid; auch keine Dämonen, ich sehe, was ich sehe: die üblichen Formen der Erosion, dazu meinen langen Schatten auf dem Sand, aber keine Gespenster. Wozu weiblich werden? Ich sehe auch keine Sintflut, sondern Sand, vom Mond beschienen, vom Wind gewellt wie Wasser, was mich nicht überrascht; ich finde es nicht fantastisch, sondern erklärlich. Ich weiß nicht, wie verdammte Seelen aussehen; vielleicht wie schwarze Agaven in der nächtlichen Wüste. Was ich sehe, das sind Agaven, eine Pflanze, die ein einziges Mal blüht und dann abstirbt. Ferner weiß ich, dass ich nicht (wenn es im Augenblick auch so aussieht) der erste oder letzte Mensch auf der Erde bin. Und ich kann mich von der bloßen Vorstellung, der letzte Mensch zu sein, nicht erschüttern lassen, denn es ist nicht so. Wozu hysterisch sein? Gebirge sind Gebirge, auch wenn sie in gewisser Beleuchtung, mag sein, wie irgend etwas anderes aussehen, aber es ist die Sierra Madre Oriental, und wir stehen nicht in einem Totenreich, sondern in der Wüste von Tamaulipas, Mexico, ungefähr sechzig Meilen von der nächsten Straße entfernt, was peinlich ist, aber wieso ein Erlebnis? Ein Flugzeug ist für mich ein Flugzeug, ich sehe keinen ausgestorbenen Vogel dabei, sondern eine Super-Constellation mit Motor-Defekt, nichts weiter, und da kann der Mond sie bescheinen, wie er will. Warum sollte ich erleben, was gar nicht ist? Ich kann mich auch nicht entschließen, etwas wie die Ewigkeit zu hören; ich höre gar nichts, ausgenommen das Rieseln von Sand nach jedem Schritt. Ich schlottere, aber ich weiß: in sieben bis acht Stunden kommt wieder die Sonne. Ende der Welt, wieso? Ich kann mir keinen Unsinn einbilden, bloß um etwas zu erleben. Ich sehe den Sand-Horizont, weißlich in der grünen Nacht, schätzungsweise zwanzig Meilen von hier. Und ich sehe nicht ein, wieso dort, Richtung Tampico, das Jenseits beginnen soll. Ich kenne Tampico. Ich weigere mich, Angst zu haben aus bloßer Fantasie, beziehungsweise fanatisch zu werden aus bloßer Angst, geradezu mystisch.

Max Frisch

HINTERGRUND

4 Max Frisch: Homo faber

Der Roman „Homo faber“ von Max Frisch (1911–1991) erzählt die fiktive Geschichte des Ingenieurs Walter Faber. In Anlehnung an seinen Nachnamen (lateinisch: faber = Handwerker) ist er der Macher-Mensch, das Gegenteil dessen, der dichtet oder betet. Faber ist wie der Mensch, der den Göttern das Feuer entrissen hat und sich als Schmied seiner eigenen Welt weiß. Als technikverliebter Mensch macht er sich wenig aus Gefühlen und kulturellem Kunstschaffen. Sein Stolz auf seine von Rationaltät durchdrungene Lebenssicht wird im Roman durch das Zusammenspiel verschiedener merkwürdiger Zufälle, zu denen auch die Begegnung mit seiner ihm bis dahin unbekannten Tochter Sabeth gehört, die er auch als Frau begehrt, auf eine harte Probe gestellt.

1 a) Interpretieren Sie das Bild (M 2). > 1

plus b) Recherchieren Sie (M 8) die Rückseite der Skulptur und beziehen Sie diese in Ihre Deutung mit ein. > 1,

2 a) Erläutern Sie, wie de Beauvoir den Begriff „homo faber“ versteht. > 2

b) Nehmen Sie Stellung dazu, wie de Beauvoir das Verhältnis der Geschlechter beschreibt. > 2

3 a) Arbeiten Sie Fabers Weltbild heraus. > 3

b) Beurteilen Sie Fabers Weltbild aus einer religiösen Perspektive. > 3

c) Entwickeln Sie zu zweit eine Fortsetzung des Abschnitts als Dialog zwischen Faber und einer anderen Person. > 3

4 Recherchieren Sie (M 8) zu Person und Werk von Frisch und zur Wirkung von „Homo faber“. > 4

5 a) Setzen Sie Fabers Weltbild und die Ausführungen von de Beauvoir in Beziehung. > 2, 3

plus b) Recherchieren Sie (M 8) die rechtliche Stellung von Mann und Frau in den 1950er Jahren und nehmen Sie aus heutiger Sicht Stellung dazu.

c) Erläutern Sie, welche Entwicklung der „Homo faber“ hinsichtlich der technischen Möglichkeiten seit den 1950er Jahren genommen hat.

Der Mensch inmitten seiner Umwelt

Plessner
Hobbes
Rousseau

Steckbriefe
79502-05

1 Der Mensch im Universum

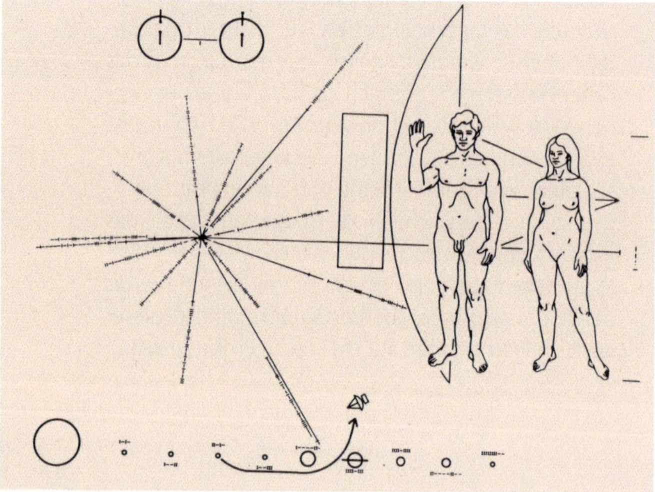

Pioneer-Plakette (1972)

2 Die exzentrische Positionalität

In seiner gegen das Umfeld fremder Gegebenheiten gerichteten Existenz nimmt das Tier die Position der Frontalität ein. Vom Umfeld geschieden und zugleich auf es bezogen lebt es […] im eigenen Körper, dessen natürlicher Ort die ihm verborgene Mitte seiner Existenz ist. Der Mensch als das lebendige Ding, das in die Mitte seiner Existenz gestellt ist, weiß diese Mitte, erlebt sie und ist darum über sie hinaus. Er erlebt die Bindung im absoluten Hier-Jetzt […]. Er erlebt das unmittelbare Anheben seiner Aktionen, die Impulsivität seiner Regungen und Bewegungen, das radikale Urhebertum seines lebendigen Daseins, das Stehen zwischen Aktion und Aktion, die Wahl ebenso wie die Hingerissenheit in Affekt und Trieb, er weiß sich frei und trotz dieser Freiheit in eine Existenz gebannt, die ihn hemmt und mit der er kämpfen muss.

Ist das Leben eines Tieres zentrisch, so ist das Leben des Menschen, ohne die Zentrierung durchbrechen zu können, zugleich aus ihr heraus, exzentrisch. *Exzentrizität* ist die für den Menschen charakteristische Form seiner frontalen Gestelltheit gegen das Umfeld.

Helmuth Plessner

3 Das Streben nach Macht

Thomas Hobbes (1588–1679) war davon überzeugt, dass der Mensch von Natur aus gewalttätig ist.

Zunächst wird angenommen, dass alle Menschen ihr ganzes Leben hindurch ständig und unausgesetzt bemüht sind, sich eine Art der Macht nach der anderen zu verschaffen; nicht deshalb, weil sie nach immer größerer Macht, als sie schon besitzen, streben, oder weil sie sich mit einer mäßigen nicht begnügen können, sondern weil sie fürchten, die Mittel ihrer gegenwärtigen Macht und Glückseligkeit zu verlieren, wenn sie diese nicht noch vermehren. Daher sind auch Könige, welche die höchste Gewalt haben, darauf bedacht, ihre Macht im Lande durch Gesetze und außerhalb durch Kriegsheere zu befestigen. Ist auch dies glücklich erreicht, so folgt doch bald wieder ein neuer Wunsch, entweder nach größerem Ruhm oder nach einem anderen Vorteil.

Der Wunsch nach Reichtum, Ehre, Herrschaft und Macht jeder Art facht den Menschen zum Streit, zur Feindschaft und zum Kriege an, denn dadurch, dass man seinen Mitbewerber tötet, überwindet und auf jede mögliche Art schwächt, bahnt man sich den Weg zu Erreichung seiner eigenen Wünsche. […]

Hieraus ergibt sich, dass ohne Einschränkung der Macht der Zustand der Menschen so ist, wie zuvor beschrieben wurde, nämlich ein Krieg aller gegen alle.

Thomas Hobbes

4 Fortschritt zur Ungleichheit?

Jean-Jacques Rousseau (1712–1778) sah den Menschen als von Natur aus gut.

Das erste Gefühl des Menschen war das seiner Existenz, seine erste Sorge die seiner Erhaltung. Der Hunger und andere Begierden brachten ihn dazu, auf die verschiedensten Weisen zu versuchen, wie man existieren könnte. In dem Maße, wie das menschliche Geschlecht sich ausdehnte, vermehrten sich auch die Sorgen. Je mehr sich der Geist des Menschen aufhellte, umso mehr verbesserte sich seine Handfertigkeit. Es ist wahrscheinlich, dass die stärksten die ersten waren, die sich Behausungen bauten; man kann annehmen, dass es die schwächeren am besten und sichersten fanden, dies ihnen nachzuahmen. […]

Solange die Menschen sich mit ihren eigenen Hütten begnügten, selbst ihre Kleider aus Fell nähten, sich mit Federn und Muscheln schmückten, mithilfe von Steinen Fischerboote und primitive Musikinstrumente zusammenbastelten, mit einem Wort nur Werke vollbrachten, welche ein einzelner machen konnte, lebten sie frei, gesund, gut und glücklich. Aber von dem Augenblick an, wo ein Mensch die Hilfe eines anderen nötig hatte, verschwand die Gleichheit, entstand das Eigentum, wurde Arbeit notwendig, und die weiten Wälder verwandelten sich in lachende Felder, die man mit dem Schweiß der Menschen bewässern musste und in denen man bald die Sklavenarbeit keimen sah.

Aus der Bebauung des Bodens folgte mit Notwendigkeit seine Teilung, und nachdem das Eigentum einmal anerkannt war, die Entstehung der ersten Rechtssätze. Nachdem die Dinge einmal soweit gediehen waren, kann man sich leicht den Rest vorstellen. Es begann, je nach dem Charakter, Herrschaft und Sklaventum, Gewalt und Raub. Kaum hatten die Reichen Geschmack am Herrschen gewonnen, da verachteten sie die anderen und dachten an nichts anderes, als sich ihre Nachbarn zu unterwerfen, wie ausgehungerte Wölfe, wenn sie einmal Menschenfleisch gekostet haben, jede andere Nahrung verachten und nur noch Menschen fressen wollen. So ist es gekommen, dass die Gewaltanmaßung der Reichen die Menschen habgierig, ehrgeizig und boshaft gemacht hat […].

Man muss eine Form der Vergesellschaftung finden, die mit gemeinsamer Kraft aller Person und Güter jedes Genossen verteidigt und beschützt, durch die jeder, indem er sich mit anderen zusammenschließt, doch nur seinem eigenen Willen untertan wird und so frei bleibt, wie er vorher war.

Jean-Jacques Rousseau

5 Mit Gefühl und Vernunft

Die englische Philosophin Mary Wollstonecraft (1759–1797) entwirft in ihrem Hauptwerk „Zur Verteidigung der Menschenrechte" (1792) ein differenziertes Bild vom Menschen, der sich seiner Gefühle und der Vernunft gleichermaßen bedient:

Im Leben ist ein aufrichtiger Mensch mit einem begrenzten Verständnis oft der Sklave seiner Gewohnheiten und wird von seinen Gefühlen betrogen, während ein Mensch mit einem klareren Kopf und einem kälteren Herzen die Leidenschaften anderer dazu bringt, sich seinem Willen zu beugen; aber wahrhaft erhaben ist der Mensch, der nach Prinzipien handelt und die niederen Quellen der Aktivität beherrscht, ohne ihre Kraft zu schwächen; dessen Gefühle seinen Entschlüssen lebendige Wärme verleihen, ihn aber nie zu fiebriger Verschrobenheit treiben.

Mary Wollstonecraft

1 a) Interpretieren Sie das Bild (M 2) und stellen Sie Vermutungen an, worum es sich bei der Darstellung handeln könnte. > 1

b) Recherchieren Sie (M 8) zur „Pioneer-Plakette". Interpretieren Sie das Bild noch einmal unter Berücksichtigung des Kapitelthemas. > 1

2 Erklären Sie, warum der Mensch nach Plessner ein „exzentrisches" Wesen ist. > 2

3 a) Analysieren Sie, wie Hobbes den Menschen sieht und wie er argumentiert. > 3

plus b) Recherchieren Sie (M 8) Leben und Werk von Hobbes und setzen Sie es in Beziehung zum Text. > 3,

4 a) Skizzieren Sie den Weg des Menschen von seinem Naturzustand bis hin zur Vergesellschaftung nach Rousseau. > 4

b) Interpretieren Sie das Menschen- und Gesellschaftsbild Rousseaus. > 4

5 a) Arbeiten Sie heraus, wie Wollstonecraft das Verhältnis von Gefühlen und Vernunft beschreibt. > 5

plus b) Recherchieren Sie (M 8) Leben und Werk von Wollstonecraft und gestalten Sie eine Präsentation (M 12) über sie.

6 a) Vergleichen Sie die vier Positionen mithilfe eines Schaubildes (M 10). > 2 – 5

plus b) Entwerfen Sie ein fiktives Streitgespräch zwischen Hobbes, Rousseau und Wollstonecraft über die Frage „Was ist der Mensch?". > 3 – 5

Vertiefungen
79502-17

Der Mensch als gestaltendes Wesen

ZUR SACHE

1 Philosophische Anthropologie

Die „Philosophische Anthropologie“ ist eine Denkrichtung des 20. Jahrhunderts. Sie beschäftigt sich mit der Frage, was den Menschen ausmacht und wie er sich selbst versteht. Der Begriff „Anthropologie“ stammt aus dem Altgriechischen: „anthropos“ bedeutet Mensch und „logos“ steht für Lehre oder Theorie. Diese Disziplin untersucht zentrale Themen wie menschliche Existenz, Natur, Identität sowie die Rolle von Kultur, Gesellschaft, Sprache und Kommunikation. Als wichtigste Vertreter gelten insbesondere Max Scheler (1874–1928), Helmuth Plessner (1892–1985) und Arnold Gehlen (1904–1976). Scheler betonte die Bedeutung von Werten und Emotionen für das menschliche Leben. Plessner sah den Menschen als ein „exzentrisches Wesen“ (S. 78), das sein eigenes Handeln reflektieren kann. Gehlen betrachtete den Menschen als Mängelwesen, das auf kulturelle und soziale Strukturen angewiesen ist.

2 Der Mensch als Kulturwesen

Wir sehen […] den Menschen über die Erde verbreitet und trotz seiner physischen Mittellosigkeit sich zunehmend die Natur unterwerfen. Es ist dabei keine „Umwelt“, kein Inbegriff natürlicher und urwüchsiger Bedingungen angebbar, der erfüllt sein muss, damit „der Mensch“ leben kann, sondern wir sehen ihn überall, unter Pol und Äquator, auf dem Wasser und auf dem Lande, in Wald, Sumpf, Gebirge und Steppe „sich halten“. Und zwar lebt er als „Kulturwesen“, d.h. von den Resultaten seiner voraussehenden, geplanten und gemeinsamen Tätigkeit […].

Irgendwelche Techniken der Nahrungsbeschaffung und -zubereitung, irgendwelche Waffen, Organisationsformen gemeinsamer Tätigkeit und Schutzmaßnahmen vor Feinden, vor der Witterung usw. gehören daher zu den Beständen [jeder] Kultur, und „Naturmenschen“, d.h. kulturlose, gibt es überhaupt nicht. […]

Ohne Zweifel muss man die organische Mittellosigkeit des Menschen und auf der anderen Seite seine kulturschaffende Tätigkeit aufeinander beziehen und als biologisch eng sich gegenseitig bedingende Tatsachen fassen. So wie sich die tierische, organische Spezialisierung und die ihr jeweils zugeschnittene Umwelt zueinander verhalten, so muss man die Unspezialisiertheit und morphologische Hilflosigkeit des Menschen in seiner Kultursphäre sehen. […]

Der Mensch ist also organisch „Mängelwesen“ (Herder), er wäre in jeder natürlichen Umwelt lebensunfähig, und so muss er sich eine zweite Natur, eine künstliche bearbeitete und passend gemachte Ersatzwelt, die seiner versagenden organischen Ausstattung entgegenkommt, erst schaffen, und er tut dies überall, wo wir ihn sehen. Er lebt sozusagen in einer künstlich entgifteten, handlich gemachten und von ihm ins Lebensdienliche veränderten Natur, die eben die Kultursphäre ist. Man kann auch sagen, dass er biologisch zur Naturbeherrschung gezwungen ist.

Arnold Gehlen

3 Der tätige Mensch

Mit dem Wort *Vita activa* sollen im Folgenden drei menschliche Grundtätigkeiten zusammengefasst werden: Arbeiten, Herstellen und Handeln. […]

Die Tätigkeit der Arbeit entspricht dem biologischen Prozess des menschlichen Körpers, der in seinem spontanen Wachstum, Stoffwechsel und Verfall sich von Naturdingen nährt, welche die Arbeit erzeugt und zubereitet, um sie als die Lebensnotwendigkeiten dem lebendigen Organismus zuzuführen. Die Grundbedingung, unter der die Tätigkeit des Arbeitens steht, ist das Leben selbst.

Im Herstellen manifestiert sich das Widernatürliche eines von der Natur abhängigen Wesens […]. Das Herstellen produziert eine künstliche Welt von Dingen, die sich den Naturdingen nicht einfach zugesellen, sondern sich von ihnen dadurch unterscheiden, dass sie der Natur bis zu einem gewissen Grade widerstehen und von den lebendigen Prozessen nicht einfach zerrieben werden. In dieser Dingwelt ist menschliches Leben zu Hause, das von Natur in der Natur heimatlos ist […]. Das Handeln ist die einzige Tätigkeit der Vita activa, die sich ohne Vermittlung von Materie, Material und Dingen direkt zwischen Menschen abspielt. Die Grundbedingung, die ihr entspricht, ist das Faktum der Pluralität, nämlich die Tatsache, dass nicht ein Mensch, sondern viele Menschen auf der Erde leben und die Welt bevölkern […].

Alle drei Grundtätigkeiten und die ihnen entsprechenden Bedingungen sind nun nochmals in der allgemeinsten Bedingtheit menschlichen Lebens verankert, dass es nämlich durch Geburt zur Welt kommt und durch Tod aus ihr wieder verschwindet. […] So sichert die Arbeit das Am-Leben-Bleiben des Individuums und das Weiterleben der Gattung; das Herstellen errichtet eine künstliche Welt, die von der Sterblichkeit der sie Bewohnenden in gewissem Maße unabhängig ist und so ihrem flüchtigen Dasein so etwas wie Bestand und Dauer entgegenhält; das Handeln schließlich, soweit es der Gründung und Erhaltung politischer Gemeinwesen dient, schafft die Bedingungen für eine Kontinuität der Generationen, für Erinnerung und damit für Geschichte.

Hannah Arendt

1 a) Erklären Sie, was man unter philosophischer Anthropologie versteht. > 1

b) Untersuchen Sie, inwiefern sich diese Anthropologie von anderen Formen von Anthropologie unterscheidet. > 1

2 a) Erläutern Sie den Unterschied und das Zusammenspiel zwischen Natur und Kultur bei Gehlen. > 2

b) Erläutern Sie, warum der Mensch nach Gehlen notwendigerweise ein Kulturwesen ist, und nehmen Sie begründet Stellung zu dieser Sicht des Menschen. > 2

plus c) Recherchieren Sie (M 8), was es mit dem Begriff „Mängelwesen" auf sich hat. > 2

3 Geben Sie in drei Thesen wieder, wie Arendt Arbeiten, Herstellen und Handeln definiert. Finden Sie jeweils alltägliche Beispiele. > 3

4 a) Interpretieren Sie das Bild (M 2) und setzen Sie es in Beziehung zu den Texten. > 1 – 4

plus b) Recherchieren Sie (M 8) Bild und Künstler. Erklären Sie, warum beides heute auch kritisch beurteilt wird, und nehmen Sie Stellung. > 4,

5 a) Vergleichen Sie die Texte von Gehlen und Arendt im Blick auf ihr Verständnis von Mensch, Handeln und Kultur in einer Tabelle. > 2, 3

b) Überprüfen Sie, inwieweit der technologische Fortschritt als mögliche Konsequenz aus den Theorien Gehlens und Arendts verstanden werden kann. > 2, 3

4 Mensch und Kultur

Paul Gauguin (1848–1903): Woher kommen wir? Wer sind wir? Wohin gehen wir? (1897)

Der Mensch als Geschöpf

1 Die Erschaffung der Menschheit

Harmonia Rosales (*1984): Creation of God (2017)

2 Ein dreifaches Bild vom Menschen

Es ist dem christlichen Welt- und Menschenbild nicht selten vorgehalten worden, dass es zu anthropozentrisch sei, d.h. den Menschen als „Krone der Schöpfung“ auf Kosten der anderen Geschöpfe zu sehr in den Mittelpunkt gerückt habe. Auch wenn dies nicht für alle biblischen Schöpfungstexte zutrifft, widmet die Bibel der Aktivität des Menschen in der Tat sehr hohe Aufmerksamkeit. Dies gilt vor allem für die ersten drei Kapitel des 1. Mosebuches, die allein schon drei Leitbilder menschlichen Weltverhältnisses entwickeln.

1. Der Mensch als Ebenbild Gottes: „Herrscher“ über die Geschöpfe (Gen 1,26)

Diese Aussage ruft – gerade bei Menschen, die ökologisch engagiert sind und sich zur Paradiesvision hingezogen fühlen – nicht selten Befremden hervor. Hat nicht die Herrschaft des Menschen über die Geschöpfe oder – allgemeiner gesprochen – über die Kräfte der Natur zu eben jenem ökologischen Desaster geführt, in das wir hineinzuschlittern im Begriff sind? Ist dieses Desaster gar eine der „gnadenlosen Folgen des Christentums“ (Carl Amery) und seines Schöpfungsdenkens?

Im wörtlichen und ursprünglichen Verständnis des Textes von Gen 1 gehören Gottesebenbildlichkeit und Herrschaft des Menschen über die Geschöpfe eng zusammen. Im antiken Verständnis des Bildes repräsentiert ein Standbild (und eben dies bedeutet das entsprechende hebräische Wort in Gen 1,26) den Dargestellten in Person, das kann ein König in seiner Hauptstadt oder ein Gott im Tempel sein.

Dieses Verständnis überträgt unser Text auf den Menschen und sein Verhältnis zum Schöpfergott. Er soll Gott in seiner Schöpfung repräsentieren und in Gottes Sinn über diese herrschen. Dieser Zusammenhang von Gottesebenbildlichkeit und Herrschaft verleiht dem Menschen eine hohe Würde, bürdet ihm aber eine ebenso hohe, buchstäblich übermenschliche Verantwortung auf. Denn als Repräsentant des Schöpfers über dessen Geschöpfe zu herrschen, kann nur heißen, Gottes Schöpfung, das System des Zusammenlebens der Geschöpfe, zu erhalten und, wenn nötig, weiter zu entwickeln.

2. Der Mensch als Ebenbild Gottes: „Diener und Wächter“ des Gartens Eden (Gen 2,15)

Der Text in Gen 2,15 macht auf einen ganz bestimmten Aspekt menschlichen Weltverhältnisses aufmerksam: Die Worte „Garten Eden“ bezeichnen einen „Lustgarten“, wenn man sie wörtlich aus dem Hebräischen übersetzt.

Dahinter steht die Vorstellung vom Palastgarten eines Königs, bzw. von der parkartigen Umgebung eines großen Tempels. Diese ist durchwegs von Frucht tragenden Bäumen bestanden, der Gottkönig sucht in ihr in der

Abendkühle Erholung. In diesem Gottesgarten finden sich die ersten Menschen vor. Er ist das Ideal einer überaus lebensfreundlichen Umwelt, in der Menschen, Tiere, Pflanzen in Harmonie leben können. Eine solche Idealwelt ist für die Bibel so nur in unmittelbarer Nähe Gottes, eben in seinem Garten, denkbar.

Diese Nähe genießen die beiden Urmenschen in der Rolle des Dieners und Wächters des Gottesgartens, solange sie nicht dem Wahn erliegen, Gottes Stelle selbst einzunehmen. Dabei ist bemerkenswert, dass die Formel „bebauen und bewahren“, hebräisch gelesen, religiöse Obertöne hat. „Bebauen“ meint im Hebräischen wörtlich: „dienen“ und kann auch für den „Gottesdienst“ stehen.

3. Der Mensch als Ebenbild Gottes: „Diener“ des Erdbodens (Gen 3,23; vgl. 3,17–19)

Die traditionelle christliche Deutung liest die Erzählung in Gen 3 als Ursprungsgeschichte der menschlichen Sündhaftigkeit. Aber davon handelt sie nicht, jedenfalls nicht im moralischen Sinn. Worum es eigentlich geht, bringt Gottes Rede an das Menschenpaar zum Ausdruck […]. Die Rede beschreibt hier die Existenz des Menschen in der Realität seiner alltäglichen Mühsal, in der er der Natur seinen kärglichen Lebensunterhalt abringen muss, in der er die Kräfte der Natur als feindlich erfährt, in der er diesen Kräften am Ende erliegt und im Tode dem Ackerboden gleich wird, mit dessen Bearbeitung er seine Tage zugebracht hat. Hier ist der Mensch nicht der würdevolle „Diener des Gartens“, sondern „Diener und Sklave des Erdbodens“ (Gen 3,23).

Doch lässt die Bibel den Menschen auch in dieser Situation nicht ohne Hoffnung zurück. Die Paradiesgeschichte gibt dafür zwei Zeichen. Das eine setzt Gott selbst: Bevor er die Menschen aus dem Gottesgarten vertreibt, kleidet er sie in Mäntel aus Fell. So signalisiert er, dass die Menschen in ihrer Situation als Mängelwesen auf seine Fürsorge zählen können. Das andere wird durch Adam, den Menschen selbst, gesetzt: Dieser gibt seiner Frau den Namen „Chawwa“, Eva, (= „Leben“), denn „sie wurde die Mutter alles Lebendigen.“ D.h.: Adam bleibt auch als „Diener des Erdbodens“ entschlossen zu leben, sein Lebenswille ist ungebrochen, er ist dem Leben unwiderruflich zugewandt.

Helmut Utzschneider

3 Vom homo faber zum homo co-creator

„Kreativität“ ist zum Sammelbegriff für das nicht nur reproduzierende, sondern freie Schaffen des menschlichen Geistes avanciert, der „Neues“ ersinnt und verwirklicht […]. Spätestens seit der Renaissance hat ein geistesgeschichtlicher Prozess eingesetzt, der […] neben der göttlichen Schöpfung das Bild vom schöpferisch tätigen Menschen setzt. Dass dies gerade nicht gegen das biblische Zeugnis geschieht, sondern vielmehr elementare Anliegen der Bibel und der Theologie zur Sprache bringt, ist heute unumstritten. Denn der zum Ebenbild Gottes geschaffene Mensch findet sich in einem Freiraum vor, den er gestalten darf und soll. Selbst schöpferisch tätig sein zu können, ist geradezu ein wesentliches Element der conditio humana.

Peter Dabrock

1 a) Interpretieren Sie das Bild (M 2). Beziehen Sie den Titel des Bildes und der Doppelseite mit ein. > 1

b) Vergleichen Sie das Bild mit Michelangelos „Die Erschaffung Adams“. Interpretieren Sie die Bilder hinsichtlich Gottes- und Menschenbild. > 1

2 a) Beschreiben Sie in eigenen Worten, welche menschlichen Aktivitäten die biblischen Texte abbilden. Ergänzen Sie vergleichbare Tätigkeiten aus unserer heutigen Welt. > 2

b) Fassen Sie zusammen, wie der Bibeltext laut Utzschneider den Menschen und seine Stellung in der Umwelt interpretiert. > 2

plus c) Setzen Sie die Interpretation in Beziehung zu den Theorien vom tätigen Menschen, die Sie bisher kennengelernt haben (S. 76–81). > 2

3 a) Arbeiten Sie die Hauptthese aus dem Text von Dabrock heraus. > 3

b) Untersuchen Sie, auf welche Aussagen aus Gen 1–3 sich Dabrock stützen könnte. > 3

c) Nehmen Sie begründet Stellung zu den Grenzen menschlichen Schaffensdrangs und erläutern Sie Ihre Position mit Beispielen.

plus **4** a) Entwerfen Sie einen Kommentar zum Thema „Bewahrung der Schöpfung heute“.

b) Beurteilen Sie die Materialien aus einer feministischen Perspektive. > 1 – 3

Zur Ruhe geschaffen

1 Das dritte Gebot

Gedenke des Sabbattages, dass du ihn heiligst. Sechs Tage sollst du arbeiten und alle deine Werke tun. Aber am siebenten Tage ist der Sabbat des HERRN, deines Gottes. Da sollst du keine Arbeit tun, auch nicht dein Sohn, deine Tochter, dein Knecht, deine Magd, dein Vieh, auch nicht dein Fremdling, der in deiner Stadt lebt. Denn in sechs Tagen hat der HERR Himmel und Erde gemacht und das Meer und alles, was darinnen ist, und ruhte am siebenten Tage. Darum segnete der HERR den Sabbattag und heiligte ihn.

Ex 20,8–11

2 Der Sabbat

Ilya Schor (1904–1961): Illustration für Heschels Buch „Der Sabbat“ (1951)

3 Ein Palast in der Zeit

Wer sich in das Heiligtum des Tages begeben will, muss zuerst den Lärm profaner Geschäfte, das Joch der Plackerei hinter sich lassen. Er muss sich von den kreisenden Dissonanzen der Tage freimachen, von der Nervosität und wilden Gier und von der Täuschung, mit der er Verrat am eigenen Leben übt. Er muss der Arbeit seiner Hände Lebewohl sagen und verstehen lernen, dass die Welt bereits erschaffen ist und ohne die Hilfe des Menschen weiterleben wird. Sechs Tage der Woche kämpfen wir mit der Welt, ringen wir dem Boden seinen Ertrag ab; am Sabbat gilt unsere Sorge vor allem der Saat der Ewigkeit, die in unsere Seele gesenkt ist. Unsere Hände gehören der Welt, aber unsere Seele gehört einem anderen. […]

Der Sabbat ist ein Tag für das Leben. Der Mensch ist kein Lasttier, und der Sabbat dient nicht dem Zweck, seine Arbeit erfolgreicher zu machen. Arbeit ist eine Fertigkeit, vollkommene Ruhe aber ist eine Kunst. Sie ist das Ergebnis eines Einklangs von Körper, Geist und Fantasie. […] Der siebte Tag ist ein Palast in der Zeit, den wir bauen. Er besteht aus Einfühlsamkeit, Ausdruck der Freude und Suchen nach Ruhe. […]

Der Sabbat ist nicht um der Wochentage willen da; die Wochentage sind um des Sabbat willen da. Er ist kein Intermezzo, sondern Höhepunkt des Lebens.

Was ist so herrlich an einem Tag? Was ist so kostbar, dass es das Herz ergreift? Der Grund ist, dass der siebte Tag eine Goldgrube ist, wo man das kostbare Metall des Geistes finden kann, mit dem man den Palast in der Zeit baut, ein Bereich, in dem der Mensch bei Gott zu Hause ist, ein Bereich, in dem der Mensch bestrebt ist, der Gottesebenbildlichkeit nahezukommen.

Denn wo soll man die Ebenbildlichkeit finden? Es gibt keine Eigenschaft, die der Raum mit Gottes Wesen gemeinsam hätte. Es gibt nicht genug Freiheit auf Berggipfeln, es gibt nicht genug Herrlichkeit im Schweigen des Meeres. Aber das Bild Gottes kann in der Zeit gefunden werden, die verhüllte Ewigkeit ist.

Abraham J. Heschel

4 Der Sabbat und seine Bedeutung

Der Sabbat (auch: Schabbat) ist eine große soziale Errungenschaft – ein einzigartiger Tag der Freude über das Leben und über die Befreiung aus der Sklaverei.

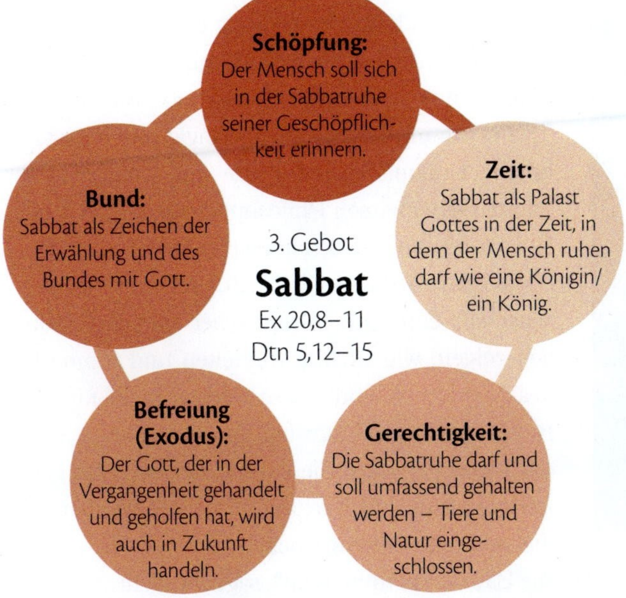

5 Christliches Pendant? Die Sonntagsruhe

Der Sonntag unterbricht den Alltag, gibt dem Leben Rhythmus, schafft individuelle Freiräume, verbindet Menschen und fördert das Gemeinwohl. Im Bewusstsein vieler Menschen ist der Sonntag daher als wichtiges und schützenswertes „Kulturgut" tief verankert. […] Zugleich verschwimmt mehr und mehr der für uns Menschen wichtige Rhythmus zwischen Arbeits- und Freizeiten durch Homeoffice, mobiles Arbeiten oder asynchrone Arbeitszeiten. Digitale Transformation wird nicht nur das Arbeiten verändern, sie wird auch den Sonntag verändern, das Miteinander, die Begegnungen, das gemeinsame Feiern, Leben – und womöglich uns selbst. […]

Der Sonntag ist in Artikel 140 unseres Grundgesetzes als Tag „der Arbeitsruhe und der seelischen Erhebung" gesetzlich geschützt. Der zweite Aspekt ist auch ein Hinweis auf die religiösen Wurzeln des Sonntags: Für Christinnen und Christen hat der Sonntag seine herausragende Bedeutung als Tag der Auferstehung Jesu Christi. […]

Die christliche Tradition eines gemeinsamen, regelmäßig wiederkehrenden Ruhetags entstammt dem Schabbat des Judentums […]. Unter den christlichen Denominationen feiert beispielsweise die Freikirche der Siebenten-Tags-Adventisten den Schabbat. […]

Jeder und jedem von uns kommt die Aufgabe eines verantwortungsvollen Umgangs mit der Zeit zu. Durch unser eigenes Tun und Lassen entscheiden wir Menschen darüber, welchen Wert und welche Qualität der Sonntag für uns hat. Wie der Staat aufgerufen ist, den arbeitsfreien Sonntag zu schützen und dessen Erosion zu verhindern, so sind wir alle aufgerufen, dafür zu sorgen, dass wir aufgrund des Strebens nach vermeintlicher Freiheit nicht unsere tatsächliche Freiheit aufgeben, die wir in der segensreichen Errungenschaft eines gemeinsamen arbeitsfreien Sonntags besitzen. Denn der Sonntag ist für den Menschen da. Und – wie es Albert Schweitzer formulierte – „wenn Deine Seele keinen Sonntag hat, dann verdorrt sie".

Heinrich Bedford-Strohm / Georg Bätzing / Radu Constantin Miron

1 a) Erläutern Sie das Sabbatgebot. Berücksichtigen Sie den biblischen Kontext (Ex 19–20). > 1

b) Vergleichen Sie Ex 20,8–11 mit Dtn 5,12–15. > 1

2 Interpretieren Sie das Bild (M 2). > 2

3 a) Beschreiben Sie in eigenen Worten, welche Bedeutung der Sabbat für Heschel hat und welche Begründungen er anführt. > 3

plus b) Recherchieren Sie (M 8), wie der Sabbat im Judentum abläuft. Wählen Sie 2–3 Tätigkeiten oder Regeln aus und erläutern Sie deren Bedeutung.

4 Erläutern Sie die Facetten des Sabbats und setzen Sie diese in Beziehung zueinander. > 4

5 a) Erklären Sie, welche Bedeutung der Sonntag für das Christentum hat. > 5

plus b) Setzen Sie den Text in Beziehung zu Heschels Deutung des Sabbats. > 3, 5

c) Erstellen Sie ein mit 4 vergleichbares Schaubild zum „Sonntag". > 4, 5

6 a) Setzen Sie sich mit Ruhetagen in anderen Religionen auseinander.

plus b) Entwerfen Sie Gebräuche, Rituale oder Regeln für einen neuen (fiktiven) Ruhetag.

Kleine Philosophie der Pause

1 In der Ruhe liegt ...

Caspar David Friedrich (1774–1840): Mondaufgang am Meer (1822)

2 Geistreiches Nichtstun

In einem Bunker führte Ernst Pöppel, Professor für Neuropsychologie, sogenannte „Bunker-Experimente“ durch, die auch im Zusammenhang des Astronautentrainings genutzt wurden, bei denen sich Versuchspersonen wochenlang einem Leben in völliger Isolation aussetzen.

Bei der Durchsicht der Versuchsprotokolle stellte der Psychologe bald fest, dass kaum einer der Eingeschlossenen über quälende Gefühle berichtete. Im Gegenteil, den meisten war es ziemlich gut gegangen. Wie es sich anfühlt, ohne die vertrauten Geräusche und Gesichter des Alltags zu leben, wollte der Forscher schließlich am eigenen Leib erfahren – und stieg selbst in den Bunker. „Die ersten ein, zwei Tage waren hart“, erinnert sich der 71-Jährige. „Es herrschte ein inneres Chaos, ich hatte mit Unruhe und Gedankenflucht zu kämpfen und musste mich erst an mich selbst anpassen.“ Doch nach dieser Übergangsphase begann er sich zusehends wohler zu fühlen. […]

Als „interessantesten Moment“ hatte der Hirnforscher das Ende des Experiments in Erinnerung, als er nach zwei Wochen wieder ins Freie trat. „Ich fühlte mich auf eine Art geläutert, die fast schon eine religiöse Komponente hatte. Es war wie eine innere Reinigung, ich hatte sozusagen mit mir selbst Kontakt aufgenommen und erlebt, dass ich von all dem Trubel um mich herum unabhängig sein konnte.“ Solche Erlebnisse sind heute nur wenigen vergönnt. Dabei wissen Philosophen längst, dass der Geist und die Seele schöpferische Pausen brauchen. Nun wird diese Weisheit auch von der Wissenschaft entdeckt. Hirnforscher und Psychologen zeigen, wie wichtig Auszeiten und Momente des Nichtstuns sind: Diese fördern nicht nur die Regeneration und stärken das Gedächtnis, sondern sind geradezu die Voraussetzungen für Einfallsreichtum und Kreativität, vor allem aber für das seelische Gleichgewicht. […]

„Auf die Balance kommt es an“, sagt der Neuropsychologe Ernst Pöppel. „Menschen brauchen immer beides: den Austausch mit anderen Menschen, aber auch den Bezug zu sich selbst, die innere Autonomie.“ Und gerade an Gelegenheiten, sich selbst zu begegnen, fehlt es heute vielen Menschen. „Stille ist essenziell, um sich konzentrieren zu können. Sie nimmt den Druck von uns, der durch den Lärm von außen entsteht.“ Der Kommunikationsterror, dem wir permanent ausgesetzt sind, sei geradezu Gift. Ernst Pöppel sagt deshalb: „Wenn ganz Deutschland jeden Tag für eine Stunde nicht kommunizieren würde, dann hätten wir hier den größten Innovations- und Kreativitätsschub, den man sich vorstellen kann.“

Ulrich Schnabel

3 Die Stein-Strategie

Unter „Action Bias“ versteht man den menschlichen Drang, lieber *irgendetwas* als nichts zu tun. Der Journalist und Autor Holm Friebe (*1972) wirbt in seinem Buch „Die Stein-Strategie“ für eine Strategie des Nichtstuns.

Wenn du dich bewegst, musst du wissen, wohin. Wenn du dich nicht bewegst, musst du wissen, warum. Dieses

Buch will nicht sagen, wo es langgeht. Es will vielmehr zeigen, warum das Nicht-Handeln, Stillhalten, Abwarten in vielen Situationen die bessere Wahl ist – und eine Option, die in den Strukturen und Systemen, in denen wir stecken, allzu oft ausgeblendet und hinweggefegt wird von der allgemeinen Drift zum Aktionistischen. [...] Zwar wird der bedächtig Abwartende niemals Lob und Lorbeeren für seine heroische Kühnheit ernten. Er wird häufig nicht das maximale Resultat erzielen. Aber er wird katastrophale Fehlentscheidungen vermeiden, nicht mit fliegenden Fahnen in sein Verderben rennen und im Zweifel länger am Leben bleiben.

In diesem Sinne ist die Stein-Strategie bei gewissenhafter Abwägung die klügere Alternative – und ein Gegengift wider voreiliges Handeln, blauäugige Beherztheit und konfusen Hyperaktivismus. Was sie nicht ist: eine Apologie der Faulheit und ein erneutes Loblied auf die „Prokrastination", das zwanghafte Aufschiebeverhalten. Das Unterlassen als Strategie setzt voraus, dass man immer auch handeln könnte und sich bewusst dagegen entscheidet – und nicht, dass man durch höhere Mächte, Antriebslosigkeit oder eine pathologische Disposition dazu gezwungen wird, in Untätigkeit zu verharren. [...]

Anders als jene gutgemeinten, zumeist kulturpessimistisch grundierten Mahnungen zu Entschleunigung und innerer Einkehr, zielt die Stein-Strategie auf die Verfolgung und Durchsetzung handfester Eigeninteressen von Individuen und Organisationen. Sie ist eine Lektion in Abwarten und Aussitzen, ein Lob auf die Tugend des Füße-still-halten-Könnens und Kommen-Lassens. In einer von sinnlosem Stress, Hektik und Atemlosigkeit geprägten Zeit ist intentionale Passivität eine rare und zu Unrecht verfemte Kunstform, die durch nichts besser versinnbildlicht wird als durch den ruhenden Stein.

Holm Friebe

4 „Religion ist Unterbrechung"

Es scheint nötig zu sein, dass die Menschen die Pause verordnet bekommen, die arbeitsfreie Zeit. Sonst würden wir wahrscheinlich einfach immer weiter arbeiten. Würden wir? Wenn wir ehrlich sind, tun wir es tatsächlich oft genug. Nicht nur die, deren Arbeit dem Wohl aller dient, also das Klinikpersonal oder die Lokomotivführer oder Polizisten. Durcharbeiten tun oft auch die anderen. Die eigentlich gar nicht müssen, nehmen Arbeit übers Wochenende mit nach Hause und sind auch am Sonntag online erreichbar.

Dass das dritte Gebot den Feiertag anordnet und dadurch das Arbeiten unterbricht, das hat seinen Grund nicht nur darin, dass Menschen Zeit für die Religion haben sollen und zum Gottesdienst gehen können. Nein: die Unterbrechung selbst hat schon etwas Heilsames, etwas Religiöses. So zumindest hat es der katholische Theologe Jean Baptist Metz mal formuliert: Die kürzeste Definition von Religion sei „Unterbrechung". Das gefällt mir.

Denn erst wenn der Alltag mit seiner Arbeit und Mühe unterbrochen wird, und zwar regelmäßig, dann kann ich in Ruhe darüber nachdenken, wohin ich unterwegs bin, ob sich mein Ziel lohnt. Oder ob ich überhaupt eins habe. Ich kann meinen Hoffnungen nachspüren und meiner Liebe. Oder mich auch einstimmen lassen in das Gefühl der Dankbarkeit. Die Unterbrechung lässt mich zu mir selbst finden.

Helwig Wegner-Nord

1 a) Interpretieren Sie das Bild (M 2). > 1
b) Recherchieren Sie (M 8) weitere Gemälde des Künstlers und stellen Sie jeweils Zusammenhänge zum Thema der Doppelseite her.

2 a) Setzen Sie den Text in Beziehung zu religiösen Deutungen von Ruhe (S. 84/85). > 2
plus b) Entwerfen Sie ein Konzept, eine Kurzgeschichte oder bildliche Darstellung, wie die im Text genannte deutschlandweite kommunikationsfreie Stunde umgesetzt werden könnte. > 2

3 a) Erläutern Sie die „Stein-Strategie" mit einem konkreten Beispiel und beurteilen Sie sie. > 3
b) Erklären Sie die Unterscheidung zwischen „Stein-Strategie" und Faulheit. > 3

4 a) Nehmen Sie Stellung zur These, Religion sei Unterbrechung. > 4
plus b) Beurteilen Sie, ob auch der Umkehrschluss „Unterbrechung ist Religion" sinnvoll ist. > 4

5 Führen Sie eine Debatte (M 4) zur Bedeutung des Nichtstuns durch.

Zur Freiheit geschaffen

Luther

Steckbriefe

79502-05

1 Ich – der geschaffene Mensch

Ich glaube, dass mich Gott geschaffen hat samt allen Kreaturen, mir Leib und Seele, Augen, Ohren und alle Glieder, Vernunft und alle Sinne gegeben hat und noch erhält; dazu Kleider und Schuh, Essen und Trinken, Haus und Hof, Weib und Kind, Acker, Vieh und alle Güter; mit allem, was nottut für Leib und Leben, mich reichlich und täglich versorgt, in allen Gefahren beschirmt und vor allem Übel behütet und bewahrt; und das alles aus lauter väterlicher, göttlicher Güte und Barmherzigkeit, ohn' all mein Verdienst und Würdigkeit: für all das ich ihm zu danken und zu loben und dafür zu dienen und gehorsam zu sein schuldig bin.
Das ist gewisslich wahr.

Martin Luther

2 Das gegebene Leben

Probleme und Aufgaben der Lebensführung entstehen nur für ein gegebenes Leben. Das Gegebensein des Lebens ist die elementare Voraussetzung, die in allem konkreten und bestimmten Handeln immer schon in Anspruch genommen wird. [...]

Wird der Satz „Niemand kann sich selbst das Leben geben“ umformuliert in ein Handeln, dann lautet er: *Der Mensch muss das Leben empfangen.* [...]

Im Gegebensein des Lebens als eines empfangenen Lebens sind elementare Verbindlichkeiten mitgesetzt, die die Stellungnahme des Menschen in bestimmter Weise qualifizieren. Diese Verbindlichkeiten fassen wir als das Miteinander von *Abhängigkeit und Freiheit* eines verdankten Lebens. Alles, was Thema und Inhalt der Lebensführung des Menschen ist und werden kann, verdankt sich dem Gegebensein des Lebens [...].

Das empfangene Leben muss vom Menschen auch angenommen werden. [...]

Der innere Zusammenhang der Grundelemente der Ethik lässt sich zum Beispiel in der Auslegung des 1. Artikels des Glaubensbekenntnisses durch Martin Luther nachweisen: „Ich glaube, dass mich Gott geschaffen hat, samt aller Kreatur“ [...]. Eine unbefangene Zuordnung der erörterten Grundelemente des Gegebenseins des Lebens zu dem Erläuterungssatz Luthers ergibt folgendes Bild:

Der Satz „niemand kann sich selbst das Leben geben“, findet seine theologische Korrespondenz in dem Bekenntnis zu „Gott“ als dem Schöpfer des Lebens.

Der Satz „der Mensch muss das Leben empfangen“ hat seine Entsprechung in der Bekenntniserläuterung darin, dass mich Gott „geschaffen“ hat, also in der Anerkennung der Geschöpflichkeit.

Der Satz „das Gegebensein des Lebens erhält eine elementare Verbindlichkeit in dem Miteinander von Abhängigkeit und Freiheit der eigenen individuellen Lebenswirklichkeit“ erfährt seine religiös-theologische Vertiefung in dem Bekenntnis, dass „mich“ Gott geschaffen habe.

Der Satz „das empfangene Leben muss vom Menschen auch angenommen werden“ verdichtet sich in der Reflexion der Bekenntnisaussage „ich glaube“, sofern mit Glauben eine Handlung des Vertrauens und des Angenommenseins zum Ausdruck gebracht wird [...].

Trutz Rendtorff

HINTERGRUND

3 Die Summe eines christlichen Lebens

theologisch 11

79502-18

Die Schrift „Von der Freiheit eines Christenmenschen“ verstand Martin Luther als Zusammenfassung seiner reformatorischen Lehre und als Ertrag seiner persönlichen Entwicklung. Luther verfasste diese berühmte Schrift 1520 als Beilage zu seinem „Sendbrieflein an Leo X.“. Dieser hatte ihn aufgefordert, seine reformatorische Lehre innerhalb von 60 Tagen zu widerrufen. Luther bedauerte, er könne seine Lehre nicht widerrufen, „dieweil das Wort Gottes, das alle Freiheit lehrt, nicht soll und muss gefangen sein.“

4 Freiheit zum Dienst

Luther unterscheidet in seiner Freiheitsschrift von 1520 einen innerlichen, geistlichen und einen äußerlichen Menschen. Welche Konsequenzen sich daraus unter anderem ergeben, erläutert er in den folgenden Auszügen.

Nun kommen wir zum zweiten Teil, zum äußerlichen Menschen […].

Der Mensch ist zwar innerlich, in Beziehung auf die Seele durch den Glauben genugsam gerechtfertigt und hat schon alles, was er haben soll (abgesehen davon, dass dieser Glaube und dieses Genughaben immer mehr zunehmen muss bis in jenes Leben). Dabei bleibt er aber doch noch in diesem leiblichen Leben auf Erden und muss seinen eigenen Leib regieren und mit den Leuten umgehen. Da heben nun die Werke an: hier darf er nicht müßig gehen; da muss fürwahr der Leib durch Fasten, Wachen, Arbeiten und durch alle maßhaltende Zucht dazu angetrieben und geübt werden, dem innerlichen Menschen […] gleichförmig zu werden, anstatt ihn zu hindern und ihm zu widerstreben, wie seine Art ist, wenn er nicht gezwungen wird. Der innerliche Mensch ist ja mit Gott eins, fröhlich und lustvoll um Christi willen, der ihm so viel getan hat; und seine ganze Lust besteht darin, dass er seinerseits Gott auch umsonst dienen möchte in freiwilliger Liebe. […]

Nun wollen wir von den weiteren Werken reden, die er anderen Menschen gegenüber tut. Denn der Mensch lebt nicht bloß in seinem Leibe, sondern auch unter anderen Menschen auf Erden. Darum kann er ihnen gegenüber nicht ohne Werke sein; er muss jedenfalls mit ihnen zu reden und zu schaffen haben, obwohl ihm keines dieser Werke zu Gerechtigkeit und Seligkeit nötig ist. Darum soll seine Absicht bei allen Werken frei und nur darauf gerichtet sein, anderen Leuten damit zu dienen und nützlich zu sein; er soll sich nichts anderes vor Augen stellen, als was die andern nötig haben. Das heißt dann ein wahrhaftiges Christenleben, und da geht der Glaube mit Lust und Liebe ans Werk. […]

Aus dem allen folgt der Schluss, dass ein Christenmensch nicht in sich selbst lebt, sondern in Christus und in seinem Nächsten: in Christus durch den Glauben, im Nächsten durch die Liebe.

Martin Luther

5 Eigentlich frei …

— **1** a) Interpretieren Sie Luthers Auslegung des ersten Artikels des Glaubensbekenntnisses. > 1

b) Erläutern Sie, wie Luther das Glaubensbekenntnis auf sich selbst bezieht. > 1

c) Prüfen Sie mögliche (positive wie negative) Einflüsse von Luthers Gedanken auf ein Bild vom Menschen. > 1

— **2** a) Erschließen Sie den Text (M 1) und fassen Sie Rendtorffs Ausführungen in eigenen Worten zusammen. > 2

b) Erklären Sie, wie Rendtorff Luthers Auslegung des Glaubensbekenntnisses interpretiert. > 2

plus c) Erörtern Sie Rendtorffs Ansatz und dessen Konsequenzen für ein christliches Bild vom Menschen. > 2

— **3** Erläutern Sie die wichtigsten Gedanken von Luthers Freiheitsschrift, die Ihnen aus *theologisch* 11 (S. 50/51) bereits bekannt ist. > 3,

— **4** a) Beurteilen Sie Luthers Position zum Handeln und Leben des Menschen in der Welt. > 4

b) Nehmen Sie Stellung, inwiefern sich Luthers Schrift zur Kritik an der Leistungsgesellschaft eignet. > 4

— **5** Interpretieren Sie das Bild (M 2) und setzen Sie es in Beziehung zu den Texten. > 1 – 5

Freiheit – eine Frage des Lebensstils!?

1 Weg ins Freie

Edward Hopper (1882–1967): Stairway (1949)

2 Frei und erlöst – wovon und wozu?

Der Theologe und Soziologe Günter Brakelmann setzt die Gedanken aus Luthers Freiheitsschrift in Beziehung zur Leistungsproblematik unserer Gesellschaft.

Die Leistung, die dem Leben des einzelnen und dem Leben der Gemeinschaft dienen sollte, ist aus ihrem Charakter, ein Instrument zu sein, zur Sache selbst geworden. […] Diese moderne Leistungsreligion ist aber genau das Problem. Der Glaube an die Machbarkeit des eigenen Menschseins dürfte […] der Grund für die Selbstverfehlung des Menschen sein. […]

Das Nein Luthers galt genau jenen Versuchen, aus sich selbst heraus […] sich selbst vor Gott und den Menschen zu erleisten. […] Mensch werde ich nicht durch religiöse oder politische Eigenleistung oder elitäre Höchstleistung, sondern durch das Angenommensein und durch das Angesprochenwerden von Gott her […]. Mein Sein als Mensch ist geschenktes Sein, ist Gabe, unverdiente Gabe. […] Der Glaube, dass ich angenommen worden bin, befreit mich von dem Zwang, mich pausenlos vor mir selbst und vor anderen durch sichtbare Leistungen rechtfertigen zu müssen. […]

In diesem Glauben liegt auch etwas unendlich Tröstliches. Ich bin schon Mensch, bevor ich mich bewähre. Mein Menschsein ist nicht identisch mit meiner Leistungsfähigkeit. Ich bin Mensch vor meinen Leistungen, nicht bin ich Mensch durch meine Leistungen. Ich bin ein Mensch, der nicht mit seinen Leistungen oder Fehlleistungen steht und fällt, sondern Mensch bleibt, ganz gleich, wie das Rennen des Lebens ausgeht. Wer sich dies nun sagen lässt, dass es keinen Zwang zur Selbsterlösung mehr gibt, wird frei von sich selbst und dadurch frei für sich selbst. Befreit vom Zwang, sich selbst leisten zu müssen, ist man nun frei geworden zur wahren Leistung. […] Freiheit ist also, in diesem Verständnis, das Geschenk des Glaubens, nicht die Leistung des sich abmühenden Menschen. „Nun stehet in der Freiheit, zu der euch Christus befreit hat!" Das ist nun der Imperativ, aber es ist ein Imperativ, der seinen Grund in einem Indikativ hat, nämlich: Christus hat uns zur Freiheit befreit, deshalb seid frei! Ihr seid befreit, deshalb handelt als Befreite. Seid, wie ihr seid! Luther hat das in dem für mich unüberbietbar herrlichen Satz zusammengefasst: „Ein Christenmensch ist ein freier Herr über alle Dinge und niemandem untertan." […]

Dieser Glaube aber wäre unvollständig umschrieben, wenn man in ihm nur die Absage an selbstmächtiges Menschenverständnis sähe. Er ist nicht nur Absage, sondern zugleich Zusage, wirkliches, wahres Menschsein zu gewinnen. Er setzt eben auch frei zum Handeln, zum Leisten. Der Glaube macht munter und mobil. Er entbindet Aktivität, aber eine Aktivität, an der nicht mehr das Heil, die Erfüllung des Menschen hängt, eine Aktivität, die keinen zwanghaften Charakter mehr hat, das heißt, die Qualität als Mensch hängt für den nun handelnden Menschen nicht mehr an der Qualität seiner Leistung. […] Ist das nicht wieder ein großer Trost? Es ist doch eigentlich unendlich tröstlich, dass man sich nicht selbst als Person durch Handeln schaffen muss, sondern dass das Handeln Ausfluss, eine Folge meiner zuvor geschenkten Personalität ist. Es ist doch tröstlich, dass ich vom Leistungszwang befreit bin und nun leisten kann, was ich in Freiheit leisten kann. […]

Das allerdings ist nun wichtig und gehört dazu: Die Freiheit des Glaubens nimmt die Gestalt des Dienens, das heißt, der Leistung für andere an. Darum hat Luther den zweiten Satz hinzugefügt. „Ein Christenmensch ist ein dienstbarer Knecht aller Dinge und jedermann untertan." […] Was heißt das? Die Tatsache, dass ich befreit worden bin von dem Zwang, mich selbst zu erleisten, mir meine Identität zu erleisten, ist der Grund und gleichzeitig die Voraussetzung, dass ich zum anderen hin befreit worden bin. Die Freiheit befreit zum Dienen und zur Leistung, aber zu einer Leistung, die im Zentrum nicht mehr dieses Eigeninteresse hat, sondern das Wohl des anderen.

Günter Brakelmann

3 Freude und Freiheit der Tora

Im Zentrum des jüdischen Glaubens steht die Tora, die mit ihren Weisungen den ganzen jüdischen Alltag durchdringt. Leo Baeck (1873–1956), einer der bedeutendsten Lehrer des Judentums in Deutschland, beschreibt die Freude über die Tora als Weisung zu einem „guten Leben", zu einem sinnerfüllten Lebensstil.

So ist die Religion hier alles. Das ganze Leben ist von ihr durchdrungen, der Sinn aller Tage von ihr getragen, der Sinn aller Wege von ihr umfasst. Es gibt nichts, was bloße „Welt" wäre, und es gibt daher keinen bloßen Alltag, keine bloße Prosa des Daseins. Aller Alltag hat sein Sprechendes, seine Stimme aus der Tiefe, alle Prosa ihr Gleichnis, ihr Wort aus dem Verborgenen. Die Religion ist nichts Isoliertes, nichts Eingeschlossenes, nichts, was nur neben dem Leben oder unter oder über dem Leben wäre. In diesem Umfassenden der Religion wird das in seiner Bedeutung begreiflich, was für viele den einzigen Aspekt des Judentums bildet, die Weite der Satzungen und Bräuche, mit denen sich seine Gemeinde umgibt, ihr sogenanntes „Gesetz". Im Judentum ist der Versuch gemacht worden, dem Leben seinen Stil dadurch zu schaffen, dass die Religion in jeden Alltag und in den ganzen Alltag hineingestellt wird. Alles erhält sein Gottesdienstliches, seine Stimmung und seine Würde, dem Leben soll seine Geistigkeit gegenüber dem Irdischen, seine Freiheit gegenüber dem Verlangenden gewahrt sein. […] Der Mensch wird nicht aus dem Alltag fortgeführt, sondern in ihm mit Gott verbunden.

Leo Baeck

— **1** a) Interpretieren Sie das Bild (M 2) zu zweit im Hinblick auf die Perspektive, die eingenommen wird. > **1**

b) Setzen Sie das Bild in Beziehung zum Titel der Seite und entwerfen Sie einen inneren Monolog der Person, deren Blick das Bild zeigt. > **1**

— **2** a) Arbeiten Sie das Verhältnis von Freiheit und Leistung in theologischer Perspektive heraus. Erstellen Sie dazu eine Mindmap (M 9). > **2**

b) Setzen Sie die Aussagen Brakelmanns in Beziehung zu Luthers Freiheitsschrift (S. 88/89). > **2**

c) Recherchieren Sie (M 8) ehrenamtliche Initiativen in Ihrer Region, die sich um das Wohl Anderer bemühen. Erstellen Sie eine Präsentation (M 12) für Ihren Kurs oder Ihre Schule.

plus d) Analysieren Sie, wie die Initiativen ihr Engagement (ggf. religiös) begründen. Setzen Sie die Begründungen in Beziehung zur reformatorischen Idee von Freiheit.

— **3** a) Entfalten Sie in eigenen Worten, welche Funktion die Tora nach Baeck für den Alltag im Judentum hat. > **3**

b) Setzen Sie Baecks Gedanken in Beziehung zu modernen Lebensrealitäten. Untersuchen Sie kritisch, inwiefern die Idee eines religiösen Alltags in der heutigen Gesellschaft Möglichkeiten eröffnet oder herausgefordert wird. > **3**

plus **4** Entwerfen Sie einen kreativen Text unter der Überschrift „Freisein bedeutet für mich …". Setzen Sie sich dabei mit den Argumentationen Brakelmanns und Baecks auseinander. > **2**, **3**

Beruf als Berufung?

1 Luther bei der Arbeit

Wilhelm von Lindenschmit d. J. (1829–1895): Luther in Rom (um 1893)

2 Wie auf Erden so im Himmel?

Daher kommt es, dass ein' Magd, so sie in ihrem Befehl hingeht und nach ihrem Amt den Hof kehret und Mist austrägt, stracks gen Himmel geht auf der rechten Straß', dieweil ein anderer, der zu St. Jacob oder zur Kirch' geht, sein Amt und Werk aber liegen lässt, stracks zur Hölle geht.

Martin Luther

HINTERGRUND

3 Arbeit im späten Mittelalter

Die spätmittelalterlichen Theologen hielten lange Zeit am Verständnis von Arbeit als „Buße" fest, denn schon in der Schöpfungsgeschichte wird dem Menschen als Strafe harte Arbeit auferlegt: „… verflucht sei der Acker um deinetwillen! Mit Mühsal sollst du dich von ihm nähren dein Leben lang. Dornen und Disteln soll er dir tragen, und du sollst das Kraut auf dem Felde essen. Im Schweiße deines Angesichts sollst du dein Brot essen." (Gen 3,17–19).

So zählte zunächst auch bei Luther die Arbeit zum Fasten, zum „Kasteien des Fleisches": „Wir sind in Adam alle zur Arbeit verurteilt." Wenige Jahre später gelangte er zu der „reformatorischen Erkenntnis", dass man nicht durch Werke in Gottes Augen bestehen, geschweige denn vor ihm gerecht werden oder sich einen Freispruch verdienen kann. Vor Gott gerecht macht allein der Glaube, das heißt der Verzicht darauf, dass man mit seiner Leistung vor Gott bestehen kann. Man soll sich (nach Luther) „nicht auf eigene Arbeit und eigenes Tun verlassen, sondern arbeiten und tun und doch alles allein von Gott erwarten." Das alleinige Vertrauen auf Gott macht den Menschen dann aber frei, frei von der ängstlichen Sorge um sich selbst, frei für die liebende Zuwendung zum Nächsten. So kann denn die Arbeit als Dienst für andere zu einer „Frucht des Glaubens" werden. Die *vita activa* (tätiges Leben) wird dadurch der *vita contemplativa* (betrachtendes Leben) gleichgestellt.

Nicht die Notwendigkeit der Beschaffung des eigenen Lebensunterhalts verpflichtet also zur Arbeit, sondern Gottes Gebot, für den Nächsten etwas zu tun. Weil die Arbeit Gottes Gebot ist, soll sie sorgfältig, treu und fleißig verrichtet werden. Arbeit ist nicht danach zu bemessen, welchen materiellen Gewinn sie einbringt, sondern sie ist zu Nutz und Frommen des Nächsten zu verrichten; sie ist im Vertrauen auf Gott Dienst für Gott und die Nächsten. Beruf und Berufung hängen in der protestantischen Theologie insofern zusammen, als es sowohl einen Ruf Gottes (*vocatio dei*) zum Glauben und eine Berufung (durch Gott) in einen bestimmten Stand („Beruf") gibt.

4 Luther und die Arbeit heute

Luthers theologisches Verständnis der Arbeit lässt sich auf drei Ebenen auf heute übertragen.

Sozial: Luther beschreibt Arbeit als Dienst am Mitmenschen. Eine Version dieser Deutung finden wir beispielsweise in der Arbeitspsychologie, in der dem menschlichen Tätigsein die soziale Strukturierung, Mobilisierung und Formung zugesprochen wird. Die individuelle Arbeitsleistung wird in einen größeren Zusammenhang eingeordnet, der über die eigentliche Arbeit hinaus auf gesellschaftlich Gutes weist […].

Ökonomisch: Luther versteht Arbeit als einen dem Menschen naturgegebenen, positiven Prozess. Wenn jeder an seinem Ort zuverlässig sein Werk verrichtet, kommt er damit seinem menschlichen Grundauftrag nach. Arbeit erhält eine Selbstzweckhaftigkeit, die zu Gutem führt. Als Thema der Wirtschaftswissenschaften entspricht diese Interpretation der Teilnahme an der mächtigen „unsichtbaren Hand“ von Adam Smith, mit der auf magische Weise individuell-eigennütziges Verhalten in gesellschaftliches Wohlergehen verwandelt wird. […]

Persönlich: Arbeit fungiert nach Luther als ein Mittel zur persönlichen mentalen Strukturierung und Harmonisierung. Durch die Arbeit wird der träge Körper überwunden, und es kann sich der innere Mensch in der Welt verwirklichen. Wer nicht arbeitet, negiert diese Funktionen, schädigt damit […] auch sich selbst. Diese *ex negativo*-Interpretation findet ihren Niederschlag in der zeitgenössischen Arbeitsforschung. Hier werden der Arbeitslosigkeit psychische Herausforderungen nachgesagt, wie die Reduktion der sozialen Kontakte, Ziellosigkeit, Statusverlust und Zweifel an der eigenen Identität.

Lucas Zapf

5 Reformiertes Arbeitsethos

Zwingli betrachtete die Arbeit nicht nur als etwas Notwendiges, sondern als wesenhaft, schöpfungsmäßig zum Menschen Gehöriges, und deshalb Würdevolles. […] Die Hand des Arbeitenden gleicht der göttlichen Schöpferhand; deshalb gleicht – von außen betrachtet – der Arbeiter mehr als jeder andere Mensch Gott, dem Schöpfer.

Eine ähnliche Bewertung der Arbeit findet sich bei Calvin: Jede gehorsame Berufsarbeit „leuchtet“/glänzt vor Gott und wird für „sehr köstlich“ gehalten.

Der Christ kann natürlich nicht in die Geheimnisse Gottes eindringen; er nimmt das Evangelium, die Zusage der Liebe Gottes, im Glauben an. Da solcher Glaube keine „Sicherheit“ verleiht, bleibt der Christ immer in der Anfechtung, immer in einer grundsätzlichen „Unsicherheit“, so kann er nur nach Zeichen der Erwählung ausschauen. Ein solches Zeichen ist der in erfolgreicher Arbeit sichtbar werdende Segen Gottes. Die Unsicherheit bezüglich der Erwählung setzt so einen inneren Antrieb zu möglichst erfolgreicher, intensiver Arbeit frei.

Während Calvin selbst keineswegs einen Automatismus von erfolgreicher Arbeit und Erwählungsgewissheit behauptete, wird seine Lehre später jedoch immer mehr in diese Richtung weiterentwickelt. Vor allem im englischen Puritanismus wird die rastlose Berufsarbeit und ihr Erfolg (als Zeichen des Segens Gottes) immer mehr zum angestrebten Ziel: Äußeres Wohlergehen aufgrund fleißiger Arbeit wird zu einem sicheren Zeichen göttlicher Erwählung zum ewigen Heil.

Karl Friedrich Haag

1 Interpretieren Sie das Bild (M 2) und gestalten Sie eine passende Sprech- oder Gedankenblase. > 1

2 Skizzieren Sie aus dem Zitat Luthers theologische Sicht auf Arbeit und Leistung. > 2

3 a) Erläutern Sie, vor welchem historischen und theologischen Hintergrund Luthers Vorstellungen zu Arbeit und Beruf stehen. > 3

b) Arbeiten Sie Luthers Position heraus und präzisieren Sie Ihre Ergebnisse aus **2**. > 2, 3

4 a) Setzen Sie Zapfs Deutung in Beziehung zu Luthers Theologie der Arbeit. > 3, 4

b) Vergleichen Sie Luthers Position mit Ihren eigenen Erwartungen an das Arbeitsleben. > 2 – 4

5 a) Überprüfen Sie, inwieweit das reformierte Ethos eine Wurzel für die moderne Einschätzung der Arbeit als Selbstverwirklichung sein könnte. > 5

plus b) Nehmen Sie kritisch Stellung zum reformierten Arbeitsethos, auch im Blick auf Luthers Aussagen in seiner Freiheitsschrift (S. 88–89). > 5

Arbeit: Selbstentfremdung oder Selbstverwirklichung

HINTERGRUND

1 Karl Marx: Arbeit als Entfremdung

Steckbrief

79502-05

Karl Marx (1818–1883) war Philosoph, Ökonom und Sozialtheoretiker. Er formulierte die Ideen des Kommunismus, die auf dem Streben nach sozialer Gerechtigkeit und wirtschaftlicher Gleichheit basieren. Seine Schriften betonen die Bedeutung von Klassenkampf und kritisieren die Ausbeutung der Arbeiterklasse durch das Kapital. Marx' Gedanken beeinflussten soziale und politische Bewegungen weltweit. Arbeit im Zeitalter des Kapitalismus analysiert er als Entfremdung von sich selbst.

> In der großen Industrie und Konkurrenz sind die sämtlichen Existenzbedingungen, Bedingtheiten, Einseitigkeiten der Individuen zusammengeschmolzen in die beiden einfachsten Formen: Privateigentum und Arbeit.
>
> *Karl Marx*

2 Wem gehört das Arbeitsleben?

Der Arbeiter legt sein Leben in den Gegenstand; aber nun gehört es nicht mehr ihm, sondern dem Gegenstand. Je größer also diese Tätigkeit, umso gegenstandsloser ist der Arbeiter. Was das Produkt seiner Arbeit ist, ist er nicht. Je größer also dieses Produkt, je weniger ist er selbst. Die *Entäußerung* des Arbeiters in seinem Produkt hat die Bedeutung, nicht nur, dass seine Arbeit zu einem Gegenstand, zu einer *äußern* Existenz wird, sondern dass sie *außer ihm*, unabhängig, fremd von ihm existiert und eine selbstständige Macht ihm gegenüber wird, dass das Leben, was er dem Gegenstand verliehn hat, ihm feindlich und fremd gegenübertritt. […]

Die Arbeit produziert Wunderwerke für die Reichen, aber sie produziert Entblößung für den Arbeiter. Sie produziert Paläste, aber Höhlen für den Arbeiter. Sie produziert Schönheit, aber Verkrüppelung für den Arbeiter. Sie ersetzt die Arbeit durch Maschinen, aber sie wirft einen Teil der Arbeiter zu einer barbarischen Arbeit zurück und macht den andren Teil zur Maschine. […]

Worin besteht nun die Entäußerung der Arbeit? Erstens, dass die Arbeit dem Arbeiter *äußerlich* ist, d.h. nicht zu seinem Wesen gehört, dass er sich daher in seiner Arbeit nicht bejaht, sondern verneint, nicht wohl, sondern unglücklich fühlt, keine freie physische und geistige Energie entwickelt, sondern seine Physis abkasteit und seinen Geist ruiniert. Der Arbeiter fühlt sich daher erst außer der Arbeit bei sich und in der Arbeit außer sich. Zu Hause ist er, wenn er nicht arbeitet, und wenn er arbeitet, ist er nicht zu Haus. Seine Arbeit ist daher nicht freiwillig, sondern gezwungen, *Zwangsarbeit*. Sie ist daher nicht die Befriedigung eines Bedürfnisses, sondern sie ist nur ein *Mittel*, um Bedürfnisse außer ihr zu befriedigen. Ihre Fremdheit tritt darin rein hervor, dass, sobald kein physischer und sonstiger Zwang existiert, die Arbeit als eine Pest geflohen wird.

Karl Marx

3 Moderne Arbeitswelt?

Aus: Charlie Chaplin (1889–1977): Modern Times (1936)

4 Arbeit und Kommunismus

Sowie nämlich die Arbeit verteilt zu werden anfängt, hat jeder einen bestimmten, ausschließlichen Kreis der Tätigkeit, der ihm aufgedrängt wird, aus dem er nicht heraus kann; er ist Jäger, Fischer oder Hirt oder kritischer Kritiker, und muss es bleiben, wenn er nicht die Mittel zum Leben verlieren will – während in der kommunistischen Gesellschaft, wo jeder nicht einen ausschließlichen Kreis der Tätigkeit hat, sondern sich in jedem beliebigen Zweige ausbilden kann, die Gesellschaft die allgemeine Produktion regelt und mir eben dadurch möglich macht, heute dies, morgen jenes zu tun, morgens zu jagen, nachmittags zu fischen, abends Viehzucht zu treiben, auch das Essen zu kritisieren, ohne je Jäger oder Hirt oder Kritiker zu werden, wie ich gerade Lust habe.

Karl Marx

5 Reine Erwerbsarbeit?

[...] Arbeit ist in unserer Gesellschaft weitgehend als Erwerbsarbeit organisiert und hat als solche eine Schlüsselfunktion für die Beteiligung am gesellschaftlichen Leben. Für die überwiegende Zahl der Menschen in unserer Gesellschaft ist Erwerbsarbeit gegenwärtig das einzige Mittel der persönlichen Existenzsicherung. Erwerbsarbeit bindet ein in menschliche Beziehungen. Sie bedeutet Beteiligung am produktiven gesellschaftlichen Leben und vermittelt dadurch gesellschaftliche Anerkennung. Aus diesem Grund hat Arbeitslosigkeit eine so zerstörerische Konsequenz für den Betroffenen. Lang andauernde Arbeitslosigkeit führt in die Armut. Sie wirkt belastend und zerstörend auf Familien und Freundschaften. Sie produziert Ohnmachtserfahrungen, Isolation und Hoffnungslosigkeit. Damit spaltet Arbeitslosigkeit die Gesellschaft.

EKD

6 Sinn-Ökonomie

Die Sinn-Ökonomie impliziert ein verändertes Verständnis von Fortschritt, bei dem das beste und nicht das neueste Produkt das Wertvollste ist. Dabei definiert sich das beste Produkt nicht mehr allein über qualitativ hochwertige Materialien oder die angenehmste User Experience, sondern ergibt sich aus einer Kombination aus ökologischen, ökonomischen und ethischen Werten. Diese müssen nicht mehr unmittelbar mit dem Produkt zu tun haben.

Welche aktuellen Probleme und welche Zukunftsaufgaben können unsere Produkte oder Dienstleistungen lösen? Das ist die Sinnfrage, die sich jedes zukunftsfähige Unternehmen stellt. [...] Denn nur wer diese Frage beantworten kann, der schafft ein attraktives Arbeitsumfeld für die wachsende sinnsuchende Arbeitnehmerschaft. Arbeitnehmer, die ihre Arbeit als sinnstiftend wahrnehmen, sind zudem seltener krank. Arbeitgeber wirken damit also auch auf die Gesundheit ihrer Angestellten und indirekt auf ihre Produktivität.

Zukunftsinstitut

1 a) Setzen Sie sich mit Leben und Werk von Marx auseinander. > 1,
b) Interpretieren Sie das Zitat. > 1

2 a) Fassen Sie Marx' Vorstellung von Arbeit in fünf Thesen zusammen. > 2
b) Beurteilen Sie zu zweit, auf welchem Menschenbild ein solches Arbeitsverständnis beruht. > 2
c) Erläutern Sie, wie sich Ihre eigene Arbeitsvorstellung von der von Marx unterscheidet. > 2

3 a) Interpretieren Sie das Bild (M 2). Setzen Sie es anschließend in Beziehung zu Marx' Position. > 1 – 3
b) Recherchieren Sie (M 8) den Film und ordnen Sie das Bild in den zeitlichen Kontext ein. > 3

4 a) Stellen Sie den Zusammenhang von Kommunismus und Arbeit dar. > 4
b) Vergleichen Sie die beiden Texte von Marx mithilfe einer Grafik (M 10/11). > 2, 4

5 a) Erörtern Sie die gesellschaftliche Bedeutung der Erwerbsarbeit. > 5
plus b) Recherchieren (M 8) und skizzieren Sie Alternativen der Existenzsicherung neben der Erwerbsarbeit und beurteilen Sie diese.

6 Nehmen Sie Stellung zu den Veränderungen, die unter dem Stichwort „Sinn-Ökonomie" zusammengefasst sind. Beziehen Sie eine theologische Sichtweise mit ein. > 6

Arbeit und Gerechtigkeit

1 Männer- und Frauenberufe?

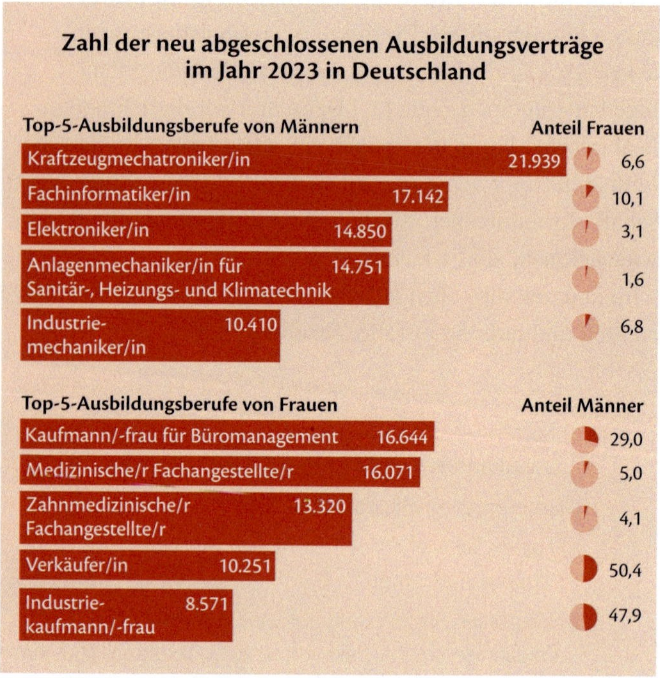

Quelle: Bundesinstitut für Berufsbildung – © IW Medien / iwd

2 Gleiche Rechte reichen nicht

„Eine Frau hat Anspruch auf gleiches Entgelt für gleiche oder gleichwertige Arbeit, wenn der Arbeitgeber männlichen Kollegen aufgrund des Geschlechts ein höheres Entgelt zahlt." Der Satz von großer Klarheit stammt vom Bundesarbeitsgericht, das einer Arbeitnehmerin eine Gehaltsnachzahlung von 14 500 Euro zugesprochen hat, plus 2000 Euro Entschädigung. Weil sie gleiche Arbeit geleistet hat wie der männliche Kollege, nur eben für weniger Lohn.

Der Richterinnenspruch aus Erfurt ist in seiner praktischen Bedeutung gar nicht hoch genug einzuschätzen. Das Gericht hat den Arbeitgebern das Argument aus der Hand genommen, das Lohnplus der Männer sei ihrer Durchsetzungsfähigkeit bei den Gehaltsverhandlungen geschuldet. Dass diese Lesart nicht mehr zieht, dürfte die Räume für Diskriminierung enger machen.

Wer nun verwundert fragt, wo denn hier die Vertragsfreiheit bleibe, die es jedem und jeder gleichermaßen – ob Frau oder Mann – möglich mache, einen günstigen Lohn auszuhandeln, dem sei ein Blick ins Gesetz empfohlen. In den europäischen Verträgen, im Grundgesetz und in diversen Antidiskriminierungsvorschriften steht, dass beim Arbeitslohn auf faktische Gleichbehandlung hinzuwirken ist. Einfach deshalb, weil sich die Ungleichheit tief in eine Gesellschaft eingefräst hat, in der das Paradigma des männlichen Familienernährers das Lohngefüge bestimmte. Formal gleiche Rechte genügen nicht, wenn die Macht der Verhältnisse diskriminierend wirkt.

Wolfgang Janisch

3 Globalisierung und Gerechtigkeit

Anstatt mit einer in zunehmendem Maße beherrschbaren Welt haben wir es eher mit einer jeglicher Kontrolle entzogenen, eben entfesselten Welt zu tun.

Zudem haben einige der Kräfte, die – wie der wissenschaftliche und technische Fortschritt – das Leben eigentlich sicherer und kalkulierbarer machen sollten, nicht selten gerade das Gegenteil bewirkt. So sind etwa die globalen Klimaveränderungen und die mit ihnen einhergehenden Gefahren höchstwahrscheinlich Folgen unserer Eingriffe in die Umwelt. [...] Es ist ein Irrtum anzunehmen, die Globalisierung betreffe nur große Systeme wie die globalen Finanzmärkte. Sie beeinflusst nicht nur das, was „da draußen", weit weg vom Einzelnen, vor sich geht. Sie findet auch „hier drinnen" statt und berührt intime und private Bereiche unseres Lebens. So mag man zum Beispiel glauben, dass die familienpolitischen Kontroversen, die in vielen Ländern ausgetragen werden, nichts mit der Globalisierung zu tun hätten. Das stimmt aber nicht. In vielen Teilen der Welt geraten herkömmliche Familienformen vor allem deshalb unter Druck und verändern sich, weil Frauen ihre Gleichberechtigung fordern.

Anthony Giddens

4 Finanzwelt und Ausbeutung

Die neuen, äußerst komplexen und oft kaum durchschaubaren Strukturen und Verfahren in den Finanzmarktgeschäften (Derivate, Hedge-Fonds) haben zu einem tiefgreifenden Wandel des globalen Wirtschaftssystems geführt. Dabei hat sich das Verhältnis von der Realwirtschaft zum Finanzsektor umgekehrt. War es früher die Funktion der Finanzdienstleister, Handel und Produktion zu dienen, dominiert heute die Logik der Finanzmärkte. Die ausschließliche Orientierung an der maximalen Rendite (Shareholder Value) ist zum Maß aller Dinge geworden.

Diese Logik führt zu massiven Problemen und negativen Folgen. So werden auch gut funktionierende Unternehmen [...] geschlossen, die Arbeiter und Angestellten entlassen, um das Unternehmen an einem „günstigeren" Standort anzusiedeln [...]. Standorte sind besonders dort günstig, wo es keine oder geringe Sozial- und Umweltstandards gibt und die Unternehmer und Investoren durch geringe Steuern oder auch Subventionen begünstigt werden. Die reine Orientierung an maximalem Profit vernachlässigt soziale und ökologische Aspekte. Das führt vor allem in den Entwicklungsländern, insbesondere wenn es um die Ausbeutung von Rohstoffen geht, in vielen Bereichen zur Zerstörung der Lebensgrundlagen und zur weiteren Verarmung der Einwohner. Bei vielen Firmen, Investoren und deren Anlegern steht [...] der Profit als alleiniger Maßstab im Vordergrund. Ein einfaches Beispiel: Der südamerikanische Staat Ecuador ist reich an Bodenschätzen, unter anderem an Erdöl. Allein aus dieser Sicht müsste Ecuador etwa so reich sein wie in Europa die Schweiz. Das Gegenteil ist der Fall, Ecuador ist einer der ärmsten Staaten Südamerikas. Den Gewinn an den Bodenschätzen haben ausländische Konzerne und deren Anleger. Die Bevölkerung Ecuadors hat nur sehr wenig von der Ausbeutung ihrer Bodenschätze, muss aber mit massiver Umweltverschmutzung, Kriminalität und Armut leben. [...]

Kritiker dieser globalen Entwicklung fordern daher vor dem Hintergrund unfairer Praktiken im freien Welthandel die Einführung sozialer und ökologischer Maßstäbe für Investitionen und Regeln für die Finanzmärkte.

Simmone Baur

5 Ökonomische Globalisierung

Wir leben in einer Welt der ökonomischen Globalisierung. Diese zeichnet sich durch ein immer feineres Netz von Handelsbeziehungen und Finanzströmen aus und geht mit einer damit immer stärkeren Verdichtung ökonomischer Abhängigkeiten einher, wie dies vor wenigen Jahrzehnten noch unvorstellbar gewesen wäre. Kennzeichen dieser ökonomischen Globalisierung sind zunehmende Beschleunigung und Entgrenzung, und es scheint keine transnationale Institution zu geben, die nachhaltig und effektiv beeinflussen könnte, wie sich sieben Milliarden Konsumenten oder Produzenten verhalten oder was sie für gerecht halten.

Nils Ole Oermann

— **1** a) Untersuchen Sie die Berufswahl der Geschlechter und nennen Sie mögliche Gründe dafür. Nehmen Sie Stellung. > 1

b) Erörtern Sie (M 5), inwiefern es „Männer- und Frauenberufe" gibt oder nicht gibt. > 1

plus c) Recherchieren Sie (M 8) zur Geschlechterverteilung in verschiedenen Studiengängen.

— **2** a) Recherchieren Sie (M 8) zum „Gender Pay Gap" und setzen Sie ihre Einsichten in Beziehung zum Text. > 2

b) Skizzieren Sie anhand von Beispielen aus Ihrem Erfahrungsbereich, inwiefern Gleichberechtigung noch nicht bzw. schon erreicht ist. > 2

c) Vergleichen Sie in Kleingruppen die geschlechtsspezifischen Rollen im Arbeitsleben der Generation Ihrer Eltern und Großeltern mit Ihren eigenen Vorstellungen. > 2

— **3** Arbeiten Sie Giddens' These heraus und nehmen Sie Stellung dazu. > 3

— **4** Prüfen Sie die Aussagen Baurs. Greifen Sie dabei auf konkrete Beispiele aus den Medien oder Ihrer Erfahrung zurück, die Sie zuvor kritisch überprüft haben. > 4

— **5** a) Beurteilen Sie, inwieweit die ökonomische Globalisierung zu Ungerechtigkeit beiträgt. > 4, 5

plus b) Entwickeln Sie aus einer christlichen Perspektive heraus Ideen für eine gerechtere Wirtschafts- und Arbeitswelt. Beziehen Sie sich dabei auf einige der dargestellten Beispiele. > 1 – 5

New Work und die Zukunft der Arbeit

1 Arbeit heute

Das Verständnis von Arbeit befindet sich unter dem Einfluss von Digitalisierung und Postwachstumsbewegungen grundlegend im Wandel: Die klassische Karriere hat ausgedient, die Sinnfrage rückt in den Vordergrund. Die Grenzen zwischen Leben und Arbeiten verschwimmen im Alltag auf produktive Weise. Als Arbeit gilt künftig die Summe aller Beschäftigungen zu unterschiedlichen Lebensphasen. [...]

Wir befinden uns in einer Zeit des Übergangs: Die kapitalistisch geprägten Vorstellungen von Karriere und Erfolg treten sukzessive in den Hintergrund. An ihrer Stelle nehmen Werte Platz, die nicht mehr unbedingt an harte Faktoren wie Einkommenshöhe und Status gekoppelt sind, sondern die mit weichen Faktoren wie Sinnhaftigkeit, Gestaltungsmöglichkeiten und Vereinbarkeit von Beruf und Privatleben verbunden sind. [...]

Welche aktuellen Probleme und welche Zukunftsaufgaben können unsere Produkte oder Dienstleistungen lösen? Das ist die Sinnfrage, die sich jedes zukunftsfähige Unternehmen stellt. Diese zahlt auch auf die Corporate Culture eines Unternehmens ein, die für das Unternehmensimage immer wichtiger wird: Denn nur wer diese Frage beantworten kann, der schafft ein attraktives Arbeitsumfeld für die wachsende sinnsuchende Arbeitnehmerschaft. Arbeitnehmer, die ihre Arbeit als sinnstiftend wahrnehmen, sind zudem seltener krank. Arbeitgeber wirken damit also auch auf die Gesundheit ihrer Angestellten und indirekt auf ihre Produktivität. [...] Corporate Social Responsibility (CSR) ist kein Luxus mehr, den sich Unternehmen als Nice-to-have leisten, sondern beinhaltet signifikante Wirtschaftsvorteile [...].

Arbeitnehmende sehnen sich heutzutage nach Modellen, die Beruf und Freizeit harmonisch ineinandergreifen lassen. Statt einer perfekten Aufteilung der Zeit zwischen Job und Freizeit heißt das neue Lebensmotto „Work-Life-Blending“: Ein fließender Übergang zwischen Arbeits- und Privatleben ermöglicht den Arbeitnehmern, flexibel auf private Umstände zu reagieren, selbstbestimmt zu arbeiten und damit produktiver zu sein.

Nicht nur das Thema Arbeitszeit, auch der Ort der Arbeit ist im radikalen Wandel begriffen. Die Corona-Pandemie hat gezeigt: Remote Work ist ein wichtiger Bestandteil von New Work – und funktioniert. Während sich viele Arbeitnehmende während der Krisenzeit im Homeoffice befanden, bangten die Chefs um die Produktivität ihrer Arbeitskräfte. Ob Vanoffice, Café oder Hüttenbüro: Remote Work erlaubt es, konzentriert dort zu arbeiten, wo man einen Teil seiner Freizeit verbringen möchte. Gerade in der Gig Economy, dem wachsenden Arbeitsmarkt aus Selbstständigen, Freiberuflern und Menschen, die in Gelegenheitsjobs oder nur projektbezogen arbeiten, wird Arbeiten auch immer häufiger mit Reisen verbunden.

Zukunftsinstitut

2 Arbeitsleben?

3 Homeoffice und Vier-Tage-Woche

Homeoffice? Vier-Tage-Woche? Work-Life-Balance? Nicht mit Wolfgang Grupp. Der scheidende Trigema-Boss erklärt in einem Interview, warum er von dieser ganzen modernen Arbeitswelt nichts hält. […] Im Gespräch mit dem „Tagesspiegel“ erklärte der 81-jährige Unternehmer, dessen Textilfirma Trigema rund 1200 Mitarbeiter beschäftigt: „Homeoffice gibt's bei mir nicht. Wenn einer zu Hause arbeiten kann, ist er unwichtig.“ Ein Dorn im Auge seien ihm vor allem die heutigen Ansprüche von Akademikern. „Je mehr die Leute studiert haben, desto mehr Homeoffice wollen sie – aber bei mir könnten sie sich dann auch gleich arbeitslos melden, weil sowieso keiner merkt, ob sie arbeiten oder nicht“, sagt Grupp. „Wenn ich zu allem Ja sage, egal ob zur Vier-Tage-Woche oder zur Work-Life-Balance, darf ich mich nicht wundern, wenn immer mehr gefordert wird“, so Grupp, der auch schon mit öffentlichen Aussagen zu einem sehr traditionellen Rollenverständnis von Männern und Frauen aufgefallen ist.

Daniel Bakir

4 Christliche Wirtschaftsethik?

Es gibt nicht *die* christliche Wirtschaftsethik und schon gar keine theologische Sonderwirtschaftsethik oder ökonomische Wirtschaftssonderethik. Der Beitrag der Theologie zu einer Wirtschaftsethik des 21. Jahrhunderts ist nicht primär ein ökonomischer, sondern vor allem ein anthropologisch-hermeneutischer. […] Mit dem Menschen […] wirtschaftsethisch zu argumentieren und vor allem ökonomisch zu rechnen […] ist es, was eine theologische Wirtschaftsethik im 21. Jahrhundert durchaus zu leisten imstande ist. Das, was sich wandelt, sind Wirtschaftsordnungen und der durch sie begründete ökonomische *status quo*. Was gleich bleibt, ist der mit ethischen und ökonomischen Fragestellungen konfrontierte Mensch, den als *homo integralis* Kultur, Religion, Herkunft oder Politik ebenso prägen wie Wirtschaft. Zum Wesen des Menschen weiß aber gerade die Theologie womöglich mehr und anthropologisch Fundierteres zu sagen […].

Nils Ole Oermann

5 Arbeit und Sinnsuche

Im Besonderen kann die Arbeit jenes Feld bestellen, auf dem die Einzigartigkeit eines Individuums in Beziehung zur Gemeinschaft steht und so Sinn und Wert bekommt. Dieser Sinn und Wert haftet jedoch jeweils der Leistung (als einer Leistung für die Gemeinschaft) an, nicht aber dem konkreten Beruf als solchem. Es ist also nicht so, dass etwa nur ein bestimmter Beruf einem Menschen die Möglichkeit der Erfüllung bietet. Kein Beruf macht in diesem Sinne allein selig […].
Eine Patientin äußerte einmal, sie halte ihr Leben für sinnlos und wolle daher gar nicht gesund werden; alles wäre aber anders und schön, wenn sie einen Beruf hätte, der sie erfüllt; […] Da galt es, dieser Kranken klarzumachen, dass es keineswegs auf den Beruf ankommt, in dem man schafft, vielmehr auf die Art, in der man schafft; dass es nicht am konkreten Beruf als solchem, sondern jeweils an uns liegt, ob jenes Persönliche und Spezifische, das die Einzigartigkeit unserer Existenz ausmacht, in der Arbeit zur Geltung kommt und so das Leben sinnvoll macht oder nicht.

Viktor E. Frankl

— **1** Erläutern Sie die genannten Veränderungen mit Beispielen in einer Mindmap (M 9). > 1

— **2** Beschreiben Sie das Bild und nehmen Sie einen Standpunkt zu der Frage ein (M 18), ob es Ihren Vorstellungen von Arbeit entspricht. > 2

— **3** Recherchieren Sie (M 8) aktuelle Informationen zur „Vier-Tage-Woche“ und nehmen Sie Stellung zu Grupps Aussagen. > 3

— **4** a) Erschließen Sie den Text (M 1) und fassen Sie die wesentlichen Thesen in eigenen Worten zusammen. > 4

b) Beurteilen Sie in Gruppen, welchen Beitrag ein religiöses bzw. christliches Menschenbild für zeitgemäße Formen von Arbeit leisten könnte. > 4

— **5** Setzen Sie Frankls Aussagen in Beziehung zu Ihren bisherigen Erkenntnissen über Arbeit. > 5

— **6** a) Entwickeln Sie in einem Brainstorming (M 7) Ideen für eine Arbeitswelt der Zukunft.

b) Diskutieren Sie (M 4), welchen Stellenwert die Arbeit im Leben von Menschen haben sollte. > 1 – 5

Im Überblick

Cloud Science

Sie haben sich in den vergangenen Stunden mit dieser Lerneinheit einiges erarbeitet, um den Menschen als „Homo faber“ zu verstehen. Nun geht es darum zu zeigen, wie Sie Ihr erweitertes Wissen und Ihre ausgebildeten Fähigkeiten anwenden können.

1 Interpretieren Sie die Karikatur (M 3) vor dem Hintergrund Ihrer erworbenen Erkenntnisse.

2 Nehmen Sie Stellung, inwiefern die Möglichkeiten des Menschen zugleich ein Risiko für das Menschsein darstellen.

3 Erörtern Sie, inwiefern Leistung, Erfolg oder Misslingen zu einem gelingenden Leben beitragen.

4 Setzen Sie sich kritisch damit auseinander, inwiefern der Mensch in den Materialien dieses Kapitels (insbesondere S. 76–83) vor allem aus einer männlichen Perspektive wahrgenommen und definiert wird.

5 Erläutern Sie die Mindmap und die Zusammenhänge zwischen den Themenbereichen. Ergänzen Sie Perspektiven, die Ihnen fehlen.

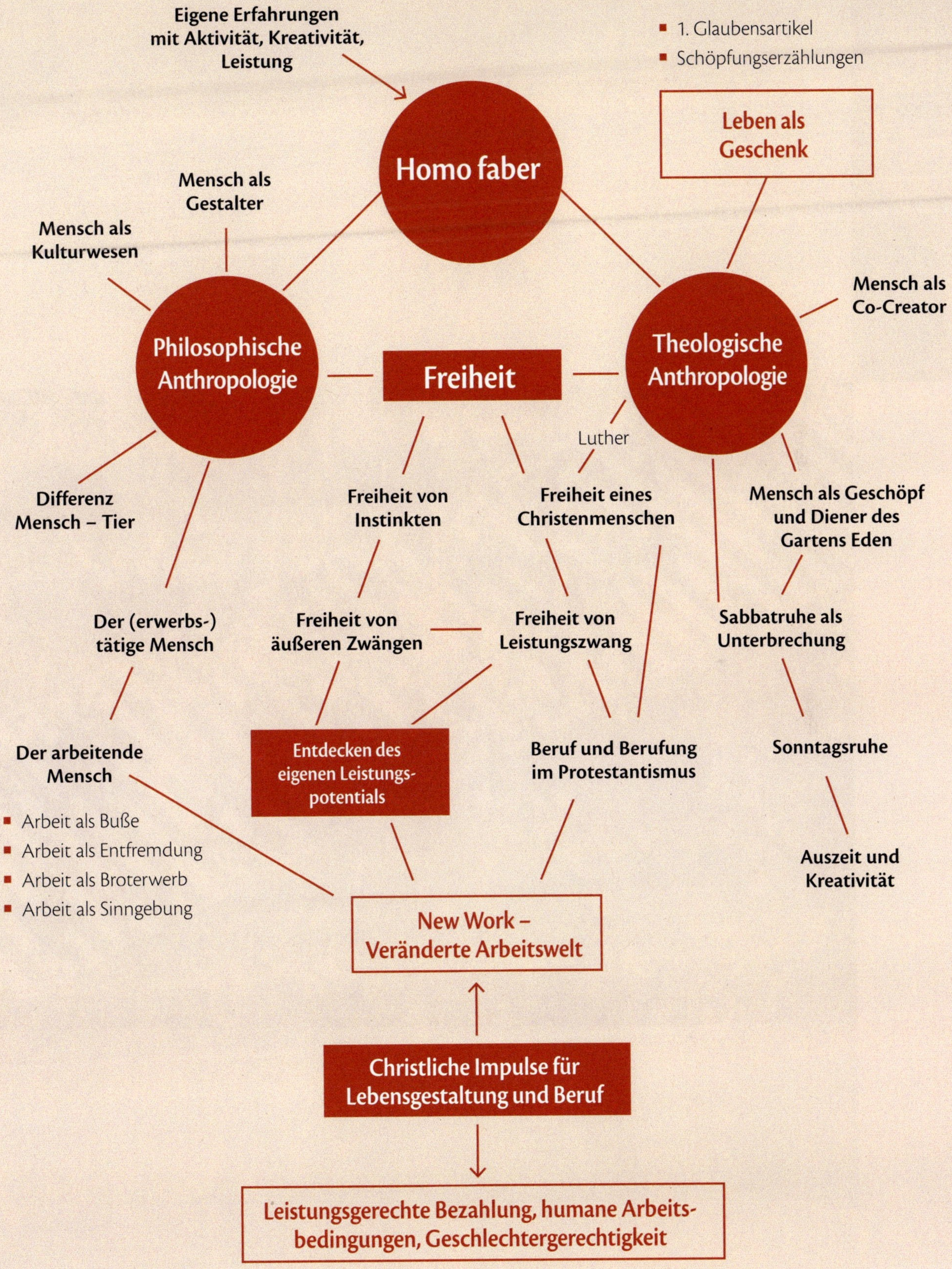
Eigene Erfahrungen mit Aktivität, Kreativität, Leistung
Homo faber
1. Glaubensartikel
Schöpfungserzählungen
Leben als Geschenk
Mensch als Gestalter
Mensch als Kulturwesen
Philosophische Anthropologie
Freiheit
Theologische Anthropologie
Mensch als Co-Creator
Luther
Differenz Mensch – Tier
Freiheit von Instinkten
Freiheit eines Christenmenschen
Mensch als Geschöpf und Diener des Gartens Eden
Der (erwerbs-) tätige Mensch
Freiheit von äußeren Zwängen
Freiheit von Leistungszwang
Sabbatruhe als Unterbrechung
Der arbeitende Mensch
Entdecken des eigenen Leistungspotentials
Beruf und Berufung im Protestantismus
Sonntagsruhe
Arbeit als Buße
Arbeit als Entfremdung
Arbeit als Broterwerb
Arbeit als Sinngebung
Auszeit und Kreativität
New Work – Veränderte Arbeitswelt
Christliche Impulse für Lebensgestaltung und Beruf
Leistungsgerechte Bezahlung, humane Arbeitsbedingungen, Geschlechtergerechtigkeit

Mittendrin?! – Christsein in der Gesellschaft

1 a) Interpretieren Sie das Bild (→ M 2).
b) Erläutern Sie, inwiefern das Bild zur Kapitelüberschrift passt.

2 Benennen Sie Situationen, in denen Sie gern gegen den bzw. mit dem Strom schwimmen.

3 a) Beschreiben Sie gesellschaftliche Herausforderungen, die unmittelbare Auswirkungen auf Ihren Alltag haben.
b) Beurteilen Sie, welchen Einfluss Sie auf diese Herausforderungen nehmen können.
c) Untersuchen Sie, inwiefern sich die Herausforderungen in Beziehung zum christlichen Glauben setzen lassen.

4 Entwerfen Sie einen inneren Monolog für eine der Personen im Bild.

Wo gehöre ich eigentlich hin?

Sinus-Milieus®
79502-19

1 Die Sinus-Milieus®

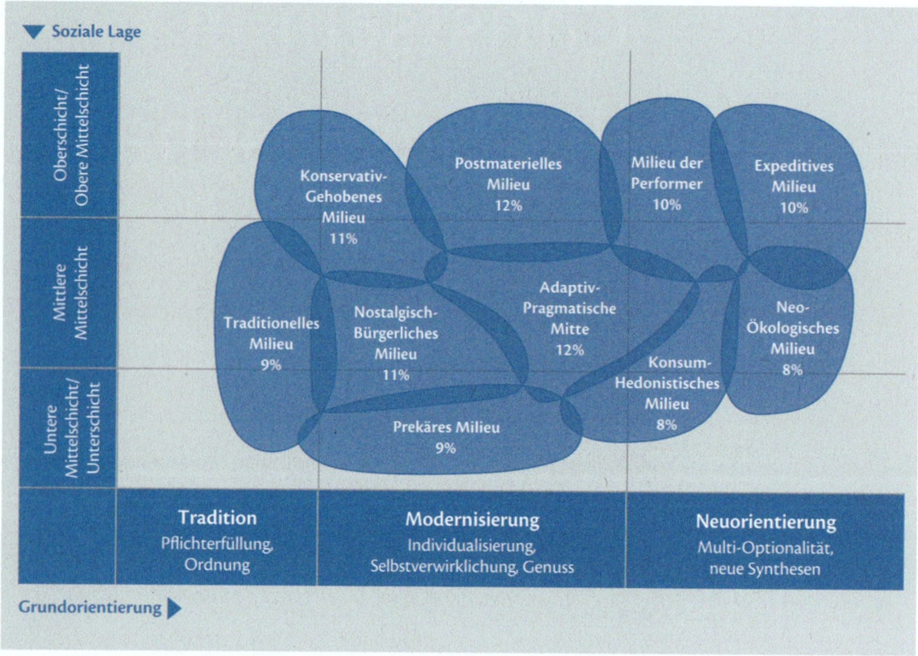

Nach: SINUS Markt- und Sozialforschung GmbH, 2022

2 Wo stehe ich?

Nahla (55) kam vor 30 Jahren als Geflüchtete nach Deutschland. Sie ist verheiratet, hat drei erwachsene Kinder und arbeitet als Schneiderin in einem kleinen Familienbetrieb. Sie engagiert sich in einer Organisation, die neu angekommene Geflüchtete unterstützt.

Amir (32) ist in Deutschland geboren und aufgewachsen, seine Eltern stammen aus der Türkei. Er arbeitet als Softwareentwickler in einem Start-up. In seiner Freizeit spielt er in einer Amateurmannschaft Fußball. Mit seiner Frau erwartet er das erste Kind.

Jonas (22) studiert in einer Großstadt Maschinenbau. Neben dem Studium arbeitet er als Werkstudent in einem Ingenieurbüro. Er ist Mitglied in einer Initiative, die sich für Umweltschutz einsetzt, und wohnt in einer WG.

Helene (71) ist Rentnerin und lebt auf dem Land in ihrem Geburtsort. Früher war sie Lehrerin an einer Grundschule. Sie ist verwitwet und hat zwei erwachsene Kinder, die beide in Großstädten leben. Sie verbringt viel Zeit in ihrem Garten und beteiligt sich aktiv am Gemeindeleben.

Johann (19) macht eine Ausbildung zum Landwirt und interessiert sich für moderne Anbaumethoden. In seiner Freizeit spielt er in einer Band und engagiert sich bei der Freiwilligen Feuerwehr. Er denkt darüber nach, den Familienbetrieb weiterzuführen.

ZUR SACHE

3 Die Rollentheorie

Aus der Sicht der Rollentheorie ist Sozialisation genau der Vorgang, in dem der Akteur (bewusst oder unbewusst) eine Rolle übernimmt und bereit ist, die Erwartungen der wichtigen Bezugsgruppen und -personen zu beachten und unter Berücksichtigung der geltenden Normen sowie der möglicherweise drohenden Sanktionen adäquates Verhalten zu zeigen. **Rollenkonflikte** entstehen dann, wenn die Erwartungen der Bezugsgruppen bzw. -personen sich widersprechen und der Rolleninhaber gehalten ist, nach einem (Druck-)Ausgleich zu suchen. Eine **Krise** entsteht für den Rolleninhaber dann und in dem Maße, als ein Ausgleich der widersprüchlichen Erwartungen nicht möglich erscheint. Das Rollenkonzept macht deutlich, wie der Einzelne, indem er eine Rolle übernimmt, sich in der sozialen Umwelt orientiert und zu sozial angepasstem Verhalten gelangt. Die Übernahme sozial vorgeformter Rollen gibt ihm und der sozialen Umwelt Berechenbarkeit und soziale Sicherheit.

Wolfgang Sander

4 Die Rolle der Frau in der Bibel

Das Alte Testament ist nicht unbedingt ein Manifest für Geschlechtergleichheit: Zuerst wird Eva aus Adams Rippe erschaffen, um ihm eine „Hilfe" zu sein, die „ihm entspricht". […] Dann verführt sie auch noch Adam, von den verbotenen Früchten zu naschen, woraufhin beide von Gott aus dem Paradies geworfen werden. Schon mal kein guter Anfang.

In einigen Texten des Neuen Testaments haben Frauen auch nicht viel zu melden […] Propagiert die Bibel die Überlegenheit des Mannes?

Das ist […] gar nicht so einfach zu beantworten, denn die Bibel bietet sowohl Argumente für das Patriarchat als auch für die Emanzipation der Frauen. […] Als das „Wort Gottes" wurde sie eben immer wieder gern von den Mächtigen genutzt, um Privilegien zu sichern – und die Mächtigen waren in der Kirchengeschichte meist Männer. So sieht das zumindest Claudia Janssen, Studienleiterin am Studienzentrum für Genderfragen der evangelischen Kirche. „Im Neuen Testament werden fast alle Aufbruchsbewegungen anfangs von Frauen und Männern gemeinsam getragen. Im Gegensatz zu denen, die in Politik und Gesellschaft etwas zu sagen hatten. Die waren heteronormativ-männlich, frei und Römer oder gehörten der Oberschicht an", so Janssen. „Wann immer sich feste Strukturen etablierten, etwa als im vierten Jahrhundert unter Kaiser Konstantin das Christentum Staatsreligion wurde, wurden Frauen an die Seite gedrängt." Diese Zurückdrängung wurde mit Zitaten aus der Bibel legitimiert. […] Dass Bibel nicht gleich Bibel ist und sich Auslegungen je nach Entstehungs- und Lesezeitraum fundamental unterscheiden, ist wichtig für jeden, der sich mit Geschlechterfragen theologisch auseinandersetzt. In den letzten Jahren nahm etwa die gleichheitsbetonte Bibelauslegung Fahrt auf. Sie stützt sich zum Beispiel auf das erste Kapitel Genesis, in dem es heißt: „Gott schuf den Menschen nach seinem Bild männlich und weiblich." Im Neuen Testament gibt es eine ähnlich gewichtige Passage: „Es gibt nicht mehr Juden noch Griechen, nicht mehr Sklaven noch Freie, nicht mehr männlich noch weiblich; denn ihr seid alle einer in Christus Jesus." Die Forschung entdeckt starke Frauen in der Bibel: Debora, die Richterin aus dem Buch der Richter, Mirjam und Hulda, beide Prophetinnen, die Jüngerin Tabitha. Auch Adams Rippe ist nicht mehr nur eine Rippe: „Die Schöpfung aus der Seite sieht man heute als eine Gleichwertigkeit an", sagt Agnethe Siquans, katholische Theologin vom Institut für Bibelwissenschaft an der Uni Wien. […] Die Bibel spiele zwar an der ein oder anderen Stelle mit Geschlechtsidentitäten, gehe aber nicht nennenswert über Zweigeschlechtlichkeit und eine heterosexuell orientierte Gesellschaft hinaus, sagt auch Siquans. Zudem werden Frauen immer noch an vielen Stellen über ihren Körper definiert, darüber, ob sie Mütter oder aber Jungfrauen sind. Einerseits werden alte Rollenbilder immer wieder von religiösen Menschen oder in kirchlichen Strukturen hinterfragt […]. Wer heute aber im Netz nach Gender und Kirche sucht, stößt nicht nur auf Studienzentren und Gleichstellungsbeauftragte, sondern auch auf eine Menge Artikel und Bücher auf christlichen Seiten, die vor der „Gender-Ideologie" warnen. […] Heute wie damals ringen die Gläubigen und Kirchen darum, was Geschlecht für sie bedeutet. Absurd, anzunehmen, dass man ihre Diskussionen – oder die anderer Glaubensgemeinschaften – auf eine einzige Position runterbrechen könnte.

Sabrina Gaisbauer

1 a) Beschreiben Sie die Milieus. > 1,
   b) Ordnen Sie sich selbst und Menschen aus Ihrem Umfeld oder der Öffentlichkeit einem der Milieus zu. Begründen Sie Ihre Zuordnung. > 1,

2 Ordnen Sie die Personenbeschreibungen den Milieus zu und begründen Sie die Zuordnung. > 1, 2

3 a) Arbeiten Sie die Bedeutung von Rollen bzw. Rollenbildern heraus. > 3

plus b) Gestalten Sie eine Mindmap (M 9) mit drei Rollen (bspw. Lehrer, Politikerin, Vater, …) und Verbindungen zum jeweiligen Umfeld. Markieren Sie potenzielle Rollenkonflikte und -krisen.

4 a) Recherchieren Sie (M 8) in Kleingruppen die angedeuteten Bibelstellen und untersuchen Sie diese auf die enthaltenen Gesellschafts- und Geschlechterrollen. > 4
   b) Fassen Sie die Meinung der Autorin zur Rolle der Frau in eigenen Worten zusammen und nehmen Sie dazu Stellung. > 4

Individuum vs. Gesellschaft?!

1 Gemeinschaft der Individuen?

2 Was ist eine Gesellschaft?

Als Gemeinschaft werden in der Soziologie und darüber hinaus jene Formen des menschlichen Zusammenlebens bezeichnet, die auf einem primär emotional und/oder traditional bestimmten Zusammengehörigkeitsgefühl aller Beteiligten beruhen und durch eine zumindest relative Dauer gekennzeichnet sind. Als soziologischer Grundbegriff geht Gemeinschaft auf Ferdinand Tönnies und sein 1887 erstmalig erschienenes Werk „Gemeinschaft und Gesellschaft" zurück. Gemeinschaft bezeichnet F. Tönnies hier als eine Sozialform, in der die Menschen miteinander verbunden sind auf der Grundlage enger persönlicher und um ihrer selbst willen bejahter Beziehungen. Gemeinschaft beruhe auf der Betonung des Gemeinsamen, auf Verzicht bestimmter Formen der Selbstbehauptung und einzelhafter Ich-Interessen, auf Selbsthingabe, Liebe, Direktheit, Unvermitteltheit, auf der Ausschaltung aller distanzierenden menschlichen und technischen Zwischeninstanzen, kurz: auf Wärme, Nähe, Intimität und Rückhaltlosigkeit. […] Der „organischen" Gemeinschaft stellt er die „mechanische" Gesellschaft gegenüber, die er – gestützt auf die Gesellschaftsanalyse von Karl Marx – wesentlich durch die Defizite bestimmt, die sie im Vergleich mit der Gemeinschaft aufweise. Gesellschaftlich miteinander verbundene Menschen seien gar nicht wirklich miteinander verbunden. Gesellschaft sei vielmehr ein bloßes Nebeneinander wesentlich getrennter einzelner Individuen, kein echtes, sondern nur ein scheinbares, ein künstliches Zusammenleben, ein mechanischer Artefakt. Gesellschaft beruhe auf Entscheidung, Egoismus, auf Begierde und Furcht, auf „vernunftgemäßer Berechnung von Nutzen und Annehmlichkeiten", kurz: auf einer grundsätzlich „negativen Haltung".

Winfried Gebhardt

3 Die Einzelnen in der Demokratie

Das eigentlich Gefährliche in Zeiten autokratischer Verführungen besteht darin, dass die Demontage der Demokratie mit dem Verlust ihrer Substanz beginnt und wir es nicht merken. Gewiss, es gibt regelmäßige Wahlen. Wir haben den formal funktionierenden Rechtsstaat. Wir haben Gewaltenteilung und Pressefreiheit. Alles richtig. Dennoch: Demokratie lebt von Voraussetzungen, die sie selbst weder schaffen noch garantieren kann. Sie ist auf Mündigkeit, Einsicht und Teilnahmebereitschaft ihrer Bürger angewiesen. […] Jahrelang galt allein die Aufstiegsdefinition der liberalen Akademiker als maßgeblich und vorbildlich für ein gelingendes Leben: hohe Bildung, hohes Einkommen, hohes Sozialprestige.

Über die Jahrzehnte hinweg hat sich der Einzelne vom bürgerlichen Individuum zum einsamen Individualisten radikalisiert, der vor lauter persönlicher Vorteilsmaximierung das Gemeinwohl und die Loyalität gegenüber dem Gemeinwesen aus den Augen verloren hat. […] Beteiligung kann man nicht erzwingen, man kann sie nur vorbereiten. […] Die politische Reproduktion der Gesellschaft ist vor allem eine kulturelle und pädagogische Aufgabe: frühkindliche Förderung etwa, Bildungspartnerschaften, Chancengleichheit ohne Herkunftsdistinktion, duale Ausbildungsprogramme für Jugendliche. […] Das wichtigste Organ der Demokratie ist ja immer zugleich sein labilstes: das Individuum. Es ist die Schwachstelle eines Systems, das wie kein anderes Individualität zulässt, fördert und dafür Verantwortung und Loyalität fordert. Demokratie ist mehr als nur ein Verfahren zur Verteilung und Entlastung von Einkommen. Dieses mühsame, langsame, manchmal behäbige Geschäft funktioniert nur, wenn der idealistische Grundsatz par excellence gewahrt bleibt: dass jeder Bürger jeden anderen zu jeder Zeit regieren kann, darf und soll. Jeder Einzelne ist Demokratie.

Christian Schüle

4 Der Mensch als Nummer

Vor einigen Wochen musste ich einen Arzt aufsuchen. Ich betrat das Wartezimmer, in dem hustende und niesende Patienten miteinander wetteiferten, als erster Fall der heurigen Grippeepidemie anerkannt zu werden. Erst als ich Platz genommen hatte, schaute ich auf das Kärtchen, das mir die Sprechstundenhilfe im Tausch mit meiner Versicherungskarte in die Hand gedrückt hatte. Auf ihm stand nur eine Zahl, und zwar 19. Nach einer Weile […] hörte ich durch den Lautsprecher die vertraute Stimme des Arztes sagen: „Als nächste, Nummer acht bitte." Es war schon eine Zeit her, dass ich das letzte Mal hier gewesen war, aber ich erinnerte mich genau, dass wir Kranken, Maroden und Hypochonder damals als Frau Oberkofler oder Herr Breitwinkler aufgerufen wurden, also mit Namen – die ich hier allerdings verändert habe. […] Später fragte ich den Arzt, warum wir zu Nummern geworden seien. Mit Nachdruck sagte er: „Weil es überfällig ist, das Recht auf Anonymität auch in meinem Wartezimmer durchzusetzen!" Das fand ich einleuchtend, und als Erklärung reichte es mir vollauf. […]

Heute wird ja viel über die Anonymität des Lebens in den Städten geklagt, aber natürlich zählt gerade sie zu den stärksten Anziehungskräften, die von diesen ausgehen. Es ist eine zivilisatorische Errungenschaft, dass der Städter eben nicht mit jedem bekannt sein und von allen gekannt werden muss, um sich mit seinen Bedürfnissen und Interessen im urbanen Alltag zu behaupten. […] Ihr Wunsch, anonym zu bleiben, muss respektiert werden. Auch wenn es nichts Gutes über unsere Gesellschaft aussagt, dass sich Menschen schämen, wenn sie nichts anderes tun, als einzufordern, was ihnen zusteht. […] Wer davon überzeugt ist, dass die Anonymisierung des öffentlichen Raumes einen wichtigen Schritt zu dessen Zivilisierung bedeutet, für den ist das erste Recht des Menschen, nämlich einen Namen zu haben und mit diesem geachtet zu werden, allerdings ein Problem, dem man am besten numerisch beikommt. […] Immer mehr Menschen wünschen, namenlos bestattet zu werden, sei es, dass ihre Urne im Schatten eines Baumes begraben, sei es, dass ihre Asche auf einer Wiese, über einem Fluss verstreut werde. Als würden sie im Abschied von der wirklichen Welt zuwege bringen wollen, was ihnen in der digitalen nicht mehr gelingt – die Daten zu löschen und spurlos zu verschwinden.

Karl-Markus Gauß

1 Interpretieren Sie das Bild (M 2). Setzen Sie es in Beziehung zum Titel der Seite. > 1

2 a) Erklären Sie die Begriffe Gemeinschaft und Gesellschaft nach Tönnies. > 2

b) Nehmen Sie kritisch Stellung zur Gegenüberstellung von Gesellschaft und Gemeinschaft. > 2

3 a) Erläutern Sie die Bedeutung der Einzelnen für die Demokratie. > 3

b) Diskutieren Sie (M 4) ausgehend von den Aussagen Schüles, inwiefern Gesellschaft und Individuum sich gegenseitig bedingen. > 3

plus c) Informieren Sie sich über das sogenannte Böckenförde-Diktum (M 8). Beziehen Sie dies auf die Aussagen des Textes. > 3

4 a) Analysieren Sie Vor- und Nachteile von Anonymität für das Verhältnis von Individuum und Gesellschaft. > 4

b) Nehmen Sie begründet dazu Stellung, inwiefern die Anonymität des Einzelnen eine „zivilisatorische Errungenschaft" ist. > 4

c) Zeigen Sie auf, welche Konsequenzen zunehmende Anonymität für unsere Gesellschaft hat. > 4

5 Erörtern Sie (M 5), welche Bedeutung (christlicher) Glaube für das Verhältnis von Individuum und Gemeinschaft haben kann. Berücksichtigen Sie dabei auch die Rolle der Kirchen oder anderer Glaubensgemeinschaften.

Der Mensch als „zoon politikon“

Arendt
Moltmann

Steckbriefe
79502-05

1 Durch Vernunft zur Gemeinschaft

Alles, was Staat heißt, ist ersichtlich eine Art von Gemeinschaft und jede Gemeinschaft bildet sich und besteht zu dem Zweck, irgendein Gut zu erlangen. Denn um dessentwillen, was ihnen ein Gut zu sein scheint, tun überhaupt alle alles, was sie tun. Wenn nun aber sonach eine jede Gemeinschaft irgendein Gut zu erreichen strebt, so tut dies offenbar ganz vorzugsweise und trachtet nach dem vornehmsten aller Güter diejenige Gemeinschaft, welche die vornehmste von allen ist und alle anderen in sich schließt. Dies ist aber der sogenannte Staat und die staatliche Gemeinschaft.

Hiernach ist denn klar, dass der Staat zu den naturgemäßen Gebilden gehört und dass der Mensch von Natur ein nach der staatlichen Gemeinschaft strebendes Wesen (*zoon politikon*) ist; und derjenige, der von Natur und nicht durch zufällige Umstände außer aller staatlichen Gemeinschaft lebt, ist entweder mehr oder weniger als ein Mensch. […]

Der Mensch ist aber das einzige Lebewesen, das Sprache besitzt. […] Denn das ist eben dem Menschen eigentümlich im Gegensatz zu den Tieren, dass er allein fähig ist, sich vom Guten und Schlechten, von Recht und Unrecht Vorstellungen zu machen. Die Gemeinschaftlichkeit dieser Vorstellungen ruft aber eben das Haus und den Staat ins Leben.

Auch von Natur ursprünglicher aber ist der Staat als das Haus und jeder Einzelne von uns. […] Denn wie der Mensch in seiner Vollendung das edelste aller Lebewesen ist, so wiederum losgerissen von Gesetz und Recht das schlimmste von allen.

Aristoteles

2 Aristoteles und der Mensch

Die Grundaussagen über den Menschen bei Aristoteles haben in einer Weise Epoche gemacht, wie es mit wenigen seiner Aussagen der Fall ist. […] Die eine Grundaussage nennt den Menschen ein politisches Lebewesen (*zoon politikon*), genauer – da „politisch“ Adjektiv zu Polis ist – ein Wesen, das sein Leben in der Polis führt. […] Aristoteles sagt nicht, die Menschen lebten gelegentlich oder auch meistens in Polis-Verbänden, würden ihrer aber manchmal überdrüssig und zögen sich dann ins Private zurück […]. Das Politische gilt vielmehr als wesentlich; terminologisch gesprochen: Es kommt dem Menschen von Natur aus zu. […]

Noch in einem stärkeren Maß als die Bestimmung des Menschen als eines politischen Wesens ist seine Bestimmung als eines vernunft- und sprachbegabten Lebewesens (*zoon logon echon*) zur Grundformel abendländischer Anthropologie geworden. Die Formel gilt als Ausdruck für die schlechthin einzigartige Stellung des Menschen im Kosmos. […] Die durch den Logos gestiftete Polis-Natur bedeutet, dass der Mensch Bedürfnisse und Interessen hat, die sich ohne Zusammenleben mit seinesgleichen nicht befriedigen lassen, und dass er deshalb seine Verwirklichung nicht in einem Leben findet, das auf Selbstbehauptung und Expansion aus ist. Seine Verwirklichung findet er vielmehr in der Verständigung mit seinesgleichen, einer Verständigung, der es um das Gute und Gerechte geht.

Otfried Höffe

3 Leben in einer Gesellschaft

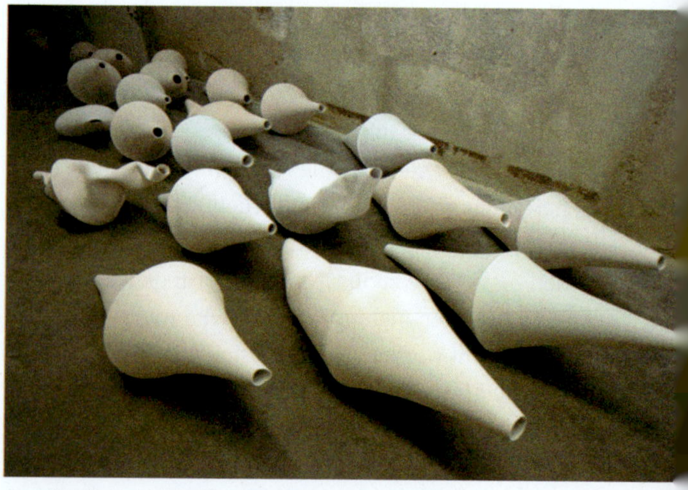

Claudia Klinkert (*1979): „ZOON POLITIKON“ (2007)

4 Der sprechende, handelnde Mensch

[Hannah] Arendts Bestimmung eines neuzeitlichen Politikbegriffs orientiert sich unter anderem an den theoretischen Konzepten Aristoteles'. […] In der 1958 erschienenen Vita Activa zeigt Arendt bekanntlich die historischen und anthropologischen Voraussetzungen der Neuzeit auf, die das totalitäre System des Nationalsozialismus möglich gemacht haben. […] Daraus entwickelt Arendt ihre Theorie des Handelns: Sprechen und Handeln garantieren den Zugriff des Menschen auf die Welt. Diese zwei menschlichen Tätigkeiten gelten als die eigentlich politischen. Sie begründen jenen Bereich menschlicher Angelegenheiten, aus dem alles, was ausschließlich der Sicherung der Lebensnotwendigkeiten dient, ausgeschlossen ist, den öffentlichen Raum. Arendt definiert diesen ebenso wie Aristoteles zunächst negativ, als Ausschluss: Der private Bereich des Oikos, in den die Tätigkeiten Arbeiten und Herstellen gehören, wird vom öffentlichen Raum der Polis getrennt. Der private Bereich war für die Bereitstellung der Ressourcen für ein Leben in der Öffentlichkeit zuständig. „Handelnd und sprechend offenbaren die Menschen jeweils, wer sie sind, zeigen aktiv die personale Einzigartigkeit ihres Wesens, treten gleichsam auf die Bühne der Welt, auf der sie vorher so nicht sichtbar waren.“ Erst im Sprechen und Handeln unterscheiden sich Menschen aktiv voneinander, anstatt lediglich verschieden zu sein. Sprechen und Handeln mit und unter anderen Menschen garantieren den Zugriff auf die Welt. Was immer in diesem Erscheinungsraum vor sich geht, ist politisch per definitionem. Damit wird die Polis des Aristoteles bei Arendt transzendiert. […] Arendt […] setzt die Tätigkeiten in Bezug zur Welt. Die durch Handeln und Sprechen entstandene Welt menschlicher Bezüge, die nie an ein Ende kommen kann, ist nicht durch Kraft oder Stärke Einzelner entstanden, sondern durch die Vielen im Zusammen. Da jedoch nur das Handeln in Bezug auf andere stattfindet, ist nur dieses eine politische Tätigkeit. Denn Politik fängt da an, wo die Sorge um das Leben aufhört. […] Das Partizipieren an dieser gemeinsamen Welt […] muss gesichert werden. Denn nur im Zusammen mit anderen erfährt der Mensch, was Freiheit positiv ist, nämlich mehr als gezwungen werden. […] Für Arendt ist Freiheit ein politisches Phänomen, das weder im Denken noch im Wollen, sondern einzig im Handeln erfahrbar und auf einen für das Handeln erstellten Raum angewiesen ist. Politik heißt somit zunächst und grundlegend: Stiftung und Sicherung von Freiheit. Freiheit wird damit bei Arendt zum obersten Prinzip des Politischen.

Monika Gisler

5 Politische Theologie

Politische Theologie ist keine neue theologische Richtung und auch keine besondere theologische Disziplin, sondern das Bewusstsein der politischen Relevanz jeglicher Theologie. Jede Theologie ist auf ihre eigene Weise politische Theologie. […] Politische Theologie beginnt mit einer Analyse der politischen und praktischen Situation, in der Theologie gedacht, diskutiert und verbreitet wird. Sie ist keine Theorie, die nach einer Praxis ruft, sondern eine Reflexion der vorhandenen Praxis im Lichte des welterneuernden Evangeliums. […] Im Licht des befreienden Evangeliums korrigieren sich Praxis und Theorie gegenseitig.

Jürgen Moltmann

— **1** Geben Sie wieder, welchen Zusammenhang Aristoteles zwischen der Natur des Menschen und dem Staat sieht. > 1

— **2** Erläutern Sie Aristoteles' zweifache Definition des Menschen und nehmen Sie Stellung zum Zusammenhang von Gesellschaft (Z. 1–18) und Sprache (Z. 19–25). > 1, 2

— **3** Interpretieren Sie das Bild in Gruppen (M 2) als Symbol für das Leben in einer Gesellschaft. > 3

— **4** a) Fassen Sie zusammen, wie Arendt das politische Handeln eines Menschen erläutert. > 4

b) Beziehen Sie Arendts Position auf Ihre eigenen Möglichkeiten, gesellschaftlich Einfluss zu nehmen. > 4

— **5** a) Erklären Sie, was politische Theologie nach Moltmann bedeutet (vgl. S. 123). > 5

plus b) Zeigen Sie an einem Beispiel Konsequenzen aus Moltmanns Position für das Verhältnis von Kirche und Staat auf. > 5

„Fast Fashion“: Ist Mode nur Geschmacksache?

1 „Ich will Würde“

Wir kennen uns zwar nicht, aber vielleicht hatte ich mal Ihre Hose in der Hand. Ich lebe in Bangladesch und habe als Näherin gearbeitet. Bis vor etwa einem Jahr, als die Textilfabrik Rana Plaza über meinem Kopf zusammenbrach. Seitdem kann ich nicht mehr arbeiten und warte darauf, dass die Hersteller, die dort nähen ließen, endlich eine Entschädigung zahlen. [...]
Ich arbeitete 14 Stunden am Tag und hatte in den meisten Wochen nicht einen Tag frei. Meine Aufgabe war es, Hosentaschen und Gürtelschlaufen an Jeans zu nähen. Das Geld, das ich verdiente, reichte gerade so für Essen und Miete. [...]
Eigentlich war das Gebäude gar nicht als Fabrik gebaut worden. Später wurden drei Stockwerke nachträglich illegal draufgesetzt. Der Textilstaub wirbelte durch die Luft, aber wir bekamen keinen Atemschutz. Wir schwitzten, weil es keine Ventilatoren gab. Wir hatten keine Arbeitshandschuhe, und es gab keine Notausgänge.
Am 23. April 2013 entdeckten meine Kolleginnen und ich Risse in den Betonwänden. Wir gingen sofort zu unseren Vorgesetzten, hatten Angst und wollten nicht weiterarbeiten. Aber die Chefs duldeten keine Diskussion. Sie drohten, uns den Lohn zu streichen, und schlugen uns mit Stöcken.
Den nächsten Morgen werde ich nie vergessen. Gegen halb neun fiel der Strom aus, wie es oft passiert in Bangladesch. In meiner Nähmaschine klemmte gerade ein Hosenbund. Damit wir auch bei Stromausfällen weiternähen konnten, gab es Generatoren. Als sie ansprangen, vibrierte das ganze Haus. Plötzlich gab es einen riesigen Krach. Ich spürte, wie ich den Boden unter meinen Füßen verlor. Ich fiel. Das Dach stürzte herunter. Menschen schrien. Ich schrie.
16 Stunden lang lag ich zwischen den Trümmern des Rana Plaza, so wurde es mir später erzählt. [...] Um mich herum lagen leblose Körper, Frauen, mit denen ich zusammengearbeitet hatte. Ich konnte mich nicht bewegen. Eine Säule hatte sich in meinen Bauch gebohrt, ich spürte meine rechte Hand nicht mehr. Ich betete, weinte und dachte an meine Tochter. Ich hatte Angst, sie nie wiederzusehen.
Im Krankenhaus sagten mir die Ärzte, sie hätten meine Gebärmutter nicht mehr retten können [...]. Bis heute habe ich immer wieder Blutungen. Meine rechte Hand ist immer noch geschient, ich kann nicht greifen, habe Schmerzen. Als Näherin werde ich nicht mehr arbeiten können. Wie mir geht es mehr als 1.500 anderen Menschen, die den Einsturz des Rana Plaza verletzt überlebt haben. Wir und die Hinterbliebenen der Toten stehen vor dem Nichts, sind arbeitsunfähig und haben kein Geld. [...]
Die Textilunternehmen in Europa und Nordamerika sind für unsere Situation verantwortlich. Sie kommen nach Bangladesch, um ihre Kleidung so günstig wie möglich produzieren zu lassen. Ihnen ist es egal, dass sie diese Preise nur bekommen, weil wir Näherinnen unter erbärmlichen Bedingungen arbeiten und schlecht bezahlt werden. Unsere Sicherheit, der Zustand der Fabriken – das alles spielt für sie keine Rolle.

Shila Begum

2 Todschicke Kleidung

Noch nie wurde so kompromisslos auf den niedrigsten Preis gesetzt – mit aktuellen Modetrends und ständig wechselndem Sortiment [...].
Der Begriff Fast Fashion bezieht sich vor allem auf diese stark erhöhte Zahl von Kollektionen. [...] Seit dem Jahr 2000 hat sich die Bekleidungsproduktion mehr als verdoppelt! Und die Industrie wächst weiter. [...]
60 Millionen Menschen arbeiten weltweit in der Bekleidungsindustrie. Pro Jahr werden über 80 Milliarden Kleidungsstücke produziert. [...] Bereits heute kauft jede*r Deutsche laut Statistik sechzig neue Kleidungsstücke pro Jahr, also mehr als einen Artikel pro Woche: Tendenz steigend. Im Durchschnitt tragen wir ein Kleidungsstück ganze vier Mal, bevor wir es aussortieren. Als Folge des Fashion Booms landen rund

eine Million Tonnen Altkleider jährlich auf der Müllhalde und in Altkleidercontainern. […]
Auch ökologisch hat das Konzept „Fast Fashion“ katastrophale Auswirkungen. Über 70% unserer Kleidung besteht aus billigen Synthetikfasern. Beim Waschen gelangen kleine Teile in Abwässer und Meere. Die Stoffe sind nur schwer zu recyceln, denn die Fasern eignen sich nicht zur Herstellung neuer Kleidung. Aber auch die Ökobilanz eines Baumwoll-T-Shirts ist verheerend. Um ein Kilo Baumwolle herzustellen werden rund 15.000 Liter Wasser benötigt! Für ein T-Shirt wiederum braucht man ein Kilo Roh-Baumwolle und auf ein Kilo fertiger T-Shirts entfallen ein Kilo umweltschädlicher Chemikalien. Hinzukommt der massive Kohlendioxid-Ausstoß […]. Eine massive Umweltbelastung!

Christliche Initiative Romero

3 Mode + Sünde = Modesünde?

[…] Der Glaube an Jesus Christus befreit den Menschen von der Sorge um sich selbst als Kern der Sünde, von der Angst, zu kurz zu kommen, von dem Streben, sich selbst an die Stelle Gottes setzen zu wollen.
Die Sünde als nicht endende Sorge um sich selbst zeigt sich in vielen Erscheinungsformen. Heute hat sie – wie Papst Franziskus eindrücklich mahnt – in der Gestalt der grenzenlosen Gier und der Abstumpfung gegenüber dem Leid anderer besonders zerstörerische Formen angenommen – zerstörerisch für die Seele des Menschen, für die menschlichen Beziehungen und für das Wohlergehen der ganzen Schöpfung. Glaube bedeutet dagegen: sich von Vertrauen leiten lassen statt von Angst, Loslassen statt Festhalten. In Gottes Liebe geborgen hat der Glaubende alles, was nötig ist. Er muss nicht länger auf Kosten anderer leben. […]
Ein weiteres wichtiges theologisches Thema ist die Frage nach der Zukunft. […] Besonders wirkmächtige Hoffnungsbilder der Bibel sind der Garten Eden (Genesis 2,4ff) und die kommende Stadt Gottes (Offenbarung 21,2–5). […] Solche Bilder nähren die Sehnsucht und die Hoffnung auf das kommende Gottesreich, das in Jesus Christus bereits auf die Erde gekommen ist und Gestalt gewinnen will. Sie können Kräfte wecken für das notwendige Tun. Die Hoffnung auf das kommende Gottesreich entbindet nicht von der gegenwärtigen Verantwortung des Menschen für die Zukunft der Schöpfung, sondern stärkt sie. „Mag sein, dass der Jüngste Tag morgen anbricht, dann wollen wir gern die Arbeit für eine bessere Zukunft aus der Hand legen, vorher aber nicht“ (Bonhoeffer).

Ruth Gütter

4 Fast Fashion

Bild mit KI generiert

— **1** Arbeiten Sie die Probleme der „Fast Fashion“-Industrie heraus. > 1

— **2** a) Stellen Sie die Informationen aus dem Text in einer Infografik dar (M 11) und ergänzen Sie nach einer Recherche weitere Informationen. > 2

b) Erörtern Sie jeweils zu den dargestellten Aspekten verschiedene Handlungsmöglichkeiten für Individuum und Gesellschaft. > 2

— **3** a) Beurteilen Sie, inwiefern das dargestellte Verständnis von Sünde zur Beurteilung von Fast Fashion beitragen kann. > 3

b) Interpretieren Sie exemplarisch Mt 6,19–34 vor dem Hintergrund von „Fast Fashion“.

plus c) Diskutieren Sie (M 4) in Kleingruppen, welche Konsequenzen sich aus dem christlichen Glauben für den Umgang mit „Fast Fashion“ ergeben können. > 1 – 3

— **4** a) Interpretieren Sie das Bild (M 2) im Zusammenhang mit den Texten. > 1 – 4

b) Entwerfen Sie eine Sprech- oder Gedankenblase für die Person. > 4

Die Kirchen im Spannungsfeld der Migration

1 Ethik der Migration

Die Welt ist ungerecht, weil ein Großteil der Weltbevölkerung im Elend verharrt, obwohl dieses Elend durch fairere Kooperationen weltweit zu beheben wäre. Je nach Kriterium für Elend beläuft sich das auf rund zwei Milliarden Menschen.

Utilitaristische Effizienzkriterien, also die Beurteilung einer Handlung danach, in welchem Umfang sie dazu beiträgt, Leid zu mindern und Wohlergehen zu mehren, ist immer dann zulässig, ja geboten, wenn die Erfüllung dieses Prinzips nicht in Konflikt mit anderen – gewichtigeren – Handlungsgründen gerät.

Menschenrechte definieren überwiegend negative Pflichten, also Pflichten der Unterlassung, keine positiven Pflichten, etwas aktiv herbeizuführen. Die globale Armutsbekämpfung gehört daher zunächst nicht zu den menschenrechtlichen Verpflichtungen. […]
Wenn eine bestimmte institutionell verfestigte internationale Praxis zum unnötigen Tod oder zur unnötigen Mangelernährung, zu unnötigem Elend von Millionen von Menschen führt, dann machen sich diejenigen, die sich an dieser Praxis beteiligen, schuldig. Sie verletzen das Recht auf körperliche Unversehrtheit und menschenwürdige Existenz.

Gestalte die Migrationspolitik so, dass sie zu einer humaneren und gerechteren Welt beiträgt.

Gestalte die Migrationspolitik im Inneren, also in den aufnehmenden Gesellschaften, so, dass die Einwanderung als Bereicherung und nicht als Bedrohung wahrgenommen wird.

Julian Nida-Rümelin

2 Festung „christliches Abendland"!?

Gerhard Mester (*1956)

HINTERGRUND

3 Seenotrettung

Die Rettung aus Seenot ist laut internationalen Vereinbarungen Aufgabe der Küstenstaaten. Um illegale Migration zu verhindern, haben die EU-Staaten aber die staatliche Seenotrettung eingestellt. Das war der Anlass für die EKD, 2019 die Gründung von „United-4Rescue" zu initiieren, einem Bündnis zur Unterstützung der zivilen Seenotrettung. Die Beteiligung der EKD an der zivilen Seenotrettung wurde kontrovers diskutiert.

4 Warum die Kirche mit an Bord ist

[…] Menschen sollen ein sicheres Leben und Auskommen haben und weit mehr als das: sie sollen als Gottes Ebenbilder in Würde leben können. Das ist so gut wie selbstverständlich.
Aber aller Einsatz genügt einfach nicht, weil er nicht ankommt gegen die vielfältigen Ursachen für Flucht und Vertreibung […]. Und doch entbindet uns dieses Engagement nicht davon, hinzusehen, wo andere wegschauen, und erlaubt uns nicht, zuzusehen, wie andere

Menschen unbeachtet aus dem Blickfeld der Welt verschwinden und wir uns daran gewöhnen, dass das Mittelmeer längst zu einem Massengrab geworden ist. Warum? Weil wir Kirche sind – eine Gemeinschaft von Menschen, die glauben, dass jedes Leben seinen unverbrüchlichen Wert hat und niemandes Leben egal ist, nicht das der somalischen Frau, nicht das des syrischen Kindes, nicht das des afghanischen Mannes. Weil wir an den glauben, der uns ins Angesicht sagt: „Was ihr einem meiner geringsten Geschwister getan habt, das habt ihr mir getan“ (Mt 25,40) – oder eben auch nicht getan. [...] Weil wir uns erinnern lassen von den wieder und wieder mahnenden Worten Gottes, die eingeschrieben sind in die Gebote der Gerechtigkeit und der Nächstenliebe, und die damit auch uns eingeschrieben sind in unsere Glaubensgeschichte und in die Worte zum Leben durch die Erfahrungen derer, die vor uns auf diesen befreienden Gott vertraut haben: „Einen Fremden sollst Du nicht quälen. Ihr wisst ja selbst, wie dem Fremden zumute ist. Denn ihr seid in Ägypten Fremde gewesen.“ (Ex 23,9) [...] Weil wir uns berühren lassen von Worten der Mitleidenschaft, mit denen Geflüchtete und Migrantinnen sich gegenseitig Schutz in der Ungeborgenheit geben: „Wo du hingehst, da will auch ich hingehen.“ (Ruth 1,16) [...] Das allein wären schon der Gründe genug, Menschen auf der Flucht nicht ertrinken zu lassen. Aber mehr noch: Wir tun gut daran, uns als Kirche um unserer selbst willen einzumischen, wo Unrecht und Leid und Tatenlosigkeit zum Himmel schreien.

Sabine Dreßler

5 Kritik an der Beteiligung

Der Wiener Theologieprofessor Ulrich Körtner kann nachvollziehen, warum die Idee auf so viel Zustimmung stößt, findet sie aber dennoch problematisch: „Wenn Boote extra dorthin fahren, um Menschen zu retten, dann ist das einerseits verdienstvoll, andererseits wird aber damit die Bereitschaft bei Leuten gefördert, sich in diese Gefahr hineinzubegeben, und das ist ein zweischneidiges Schwert. Und nur diese Menschen zu retten, reicht nicht aus, dann müsste man auch vorher klären, wo sollen die denn dann hin, und insofern finde ich, ist dieser Aktionismus eine Verkürzung des Problems.“ Zudem sei ein eigenes Rettungsschiff auch ein starkes politisches Signal –, die EKD mische sich damit sowohl in die europäische als auch in die italienische Politik ein, meint der Theologe Körtner.

Vielfach wurde in der Evangelischen Kirche ein Satz des früheren Bundespräsidenten Richard von Weizsäcker zitiert: Die Kirche wolle nicht selbst Politik machen, sondern sie wolle Politik möglich machen. Von Weizsäcker war auch Präsident des Evangelischen Kirchentages. Mit einem eigenen Rettungsschiff im Mittelmeer würde sich die Kirche von diesem Gedanken nun entfernen, so Körtner: „Insofern, glaube ich, bewegt sich die Kirche hier in einem problematischen Fahrwasser und verspielt eigentlich die Möglichkeit, die ich von den Kirchen erwarten würde, nämlich so etwas wie eine Vermittlerrolle, eine Mediatorenrolle einzunehmen. Indem man sich so politisch positioniert, wird dieses wichtige Gut eigentlich verspielt.“

Julia Mumelter

1 a) Recherchieren (M 8) und erklären Sie zu zweit die Begriffe „Flüchtling“ und „Migrant“.
b) Arbeiten Sie die Hauptthesen heraus und beurteilen Sie die erarbeiteten Aspekte aus einer christlichen Perspektive. > 1
plus c) Erörtern Sie die Aussagen kritisch, indem Sie diese auf Beispiele aus Ihrer unmittelbaren Umgebung anwenden. > 1

2 Interpretieren Sie die Karikatur (M 3). > 2

3 a) Recherchieren (M 8) und benennen Sie offizielle kirchliche Positionen und Engagements zu Flucht und Seenotrettung. > 3
b) Nehmen Sie spontan Stellung zur Beteiligung der EKD. > 3

4 a) Arbeiten Sie die dargestellte biblisch-christliche Perspektive auf die Migration heraus. Beziehen Sie die genannten Bibelstellen in ihrem Kontext mit ein. > 4
b) Analysieren Sie die Argumentation Dreßlers und beurteilen Sie diese. > 4

5 a) Setzen Sie sich mit Körtners Kritik auseinander und nehmen Sie Stellung dazu. > 5
b) Diskutieren Sie (M 4), ob und wie die Kirchen vor Ort die Integration von Geflüchteten unterstützen sollten bzw. können. > 1 – 5

Herausforderung „Demografischer Wandel“

1 Das alternde Volk!?

NEL cartoons

2 Altern in der Antike

In der griechischen Literatur finden wir vom 7. vorchristlichen Jahrhundert an Wortverknüpfungen wie „schlimmes Alter“, „kränkliches Alter“, „hässliches“ oder gar „verhasstes Alter“. Das Alter wurde gleichgesetzt mit Hinfälligkeit und Pflegebedürftigkeit oder als Rückfall in die Hilflosigkeit des Kindes betrachtet. […] Zugleich begegnen wir aber auch einem Bündel von positiven Bildern: Das Alter erscheint als Akkumulation von Erfahrung und der alte Mensch als Träger des gesellschaftlichen Gedächtnisses und als Speicher des in einem langen Leben erworbenen Wissens. Von ihm wird die Weitergabe dieses Wissens erwartet […]. Positiv wurde gewertet, dass das Alter frei von Begierden und Leidenschaften sei, und die Alten wegen ihrer Reife und Nachdenklichkeit keine übereilten Handlungen setzten, ganz im Gegenteil zu den Jungen. […] Die angenommene Besonnenheit der Alten wiederum kann auch als Feigheit und als Geiz erscheinen, und häufig werden alte Menschen auch als geschwätzig charakterisiert. Ganz allgemein stehen Körper und Geist im Altersdiskurs in einem spannungsvollen Verhältnis: Mitunter wird die Weisheit des Alters als Kompensation des körperlichen Verfalls gesehen, mitunter aber erscheinen Vergesslichkeit, Verwirrtheit oder Starrsinn als Attribute des physischen Niedergangs.

Josef Ehmer

3 Ein theologischer Blick aufs Altern

Kirchen sind gewissermaßen Experten in Bilderfragen: Die Gottebenbildlichkeit des Menschen ist ein zentraler Begriff der biblischen und der christlichen Anthropologie. Und was für Gott gilt, gilt auch für den Menschen: „Du sollst dir kein Bildnis machen“. Von den Kirchen ist deshalb eine grundsätzlich kritische Grundhaltung gegenüber allzu stark festlegenden Bildern im gesellschaftlichen Diskurs zu erwarten. Dies gilt gerade für die Bilder vom älteren Menschen: Es sollte stets darum gehen, Älteren offen zu begegnen und die Begegnung nicht durch Stereotype zu verfremden. Andererseits sind Bilder und Geschichten zur Deutung wichtiger Erfahrungen und zur Verständigung über eine anzustrebende Praxis ein nicht zu ersetzendes Mittel – gerade in der Verkündigung der Kirche. Auch über das Alter wird in Bildern gesprochen. So heißt es: „Graue Haare sind eine Krone der Ehre“ (Sprüche 16,31), um die Achtung vor dem Alter auszudrücken und die Stellung der alten Menschen in einer patriarchalen Gesellschaft hervorzuheben. Andere Bilder werden gewählt, wenn es um den Glauben im Alter geht: Menschen, die sich auf Gott beziehen, werden verglichen mit Bäumen, mit Palmen und Zedern: „Und wenn sie auch alt werden, werden sie dennoch blühen, fruchtbar und frisch sein“ (Psalm 92,15). Dies sind erstaunlich dynamische Bilder. Altsein bedeutet hier lebendig zu sein, teilzuhaben am Werden und Vergehen. In aller Veränderung und allem Verlust entsteht auch Neues, wird ein neuer Anfang möglich und bleibt Hoffnung erhalten. Tod und Leben sind ineinander verschlungen. Das Leben ist ein Prozess des Werdens bis ans Ende.

EKD

4 Wie alt dürfen wir werden?

Insgesamt sehe ich drei große Herausforderungen des demografischen Wandels für die (theologische) Ethik: Erstens die Entwicklung und Kommunikation von Altersbildern, die lebensfreundlich sind; zweitens Maßnahmen zum Schutz von Rechten alter Menschen und ihrer spezifischen Bedürfnisse, gegebenenfalls auch die Überprüfung, an welcher Stelle Präzisierungen und Nachbesserungen des Normenbestandes notwendig sind; und drittens die Arbeit an einer Infrastruktur, die kreativ, menschengerecht und bezahlbar – auch für nachfolgende Generationen – die bevorstehenden Pflege- und Betreuungsaufgaben organisiert. Letztlich ist hier an eine Kultur des Alter(n)s erinnert, die es vielleicht erst noch zu entwickeln gilt, an der sich aber die „ethischen Grundlagen unserer Gesellschaft" ablesen lassen (werden). Statt mit dem demografischen Wandel allein ein Problem oder gar ein Defizit bewältigen zu wollen, sollten wir daher darin eine geistgewirkte Chance entdecken, einige fundamentale Aspekte christlich inspirierter Ethik in einer sich zunehmend säkularisierenden Gesellschaft zu artikulieren. Das setzt allerdings einen Perspektivenwechsel voraus, der hier angedeutet werden sollte.

Ralf Lutz

5 Abwertung des Alters?

Deutlich zeigt sich die Abwertung des Alters im Erwerbsleben. Die Älteren sind in den vergangenen Jahren immer früher in den Ruhestand entlassen worden. Nicht einmal die Hälfte aller Unternehmen beschäftigt Menschen jenseits des Alters von 50 Jahren. Wenn sich gut qualifizierte Männer und Frauen zwischen 40 und Anfang 50 hunderte Male erfolglos bewerben und auf Rückfrage gesagt bekommen „Ein Seniormanager ist bei uns 35", dann ist das alarmierend. Eine solche Haltung diskriminiert nicht nur die Älteren, sondern überfordert auch die Generation der Jüngeren. Sie schadet dem sozialen Klima.

Allmählich scheint wieder ein Bewusstsein für den skandalösen Charakter dieser Haltung zu wachsen; hier und da ist ein Umsteuern zu beobachten. Berufliche und menschliche Erfahrung wird wieder stärker gewürdigt. Aber auch unter dem Gesichtspunkt der Rentenfinanzierung wird wieder gefragt, ob wir uns den frühen Ruhestand leisten können. [...] Allerdings setzt eine längere Erwerbsphase voraus, dass die Vorbehalte der Betriebe gegenüber älteren Arbeitnehmern so schnell wie möglich abgebaut und die Arbeitsbedingungen für Ältere verbessert werden. Gelingt dieses Umdenken nicht, steht zu befürchten, dass sich für viele Ältere nur die Dauer der Arbeitslosigkeit bis zum Renteneintritt verlängert und sich die finanzielle Absicherung verschlechtert. Eine solche Perspektive muss Widerspruch wecken – nicht nur den Widerspruch der Betroffenen, sondern auch den Widerspruch der Kirche.

Wolfgang Huber

1 a) Interpretieren Sie den Cartoon (M 3). > 1
b) Recherchieren Sie zum demografischen Wandel. Entwerfen Sie eine Infografik (M 8+11). > 1
c) Erörtern Sie die Folgen des demografischen Wandels für die Gesellschaft. > 1

2 a) Arbeiten Sie die dargestellten antiken Vorstellungen über das Alter heraus. > 2
b) Prüfen Sie zu zweit, welche Vorstellungen sich gegenüber heute verändert haben. > 2

3 a) Erklären Sie die dargestellte Bedeutung des Alters in der Bibel. > 3
b) Ergänzen Sie mithilfe der Suchfunktion einer Onlinebibel weitere Bibelstellen und interpretieren Sie diese, auch unter historisch-kritischen Gesichtspunkten (M 16). > 3,

Onlinebibeln
79502-20

4 a) Erläutern Sie die zentralen ethischen Herausforderungen des demografischen Wandels. > 4
plus b) Entwickeln Sie Ideen, wie Kirche und/oder Gesellschaft die dargestellten Herausforderungen bewältigen könnten. Prüfen Sie Chancen und Grenzen der Umsetzung. > 4

5 a) Beurteilen Sie die dargestellte „Abwertung des Alters" (Z. 1) in der Berufswelt. > 5
b) Recherchieren Sie (M 8), welche Angebote die Kirchen in Ihrer Region für verschiedene Altersgruppen machen. Gestalten Sie eine Präsentation (M 12).

Herausforderung „Klimakrise"

1 „Warming stripes"

Ed Hawkings: Klimastreifen (weltweit, 1850–2022)

2 Klimakrise und Schöpfungsglaube

[…] Angesichts des Klimawandels geht es sowohl um die Verantwortung für Gottes Schöpfung als auch für das Leben aller Menschen in Würde und gerechter Teilhabe. […] Der Glaube an Gott den Schöpfer führt zu einer Haltung der Dankbarkeit und Demut, die sich an den Schönheiten der Schöpfung freut und in Achtsamkeit ihr gegenüber lebt. Er bindet den Menschen in eine Lebensgemeinschaft mit allen Geschöpfen ein und weist ihm die Verantwortung zu, der Welt mit Ehrfurcht zu begegnen und sie zu einem bewohnbaren Lebensraum zu gestalten. Der Schöpfungsglaube schließt auch den Glauben ein, dass der Mensch als Ebenbild Gottes geschaffen ist. Die biblischen Aussagen zur Gottebenbildlichkeit des Menschen (Gen 1,26f.) begründen seine unantastbare Menschenwürde. […] Dass das Leben auf der Erde immer wieder durch Naturkatastrophen bedroht wird, gehört zu den grundlegenden Erfahrungen der Menschheit, die in den Überlieferungen verschiedener Religionen von der „großen Flut" ihre Verarbeitung gefunden haben. Die Rede von „sintflutartigem Regen" und von der rettenden Arche sind Bilder, die in das Menschheitsgedächtnis eingegangen sind. […] Zentral ist hier die Zusage, mit der Gott sich für die Verlässlichkeit und den Bestand der Lebensrhythmen verbürgt und verspricht, die Erde nicht mehr zu zerstören. […] Vielmehr schließt er mit dem Menschen einen neuen unauflöslichen Bund, dessen Zeichen der Regenbogen ist (Gen 9,12–17). Diese Zusage Gottes gilt noch immer, ihr wollen wir auch heute vertrauen. Sie macht uns Mut, uns trotz aller Leben zerstörenden Entwicklungen für die Bewahrung der Schöpfung einzusetzen. Wir sind als Ebenbilder Gottes berufen, die Erde als bewohnbaren Lebensraum zu bebauen und zu bewahren (Gen 2,15).

EKD

3 Klima braucht Kirchen

„Nicht jeder von Ihnen will vielleicht eine Autobahn blockieren", sagt Aimée van Baalen, und damit dürfte die Aktivistin der Klimabewegung „Letzte Generation" wohl recht haben. Die 128 Mitglieder der Synode der Evangelischen Kirche in Deutschland (EKD) bedenken die 22-Jährige am Dienstag dennoch am Ende ihres Vortrags mit minutenlangem Applaus, viele erheben sich von ihren Sitzen. […] „Wir brauchen ihre Hilfe beim Widerstand, wir brauchen die evangelische Kirche auf unserer Seite", bekräftigt van Baalen deshalb auf der Tagung der Protestanten. […]
Kristina Kühnbaum-Schmidt, Landesbischöfin der Nordkirche und Klimabeauftragte der EKD, würdigt die Klimaaktivisten: Ihre Proteste hätten im Alltag eine Unterbrechungsfunktion, wie ein Gewissen – „diese Unterbrechungsfunktion nehmen wir als Kirche ja auch wahr, nämlich mindestens jeden Sonntag". […] Doch längst nicht alle in der evangelischen Kirche halten die neuen Protestformen für gerechtfertigt. Bayerns Landesbischof Heinrich Bedford-Strohm ist kritisch: „Ich kann nicht sehen, dass das Festkleben auf den Straßen […] etwas nutzt", sagte er bereits am Freitag. „Oder dass irgendwelcher Brei auf Gemälde gespritzt wird – das verhindert nur, dass sich konstruktive Energie entwickelt, und Menschen handeln." Im Umgang mit der Klimakrise plädiert Markus Vogt, Professor für christliche Sozialethik und katholische Theologie an der Ludwig-Maximilians-Universität München, für einen „aufgeklärten Katastrophismus". […] Er spricht sich für Nüchternheit in der Debatte aus, nicht aber im Sinne eines gerade theologisch aufgeladenen Abwie-

gelns: […] „Angesichts der Dominanz von Verdrängung ist der Wert von Dringlichkeitsbewusstsein nicht zu unterschätzen", sagt Vogt. „Allzu viele klammern sich an ihre Besitzstände und hoffen, dass alles nicht so schlimm werde." Deshalb sei es gut, wenn sich diffuse und lähmende Angst in konkrete Sorge und Forderungen wandele. Es brauche inneren Widerstand gegen unsere eigenen Konsumgewohnheiten. Das Eintreten für die Schöpfung sei der Kern des Auftrags der Kirche, sagt Vogt: „Gottesliebe ist nicht denkbar ohne Liebe zur Schöpfung. Schöpfungsliebe ist der Ort, wo wir Gott begegnen – oder ihn verpassen."

Annette Zoch

4 Schuldgefühle werden uns nicht retten

Der Weg in die Zukunft ist gepflastert mit Schuldgefühlen, der Gang in Richtung eines nachhaltigen Lebens holprig – denn ständig stolpern wir über unser schlechtes Gewissen. Nicht einmal mit veganen Sneakers schafft man den Walk of Shame, denn leider sind das Wissen um klimaschädliches Verhalten und das tatsächliche Verhalten zwei verschiedene Paar völlig traditioneller Turnschuhe. Andererseits kann in Anbetracht dessen, dass unser Planet auf dem Spiel steht, nichts grün genug sein. Sorry for the bad news! Während für manche Klimawandel je nach Lebensrealität also noch ein Buzzword ist, geht es für andere Menschen ums blanke Überleben. Dagegen wiegt das Bedürfnis nach ein bisschen Lifestyle eben gar nichts – und doch ist es da! Man braucht nicht ausholen bis zu den Jägern und Sammlern, aber es ist biologisch in uns verankert, Ressourcen anzuschaffen. Und das clasht mit dem Wissen, dass alles, was neu produziert wird, zu viel für die Erde ist. Das macht dieses miese, permanent schlechte Gewissen: beim Nägellackieren, beim Fliegen, beim Fleischessen, beim Shoppen, beim Stromverbrauchen. „Bei mir fängt das mit den Schuldgefühlen schon bei Kleinigkeiten an, wie in Plastik verpacktes Essen kaufen", sagt Psychologin Amelie Schomburg. Sie hat gemeinsam mit ihrer Schwester das Buch „Klimaangst" geschrieben. „Die Klimakrise ist ein großer Stressfaktor, der viele unserer bisherigen Handlungen infrage stellt und starke Zukunftsängste auslösen kann", sagt Politologin und Co-Autorin Friederike Schomburg. Die junge Generation habe eigentlich „eine riesige Energie, um Veränderungen anzutreiben. Doch wenn sich Politik und Gesellschaft nicht verändern, dann kann das zu Frustration führen". Laut dem Meinungsforschungsinstitut Kantar leiden mehr als zwei Drittel der 14- bis 24-Jährigen in Deutschland unter großer Angst vor der Klimakrise. Dazu gehören Schuldgefühle und Hilflosigkeit, und die wiederum können zu Panikattacken oder Depressionen führen. Angst hat viele hässliche Gesichter, die die Klimakrise ans Licht bringt […]. Nicht ohne Grund wuchs parallel zu „Fridays for Future" die Bewegung „Psychologists for Future", eine überinstitutionelle Gruppierung von Psycholog*innen und Psychotherapeut*innen, die im Umgang mit der Klimakrise helfen.

Edith Löhle

1 a) Interpretieren Sie das Bild (M 2). Recherchieren Sie (M 8) die Hintergründe. > 1

b) Stellen Sie in Kurzvorträgen aktuelle klimapolitische Herausforderungen (z. B. Erderwärmung, Biodiversität, Unwetter) vor. Entwickeln Sie dazu jeweils einen eigenen Standpunkt, den Sie dann gemeinsam kritisch diskutieren (M 4). > 1

plus c) Recherchieren Sie (M 8) Bibelstellen zu ähnlichen Themen (Meer, Tiere, Wetter) und setzen Sie diese in Beziehung zu **2b**. > 1

2 a) Beurteilen Sie zu zweit, wie die EKD sich theologisch zum Klimawandel positioniert. > 2

b) Erörtern Sie kritisch die klimapolitischen Handlungsmöglichkeiten der Kirchen und setzen Sie diese in Beziehung zum konkreten kirchlichen Handeln. > 2

3 a) Arbeiten Sie verschiedene Standpunkte aus dem Text heraus und positionieren Sie sich dazu (M 18). > 3

b) Erläutern Sie den Gedanken von Vogt in Z. 41–43 und prüfen Sie ihn kritisch. > 3

c) Setzen Sie den Text in Beziehung zum Kommentar von Müller-Vogg auf S. 59. > 3

4 a) Setzen Sie sich mit dem Spannungsgefühl, das einige Jugendliche in Bezug auf den Klimawandel erfahren, auseinander. > 4

b) Analysieren Sie die Forderungen der Autorin und nehmen Sie dazu persönlich Stellung. > 4

Herausforderung „Krieg und Frieden“

1 Gerechter Friede

„Si vis pacem para pacem“ (Wenn du den Frieden willst, bereite den Frieden vor) – mit dieser Maxime lässt sich das Leitbild des gerechten Friedens beschreiben, das vor allem in Deutschland, aber auch in großen Teilen der weltweiten ökumenischen Bewegung als Konsens in friedensethischen Fragen gelten kann. Damit verbunden ist ein Paradigmenwechsel: Nicht mehr der Krieg, sondern der Frieden steht im Fokus des neuen Konzeptes. Die Evangelische Kirche in Deutschland (EKD) hat diesen Perspektivenwechsel hin zum gerechten Frieden einschließlich der rechtserhaltenden Gewalt vor fast zehn Jahren in ihrer Friedensdenkschrift ausformuliert.

Der gerechte Frieden arbeitet dabei mit einem weiten Friedensbegriff, der mehr einschließt als nur die Abwesenheit oder den Schutz vor Gewalt. Zentral sind vielmehr auch Aspekte wie soziale Gerechtigkeit, Rechtsstaatlichkeit, Achtung der Menschenrechte und Sicherheit für alle Menschen. Dennoch bleibt die Frage nach der Anwendung von Waffengewalt auch für den gerechten Frieden zu diskutieren, gilt diese nach wie vor als äußerste Option. Dabei erweist sich militärisches Handeln per se als problematisch, da es immer noch durch Gewalt bestimmt ist, selbst wenn diese nur letztes Mittel sein soll. Eine Kernfrage des Konzeptes des gerechten Friedens ist es, wann man von Frieden sprechen kann, welche Faktoren hier berücksichtigt werden müssen und welcher Zusammenhang zwischen Frieden und Gerechtigkeit besteht.

Sarah Jäger

2 Gerechter Krieg – geht das?

Mit dem Angriff Russlands auf die Ukraine am 24. Februar 2022 flammte auch die Diskussion um eine christliche Friedensethik neu auf.

„Gerechtigkeit“ ist ein großes Wort. Es passe nicht auf Krieg, sagen friedensbewegte Christinnen und Christen. Was ist gerecht daran, wenn jemand sich zur Wehr setzen muss, wenn jemand um das Überleben kämpft? Das möge ein Kampf um Gerechtigkeit sein. Aber gerecht sei etwas anderes. Gerecht könne nur der Frieden sein. Andere halten dagegen: Putins Angriffskrieg bedeute eine Zeitenwende. Friedensbewegte Christen müssten von ihren Friedensträumereien ablassen. […] Wirklich gerecht könne ein Krieg nur sein, schrieb Augustin, wenn er den Frieden wiederherstelle, wenn er sich gegen eine bestehende Verletzung der Rechtsordnung wende, wenn er von einer legitimen Staatsführung angeordnet sei und wenn er überdies nicht gegen Gottes Gebot verstoße. Schon dieses vierte Kriterium macht in den allermeisten Fällen unmöglich, glaubhaft von einem gerechten Krieg zu sprechen. Gottes Gebote reichen weit. Das Gebot der Feindesliebe – also, dass man auch im Feind einen Mitmenschen erkennt – lässt zum Beispiel nicht zu, dass die verteidigende Partei, so notwendig ihre Selbstverteidigung sein mag, dem Hass und der Unversöhnlichkeit nachgibt. Irdische Gerechtigkeit blieb insofern für Augustin, den Vater der christlichen Lehre vom gerechten Krieg, weitgehend eine Utopie. Um Satans Treiben in der Welt Einhalt zu gebieten, gebe Gott den Menschen eine staatliche Ordnung. Sie weise das Böse (Hinterlist, Verbrechen, Krieg) in Schranken, damit die Menschen in relativem Frieden leben können. Diese staatliche Ordnung brauche Polizei- und Verteidigungskräfte, die auch Gewalt anwenden müssten. […] Gleichzeitig regiere Gott durch Christus in den Herzen der Gläubigen, verändere sie von innen heraus und verhelfe ihnen so zu einem friedlichen Miteinander – ganz ohne äußeren Zwang. Aufklärer wie Immanuel Kant säkularisierten den Gedanken. Einem gebildeten und vernunftgeleiteten Bürgertum, so hoffte er, das zuerst nach dem Reiche der reinen praktischen Vernunft trachte, dem falle die Wohltat des ewigen Friedens von selbst zu. Die Vernunft und Herzen der Menschen zu erreichen, sie für ein friedliches Miteinander zu öffnen, darauf zielt auch christliche Friedensarbeit heute. […] Frieden hat überhaupt erst dann eine Chance, wenn die Ursachen der

Kriege überwunden sind, wenn geschehenes Unrecht gesühnt, wenn beide Parteien wieder so weit sind, sich miteinander auszusöhnen. Einen Krieg als gerecht zu etikettieren, geht schnell. Auf den gerechten Frieden hinzuwirken, ist mühsam und dauert. Aber genau darin liegt nach protestantischer Auffassung die Aufgabe der Christenheit.

Burkhard Weitz

3 Christliche Friedensethik?

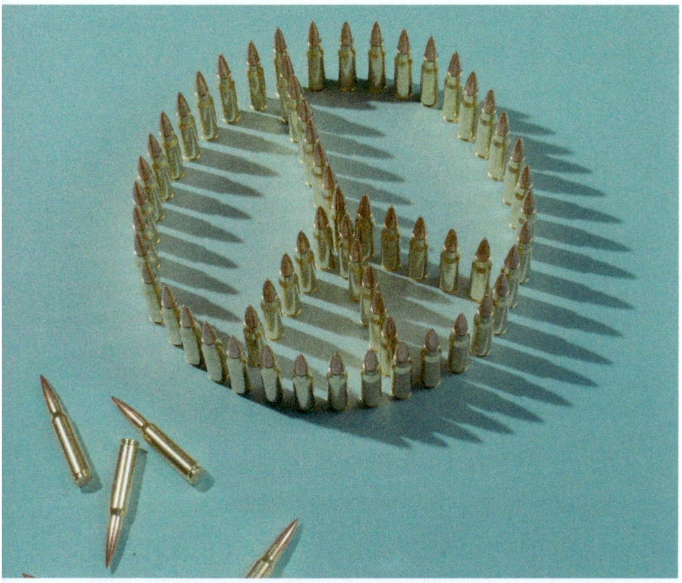

Lisa Rienermann: Über Frieden und Waffenlieferungen (2021)

4 KI in Krieg und Frieden

Letale autonome Waffensysteme [LAWS] sind Militärroboter, die im Auftrag der Regierung eines Staates eingesetzt werden sollen, um menschliche Soldaten in militärischen Einsätzen zu ersetzen. Vorteile von Kriegsrobotern liegen auf der Hand: Sie können in atomar oder biologisch kontaminierten Gebieten eingesetzt werden, können Bomben entschärfen und anstelle menschlicher Soldaten an der Front eines Kriegsgebietes ihren tödlichen Dienst verrichten. Zudem sind sie in Form von Drohnen viel flexibler, unauffälliger und schneller, Beschleunigung und Flugmanöver sind nicht mehr begrenzt durch die körperlichen Befindlichkeiten eines Piloten. Folglich fällt auch das Risiko für den Piloten weg, sein Leben bei einem Angriff zu verlieren. Der Robotik-Wissenschaftler R. C. Arkin bescheinigt zudem, dass Maschinen die moralisch besseren Soldaten sein können, denn Grausamkeit und Willkür sei ihnen fremd und auch „Gnade" könne man programmieren. [...] Der Grad der Autonomie ist eines der Kernthemen in der Diskussion um LAWS. Es gibt verschiedene Abstufungen, inwiefern der Mensch in die Steuerung der Technologie eingebunden ist. [...] Mit dem vermehrten Einsatz von LAWS können die Leben von tausenden Soldaten gerettet werden! [...] Zu problematisieren ist hierbei, dass sich durch den Einsatz von LAWS die Macht über kriegerische Entscheidungen auf weniger Menschen verteilt und damit auch die Gewaltenteilung in Hinblick auf die demokratische Legitimierung und Rechtfertigung auf weniger Machthaber aufgeteilt ist.
Am Ende bleibt das grundlegende moralische Dilemma, dass mit dem zunehmenden Einsatz von vollautomatisierten LAWS die Entscheidung über Leben und Tod umso mehr der Maschine überlassen wird, desto autonomer sie funktioniert. Die Essenz der menschlichen Existenz – Leben und Sterben – legen wir in die Hand von Maschinen.

Petra Grimm / Tobias O. Keber / Oliver Zöllner

— **1** a) Erarbeiten Sie sich in Gruppen eine Definition des Begriffs „gerechter Friede". > 1

b) Recherchieren Sie (M 8), welche Faktoren berücksichtigt werden müssen, um von Frieden zu sprechen. > 1

— **2** a) Definieren Sie den Begriff „gerechter Krieg" und nehmen Sie Stellung dazu. > 2

plus b) Diskutieren Sie (M 4) den Begriff anhand eines aktuellen Beispiels. Ziehen Sie dabei auch Ihr Vorwissen zum Gerechtigkeitsbegriff heran. > 1 – 2

— **3** Interpretieren Sie das Bild (M 2) unter der Perspektive „gerechter Friede/Krieg". > 3

— **4** a) Fassen Sie den Text in Thesen zusammen. > 4

b) Beurteilen Sie aus christlicher Perspektive die Chancen und Grenzen des militärischen Einsatzes von KI in Bezug auf die Wahrung und Förderung des Friedens. > 4

Luthers Lehre von den zwei Reichen/Regimenten

Luther

Steckbriefe

79502-05

1 Luther und die Obrigkeit

Zu den umstrittenen Luther-Themen gehört seine Obrigkeitslehre. Zu seiner Zeit stand Luther vor der Herausforderung, die Notwendigkeit von Obrigkeiten und die Pflicht des Christen, Obrigkeiten zu gehorchen, zu begründen. Denn einige evangelische Zeitgenossen schlussfolgerten aus seiner Theologie: Wer wirklich fromm sei, brauche keine Obrigkeiten mehr. Luther schärfte demgegenüber Obrigkeitsgehorsam ein. Und in späterer Zeit, als sich die gesellschaftlichen und politischen Rahmenbedingungen grundlegend gewandelt hatten, hielten gerade an Luther orientierte Kirchen an einem strengen Obrigkeitsgehorsam fest. Es ist deshalb verschiedentlich die These vertreten worden, dass Luthers Obrigkeitslehre eine Mitschuld dafür trage, dass die evangelischen Kirchen in der Zeit des Nationalsozialismus weitgehend versagten.

Wer Luther liest, entdeckt jedoch, dass er auch überaus obrigkeitskritisch aufgetreten ist. Nur mit dem Papst ging er noch strenger ins Gericht als mit den Fürsten. Obrigkeiten hält Luther für notwendig, um das Böse in der Welt zu bändigen. Obrigkeiten dürfen sich aber aus Luthers Sicht nicht in religiöse Angelegenheiten, insbesondere nicht in Fragen des Gewissens, einmischen. Selbst falsche Lehren und Ketzer zu bekämpfen, ist nicht Aufgabe der Obrigkeit. […] Anlass für Luthers neue Schrift „Von weltlicher Obrigkeit“ war, dass in verschiedenen katholischen Gebieten, unter anderem in Bayern und in Brandenburg, von den Obrigkeiten die Beschlagnahmung von Luthers Bibelübersetzung angeordnet worden war. Luther weist die Obrigkeiten in die Schranken und skizziert auch, wie Fürsten, die sich wirklich als Christen verstehen, regieren sollten.

Zu jeder Obrigkeit gehört auch Polizeigewalt, das Schwert, wie Luther formuliert. Aber wie verträgt sich das mit der Bergpredigt Jesu? Luther lehnt die traditionelle kirchliche Lehre ab, die sagte, die Bergpredigt sei kein Gebot für alle Christen, sondern gelte als göttlicher Ratschlag oder Empfehlung nur für besonders vollkommen lebende Christen wie Geistliche und Mönche. Sie dürften tatsächlich nicht zur Waffe greifen. Diese Interpretation der Bergpredigt durch die „Sophisten“, wie Luther die traditionellen Theologen spöttisch bezeichnet, lehnt Luther ab und entwickelt stattdessen seine Lehre von den zwei Reichen. Ein Christ lebt einerseits im Reich Christi, andererseits im Reich der irdischen Welt. Im Reich Christi gilt die Bergpredigt, nicht aber im Reich der Welt, nicht in der Gesellschaft, der Politik, den internationalen Beziehungen. Das heißt: Für sich selbst und unter Christen verzichtet ein Christ auf Gewalt und Rache, aber gleichzeitig ist er bereit, Gewalt anzuwenden, um seinen Nächsten zu schützen und dem Bösen zu wehren. Über diese sogenannte Zweireichelehre Luthers wird noch heute äußerst kontrovers diskutiert.

Martin H. Jung

2 Leben in zwei Welten?

Rainer Hübner (*1943): Zwei Welten (2021)

HINTERGRUND

3 Theologie für die Machthaber

Anfang März 1523 erschien die folgenreiche Druckschrift Luthers mit dem Titel „Von weltlicher Obrigkeit". Luther formuliert hier seine Lehre von den „zwei Reichen" und seine grundsätzlichen Auffassungen vom Auftrag weltlicher Machthaber. Obwohl Luther sich bereits in seinen Predigten im Oktober 1522 mit der Thematik beschäftigte, gab erst Johann von Sachsen den Anstoß zur Veröffentlichung. Den Fürsten hatten offenbar Zweifel geplagt, ob und inwieweit sich fürstliche Herrschaft und christliches Leben miteinander vereinbaren ließen.

4 Von weltlicher Obrigkeit

Wir müssen Adams Kinder und alle Menschen zwei Reichen zuordnen: die einen dem Reich Gottes, die anderen dem Reich der Welt. Die zum Reich Gottes gehören, das sind alle Rechtgläubigen in Christus und unter Christus. Denn Christus ist der König und Herr im Reich Gottes [...]. Diese Menschen bedürfen keines weltlichen Schwerts noch Rechts. Und wenn alle Welt rechte Christen, das heißt rechte Gläubige wären, so wäre kein Fürst, König, Herr, Schwert noch Recht notwendig oder von Nutzen. Denn wozu sollte es ihnen dienen? Weil sie den Heiligen Geist im Herzen haben, der sie lehrt und macht dass sie niemandem Unrecht tun, jedermann lieben [...].

Deshalb ist es unmöglich, dass unter den Christen das weltliche Schwert und Recht etwas zu tun haben sollten. Sie tun vielmehr von selbst, als alle Rechte und Lehre fordern könnten. [...]

Zum Reich der Welt oder unter das Gesetz gehören alle, die nicht Christen sind. Denn da nur wenige glauben und sich nur der kleinere Teil nach christlicher Art verhält und dem Übel nicht widerstrebt und selbst nicht Übel tut, hat Gott denselben außer dem christlichen Stand und Gottes Reich ein anderes Regiment gegeben und sie dem Schwert unterworfen. So können sie, wenngleich sie es gerne wollten, ihre Bosheit doch nicht ausüben. [...] Wenn nun jemand die Welt nach dem Evangelium regieren und alles weltliche Recht und Schwert aufheben und behaupten würde, sie seien alle getauft und Christen, unter welchen das Evangelium kein Recht noch Schwert haben wolle und bei denen es auch nicht nötig sei – mein Lieber, rate, was würde der machen? Er würde den wilden, bösen Tieren die Bande und Ketten lösen, sodass sie jedermann zerrissen und zerbissen und gleichwohl behaupteten, sie wären feine, zahme, zutrauliche Tierlein [...]. Deshalb muss man diese beiden Regimente deutlich unterscheiden und beide bestehen lassen: eines, das fromm macht, ein anderes, das äußerlich Frieden schafft und bösen Werken wehrt. Keines kann ohne das andere in der Welt ausreichen. [...]

Nun fragst du, ob denn auch ein Christ das weltliche Schwert führen und die Bösen strafen dürfe [...]. Antwort: Du hast jetzt zwei Dinge gehört. Erstens, dass unter den Christen das Schwert keinen Platz hat. [...] Darum müsstest du die Frage aufwerfen in Bezug auf den anderen Haufen derer, die nicht Christen sind, ob du es dort als Christ anwenden könntest. Das ist der zweite Aspekt, dass du dem Schwert zu dienen schuldig bist und es fördern sollst, womit du kannst, es sei mit Leib, Gut, Ehre und Seele.

Martin Luther

— 1 a) Erklären Sie Luthers Zweireichelehre. > 1

plus b) Skizzieren Sie mögliche Gründe, aus denen die Zweireichelehre kontrovers diskutiert wird. > 1

— 2 Interpretieren Sie das Bild (M 2) und setzen Sie es in Bezug zum Stichwort „Christsein in der Gesellschaft". > 2

— 3 Erläutern Sie die historischen Hintergründe. > 3

— 4 a) Entwerfen Sie ein Schaubild, in dem Sie die Charakteristiken der beiden Regimente einander gegenüberstellen. > 4

plus b) Untersuchen Sie den Unterschied zwischen den Bezeichnungen „Reiche" und „Regimente". > 4

— 5 a) Zeigen Sie auf, welche Konsequenzen sich aus der Zweireichelehre ergeben. > 1 – 4

plus b) Beziehen Sie die Aussagen von Röm 13,1–6 und Offb 13 auf die Zweireichelehre. > 1 – 4

c) Setzen Sie die Zweireichelehre in Beziehung zu konkreten ethischen Herausforderungen (S. 110–119) und skizzieren Sie, welche Konsequenzen sich daraus für die Ethik ergeben können. > 1 – 4

Königsherrschaft Christi und politische Theologie

Barth
Moltmann

Steckbriefe
79502-05

1 Christus als König?

Karl von Blaas (1815–1894): Jesus Christus als König (vor 1861)

2 Die Königsherrschaft Christi

„Er sitzt zur Rechten Gottes." Der Ausdruck „Rechte Gottes" bezeichnet nicht einen Ort, sondern eine Funktion, die Funktion: Stellvertreter Gottes, Minister des Oberherrschers. Christus hält die Macht Gottes in seinen Händen. Er regiert im Namen Gottes. Oder noch anders: Gottes Macht ist die seinige geworden. Es gibt keine göttliche Allmacht außerhalb von Jesus Christus. Wenn man erklärt: Gott regiert die Welt, so heißt das: Jesus Christus regiert die Welt. Die in der Versöhnung am Kreuz, in der Vergebung der Sünden, im Akt der göttlichen Gerechtigkeit und Barmherzigkeit offenbarte Gewalt ist gleichbedeutend mit der Gewalt des bezeichnenderweise an eben dieser Stelle des Symbols erwähnten „allmächtigen Gottes", mit seiner Gewalt über die ganze Welt. Hier sehen wir konkret, wie man den ersten Artikel (über Gott den Vater und die Schöpfung) verstehen muss. Hier wird uns die Gewalt Gottes in ihrer konkreten und genauen Erscheinung gezeigt: die Gewalt Christi. Wir lernen auch, ebenso wie es keine Gewaltenteilung gibt – zwischen „Schöpfer"-Gewalt und „Erlöser"-Gewalt, zwischen „Gerechtigkeits"-Gewalt und „Liebes"-Gewalt –, ebenso gibt es auch keine Teilung der Bereiche mehr: zwischen einem politischen und einem kirchlichen Bereich, zwischen einem wissenschaftlichen, einem künstlerischen und einem „religiösen" Bereich. Nichts ist getrennt von der göttlichen Gewalt, welche die Gewalt Christi ist. Und diese Gewalt Christi schafft einen einzigen Bereich, ein einziges Reich, das die Totalität, die Gesamtheit der Geschöpfe umfasst. Die göttliche Gewalt ist in den Händen Jesu Christi. […]

1. *Er wurde eingesetzt zum Haupt der Gemeinde.* Es gibt also in der Kirche keine andere Gewalt als die seinige. Wenn wir von der Kirchenregierung, Kirchenleitung sprechen, müsste man klar sprechen und sagen, dass jede Leitung der Kirche, Pfarrer, Kirchengemeinderat, Synode oder Bischof nur Vize-Regierungen, nur stellvertretende Leitungen sind. Keine menschliche Führung kann die wirkliche, die tatsächliche Führung und Leitung sein. Sondern jede menschliche Regierungsform kann nur Zeugnis ablegen von der wahren Leitung und hat nur in dem Maß Anspruch auf Autorität, als sie Gott in Jesus Christus dient. […]

2. *Er ist erhöht über alle Fürstentümer und hat einen Namen bekommen, der über alle Namen ist.* Es gibt „Fürstentümer und Gewalten" in der Welt, Kräfte in der Natur und der Geschichte. Das Reich Christi ist nicht ohne Beziehung zu ihnen. Christus ist erhöht

über sie. Er regiert also nicht nur in der Kirche, sondern auch über die ganze Schöpfung, selbst wenn die Schöpfung das nicht weiß. [...] Jeder Mensch untersteht der Herrschaft Christi, ob er es weiß oder nicht weiß. Christus ist eigentlich für den Heiden keine Neuheit, keine Neuerung. Von seinem eigenen Herrn vielmehr hört der Heide sprechen, wenn er dem Missionar zuhört. Der Unterschied zwischen Kirche und Welt besteht darin, dass man in der Kirche den Herrn der Welt anerkennt und bekennt, während man ihn in der Welt noch nicht kennt. Aber es ist derselbe Herr, der über die Kirche wie über die Welt regiert.

Karl Barth

3 Politische Theologie

Mit seinem Programm einer „politischen Theologie" bietet Jürgen Moltmann eine Theorie, die über die Königsherrschaft-Christi-Lehre hinausgehen soll.

„Politische Theologie" ist keine neue Dogmatik, sondern will fundamentaltheologisch das politische Bewusstsein jeder christlichen Theologie erwecken: Es gibt Theologie, die sich ihrer eigenen politischen Funktion bewusst ist. Es gibt auch naive und politisch gleichsam bewusstlose Theologie. A-politische Theologie gibt es nicht, weder auf der Erde noch im Himmel. Es gibt Kirchen, die ihren politischen „Sitz im Leben" ihrer Gesellschaft nicht öffentlich erkennbar machen wollen. Sie verschweigen, verhüllen und verschleiern ihn und behaupten deshalb, sie seien politisch „neutral", was sie de facto niemals sind. Es gibt christliche Gruppen, die als christliche Gruppen bewusst politisch existieren. Aber eine a-politische Kirche gibt es nicht, weder in der Geschichte noch im Reich Gottes. „Politische Theologie" will nicht politische Fragen anstatt dogmatischer zu Zentralthemen der Theologie machen, sondern umgekehrt bis in die politischen Funktionen der Dogmatik hinein christlich sein. Sie will nicht die Kirchen „politisieren", sondern die Kirchenpolitik und das politische Engagement der Christen christianisieren. Sie nimmt darum die funktionale Religionskritik der Neuzeit auf und drängt von der Orthodoxie des Glaubens zur Orthopraxie der Nachfolge Christi. [...]
Die Kritik an Tradition und Institution sucht die Freiheit für das Neue. Darum stellte Kant als erster die moderne Frage an die Religion: „Was darf ich hoffen"? Die Erfahrung der Transzendenz verschiebt sich mit dieser Frage aus der Metaphysik in die Eschatologie.
Nach dem Primat der Liebe in der mittelalterlichen Theologie und Kirche und nach dem Primat des Glaubens in der reformatorischen Theologie und Kirche hat die Neuzeit den Primat der Hoffnung entwickelt. Die Immanenz wird nicht mehr als vergängliche Erde unter einem unvergänglichen Himmel erlebt, sondern als offener Prozess des Lebens und als die Geschichte einer noch unbekannten Zukunft. [...]
Die neue „politische Theologie" hat darum die [...] Eschatologie zur Grundlage und zum Medium der christlichen Theologie erklärt. Sie hat die christliche Theologie als messianische Theologie entworfen. Die Wurzeln der „politischen Theologie" liegen in der „Theologie der Hoffnung".

Jürgen Moltmann

— **1** a) Interpretieren Sie das Bild (M 2). > 1
b) Recherchieren (M 8) und analysieren Sie die ikonografischen Symbole. > 1

— **2** a) Informieren Sie sich über Leben und Werk von Karl Barth. >
b) Vergleichen Sie Barths Lehre von der „Königsherrschaft Christi" mit Luthers Zweireichelehre (S. 120/121). > 2

— **3** a) Erklären Sie den Ansatz der „politischen Theologie". > 3
b) Erläutern Sie, inwiefern Moltmann den Ansatz Barths weiterführt. > 2, 3

— **4** a) Analysieren Sie die Zusammenhänge der drei Modelle von Luther (S. 120/121), Barth und Moltmann und stellen Sie sie in einem Schaubild (M 10) dar. > 2, 3
b) Begründen Sie, welches der Modelle Sie theologisch bevorzugen. > 2, 3

plus **5** a) Beurteilen Sie aus theologischer Sicht die Darstellung Christi als König. > 1
b) Nehmen Sie Stellung zu einer ethischen Herausforderung (S. 110–119) aus der Perspektive der Ansätze von Barth oder Moltmann. > 2, 3

Katholische Soziallehre und Befreiungstheologie

1 Sozial- und Individualethik

Die drängenden Fragen heutiger Ethik sind sozialer Natur. Darum ist es längst nicht mehr zureichend, wenn sich die Ethik bzw. die praktische Philosophie mit Fragen der individuellen Lebensführung befasst. In der modernen Gesellschaft, dem demokratischen Staat und der hochgradig arbeitsteiligen Marktwirtschaft ist alles Handeln vergesellschaftet. Die gesellschaftlichen Teilsysteme von Wirtschaft, Wissenschaft, Technik, Politik und Kultur haben ihre eigengesetzliche Entwicklungsdynamik, mit welcher die ethische Urteilbildung kaum noch Schritt hält. „Nicht die Lebensführung des Einzelnen ist hier das Problem, sondern vielmehr die Frage, welchen normativen Regelungen die betreffenden Handlungsfelder unterworfen werden müssen, damit sie mit den ethischen Grundorientierungen in Übereinstimmung bleiben“ [Johannes Fischer]. Umgekehrt stellt sich die drängende Frage, welche ethischen Grundorientierungen den Herausforderungen der modernen Gesellschaft standhalten und ihren grundsätzlichen Pluralismus im Innersten zusammenhalten können. Sowohl die Praktische Philosophie als auch die theologische Ethik oder Moraltheologie haben heute ihren Schwerpunkt auf dem Gebiet der Sozialethik. Daneben behalten Fragen der individuellen Lebensführung aber weiterhin ihr eigenes Recht und Gewicht. [...] Angesichts des gesellschaftlichen Pluralismus wie auch der Globalisierung kann theologische Sozialethik heute nur noch ökumenisch betrieben werden.

Ulrich H. J. Körtner

2 Elemente der katholischen Soziallehre

Die Katholische Soziallehre enthält Leitgedanken für die menschenwürdige Gestaltung des gesellschaftlichen Lebens. Sie fordert Gerechtigkeit im Zusammenspiel der wirtschaftlichen und gesellschaftlichen Kräfte sowie den Schutz der Armen und Schwachen. Wesentliche Inhalte der Katholischen Soziallehre sind:

- die Sozialverpflichtung des Eigentums
- soziale und Chancen-Gerechtigkeit
- Wahrung der Rechte der Frau
- weltweite Verteilung von Wirtschaftsgütern und Ressourcen
- Mitverantwortung und Mitbestimmung im Unternehmen
- der Interessenausgleich zwischen Kapital und Arbeit
- Schutz der Familie
- Eigentumsbildung in Arbeitnehmerhand

Leitbegriffe der Katholischen Soziallehre, die sowohl auf der Bibel als auch auf dem Naturrecht basiert, sind:

Personalität
(Würde der Person)

Solidarität
(mitmenschlicher Zusammenhalt)

Subsidiarität
(Verantwortlichkeit und Selbsthilfe der kleineren gesellschaftlichen Einheiten, beginnend bei der Familie)

Pfarrei St. Clemens Dortmund

3 Was ist „Naturrecht“?

Eine wichtige Begründung für eine katholische Ethik ist das „Naturrecht“.

Naturrecht ist das Recht, das nicht durch die Gesetzgebung des Staates zustande kommt. Das Naturrecht ist demzufolge überstaatlich bzw. vorstaatliches Recht, welches dem Menschen aufgrund seiner Natur zukommt. Die Vorstellung vom Naturrecht steht im Gegensatz zum Rechtspositivismus. Die Idee des Naturrechts liegt bereits in der griechischen Philosophie begründet, insbesondere der Stoa. Im Mittelalter sah Thomas von Aquin das Naturrecht als Teilhabe des Menschen am göttlichen Recht. In der Aufklärung wurde die Vorstellung vom Naturrecht weiterentwickelt und diente als Argument gegen den Absolutismus (so beispielsweise in der Unabhängigkeitserklärung der Vereinigten Staaten von Amerika von 1776 und in der französischen Erklärung der Menschen- und Bürgerrechte von 1789). Das Naturrecht umfasst grundlegende Rechte (siehe Menschenrechte) wie das Recht auf Leben, das Recht auf körperliche Unversehrtheit und die Freiheit der Person. Da dieses Recht in der Natur des Menschen begründet ist, kommt es allen Menschen in gleichem Maße zu. Das Naturrecht kann – beispielsweise in Diktaturen – im Gegensatz zum staatlichen Recht stehen.

Christoph Terno

4 Eine Theologie der Befreiung

Befreiungstheologie bezeichnet der Sache nach eine neue Einstellung [...], nämlich aus dem Glauben, das heißt aus der Identifizierung mit dem biblischen Befreiungspotential (vor allem Exodus-Geschehen, Befreiungsbotschaft Jesu Lk 4,18f., Zuwendung zu den „Geringsten" Mt 25,31–45, Freiheit der Kinder Gottes Gal 4,4f.; 5,1) sich konkret auf die Seite der Unfreien, Unterdrückten, Benachteiligten und Armen zu stellen, aktiv für ihre Befreiung tätig zu sein und diesen Prozess mit theologischer Reflexion zu begleiten. Dieser Reflexion geht also das konkrete und entschiedene Engagement für die Befreiung voraus. [...] Die theologische Reflexion ist gekennzeichnet a) durch eine Situationsanalyse, die sich unterschiedlicher sozialwissenschaftlicher Methoden bedient, b) durch die Konfrontation der Glaubenstradition mit der Situation der Unterdrückten. Hier wird nach der Bedeutung der biblischen Botschaft vom rettenden und befreienden Gott und [...] nach dem Befreiungspotential der Reich-Gottes-Botschaft Jesu, nach dem Befreiungsauftrag der Kirche mit ihrer Sozialethik, nach dem Zusammenhang zwischen individueller Bekehrung und gesellschaftlichen Veränderungen gefragt, c) durch die Analyse der Möglichkeiten konkreten Handelns in entschiedener Parteilichkeit.
Die Befreiungstheologie entstand in den 60er Jahren des 20. Jahrhunderts in Lateinamerika auf katholischer wie auf evangelischer Seite. Ähnliche, wenn auch nicht in allem identische theologische Initiativen entwickelten sich von den späten 60er Jahren an in USA (gegen die Unterdrückung durch Rassismus) und Afrika („Schwarze Theologie"), auf den Philippinen, in Sri Lanka und Indien („Theologie der Dritten Welt"). Die offensiv ausgesprochene Erkenntnis der Befreiungstheologie, dass die westlichen Gesellschaften die Religion zur Stützung von Macht und Interessen und zur Beschwichtigung der verelendeten Massen missbrauchen, führte zu heftigen Reaktionen sowohl von politischer wie von kirchlicher Seite. Schon Ende der 60er Jahre wurden politische Strategien zum Kampf gegen die Befreiungstheologie entwickelt (Morde, Pogrome, Verschleppungen usw.).

Herbert Vorgrimler

1 a) Erklären Sie die Unterscheidung von Individual- und Sozialethik. Beziehen Sie ein, womit Sie sich in diesem Kapitel bereits auseinandergesetzt haben. > 1

b) Nennen Sie Beispiele sozialethischer bzw. individualethischer Fragestellungen. Gehen Sie dabei auch auf die vorherigen Seiten ein. > 1

2 Erläutern Sie die Inhalte der katholischen Sozialethik mit Beispielen. > 2

3 Arbeiten Sie die Grundidee des Naturrechts heraus und wenden Sie diese auf ein aktuelles Beispiel an. > 3

4 a) Skizzieren Sie die Besonderheiten der Befreiungstheologie im Vergleich mit den Ansätzen, die Sie bisher kennengelernt haben. > 4

b) Setzen Sie die erwähnten Bibelstellen in Beziehung zum Anliegen der Befreiungstheologie. > 4

5 a) Beurteilen Sie, inwiefern sich die katholische Soziallehre von evangelischen Ansätzen unterscheidet, die Sie bereits kennengelernt haben (S. 120–123). > 1 – 3

b) Wenden Sie Ihre hier gewonnenen Einsichten auf eine konkrete ethische Herausforderung (S. 110–119) an. > 1 – 4

Gerechtigkeitsvorstellungen in der Prophetie

1 Stimmen der Gerechtigkeit

„Hört mir zu, ihr trotzigen Herzen, die ihr ferne seid von der Gerechtigkeit! Ich habe meine Gerechtigkeit nahe gebracht; sie ist nicht ferne und mein Heil säumt nicht.“
Jes 46,12–13a

„So spricht der HERR: Schafft Recht und Gerechtigkeit und errettet den Beraubten von des Frevlers Hand und bedrängt nicht die Fremdlinge, Waisen und Witwen und tut niemand Gewalt an und vergießt kein unschuldiges Blut an dieser Stätte.“
Jer 22,3

„Suchet den HERRN, so werdet ihr leben, […] die ihr das Recht in Wermut verwandelt und die Gerechtigkeit zu Boden gestoßen habt.“
Am 5,6–7

„Suchet den HERRN, all ihr Elenden im Lande, die ihr seine Rechte haltet! Suchet Gerechtigkeit, suchet Demut! Vielleicht könnt ihr euch bergen am Tage des Zorns des HERRN!“
Zef 2,3

2 Blick in eine andere Welt?

3 Gerechtigkeit als Lebenseinstellung

Sich für Recht und Gerechtigkeit einzusetzen, fordert die Bibel, nein besser: gehört der Bibel nach zum selbstverständlichen menschlichen Handeln. Konkret beinhaltet das schon zu biblischen Zeiten Forderungen, die noch heute von Religionen und Hilfsorganisationen gestellt werden: Armut zu bekämpfen, Notleidenden zu helfen, gegen Willkürherrscher aufzustehen und für die Wahrung der Menschenwürde einzutreten. Eine Gemeinschaft, die sich gerecht verhält, kommt Gott näher: „Gerechtigkeit erhöht ein Volk“. Der Einsatz für irdische Gerechtigkeit ist wichtiger als ein folgenloses frommes Leben zu führen: „Recht und Gerechtigkeit tun ist dem HERRN lieber als Opfer.“ Die Propheten klagen dies immer wieder ein. […] Gottgefällig zu leben, bedeutet, „gerecht“ zu leben – sich also an die gemeinschaftswahrenden Gebote der Tora zu halten. Wer so lebt, kommt dem „Gott der Gerechtigkeit“ näher, denn „der HERR ist gerecht und hat Gerechtigkeit lieb“. Der Prophet Daniel […] baut mehr auf Gottes Gnade als auf die menschliche Vorstellung von Gerechtigkeit: „Wir liegen vor dir mit unserm Gebet und vertrauen nicht auf unsre Gerechtigkeit, sondern auf deine große Barmherzigkeit.“ Vorsichtig macht das Buch der Sprüche Mut: „Wer der Gerechtigkeit nachjagt, den liebt er.“ Wer für Gerechtigkeit eintritt, mag im Himmel Punkte sammeln; auf der Erde jedoch kann es schlimme Folgen haben. Das war die Erkenntnis der ersten Christen, die nicht nur übler Rede, sondern auch allerlei Verfolgungen ausgesetzt waren. Die Gläubigen finden in der Bergpredigt Jesu Stärkung, in der Jesus Mut macht: „Selig sind, die da hungert und dürstet nach der Gerechtigkeit; denn sie sollen satt werden … Selig sind, die um der Gerechtigkeit willen verfolgt werden; denn ihrer ist das Himmelreich.“ Gerecht zu sein bedeutet mehr, als den Wortlaut der Gebote zu erfüllen, lehrt Jesus seine Jünger: „Wenn eure Gerechtigkeit nicht besser ist als die der Schriftgelehrten und Pharisäer, so werdet ihr nicht in das Himmelreich kommen.“

Uwe Birnstein

4 Gemeinschaft als Maßstab

„Will man alles, was die Bibel über Gott und Mensch zu sagen hat, mit einem einzigen Wort zusammenfassen, so kommt allein der Begriff der Gerechtigkeit in Frage“ (Crüsemann). Die Eigenart des alttestamentlichen Gerechtigkeitsverständnisses kommt in dem hebräischen Wort zedaqa zum Ausdruck. […] Im Unterschied zum Begriff zedek, mit dem eine feststehende Norm, ein Maßstab bezeichnet wird, meint zedaqa ein Tun, […] das in Unordnung Geratenes und somit Falsches wieder richtig stellt, also in diesem Sinne Gerechtigkeit bewirkt. Kriterium dafür, was falsch und richtig ist, ist die Frage, ob es der Gemeinschaft dient oder ihr schadet. Maßstab ist nicht ein gesetztes Recht, sondern die soziale Beziehung zu den betroffenen Menschen. Gerechtigkeit erweist sich in dem Tun, das in Treue zur Gemeinschaft geschieht und ihr förderlich ist, kurz: Gerechtigkeit besteht in lebendiger Gemeinschaftstreue. Seinen Grund hat dieses Tun in Gott, der im Exodus und im Bundesschluss am Sinai sich als der offenbart hat, der sich mit seinem unterdrückten Volk solidarisiert, am Sinai seinen Bund mit ihm geschlossen hat und treu dazu steht.

Norbert Mette

5 Prophetische Gerechtigkeit für heute?

Der Gesellschaftswissenschaftler Stefan Selke fordert angesichts des starken Zulaufs zu den Lebensmitteltafeln in Deutschland eine Debatte über die Versorgung armutsbetroffener Menschen. „Dass die Tafeln so am Anschlag sind, zeigt doch, wie dringend sich etwas ändern muss“, sagte er dem Evangelischen Pressedienst (epd). Ein Freiwilligensystem könne nicht Grundversorgung und Existenzsicherung leisten. „Die Tafeln werden sowieso weitermachen und ihr Bestes geben. Es muss auch honoriert werden, wie die Menschen sich jeweils vor Ort engagieren. Aber auf einer anderen Ebene ist es jetzt Zeit für eine grundsätzliche Debatte darüber, was uns das Soziale noch wert ist“, sagte Selke, Professor für Gesellschaftlichen Wandel an der Hochschule Furtwangen. Die Frage dürfe nicht sein, wie der Staat die Tafeln unterstützen kann, sondern wie man armen Menschen genug zum Leben geben könne, ohne dass sie fremdbestimmt werden. „Wir leben in einer Konsumgesellschaft und wer nicht am Konsum teilnehmen kann – egal auf welchem Niveau –, verliert ein Stück weit seine Bürgerrechte. Und damit bekommen wir früher oder später ein Demokratieproblem“, befürchtet der Wissenschaftler.

„In Almosensystemen sind die Menschen fremdbestimmt. So kann es keine soziale Gerechtigkeit geben.“ Es gehe ihm nicht darum, die Tafeln zu kritisieren, sondern zu hinterfragen, welche Rolle sie in unserer Gesellschaft spielen. „Tafeln tragen seit 30 Jahren zur Stabilisierung einer ‚kalten‘ Gesellschaft bei, weil die Armut mehr und mehr in dieses System delegiert wird“, sagte Selke. Der Wissenschaftler forderte, „die Ursachen für Armut in einem der reichsten Länder der Welt zu bekämpfen und den Fokus darauf zu legen, dass Menschen genug von dem haben, was sie brauchen. Man sollte Menschen retten, nicht Lebensmittel.“

Anna Schmid

— 1 a) Fassen Sie Ihr Vorwissen aus der 8. Klasse zum Thema Prophetie in Sketchnotes (M 15) zusammen.

b) Arbeiten Sie aus den Bibelzitaten Aspekte der Gerechtigkeitsvorstellungen heraus. > 1

— 2 Interpretieren Sie das Bild (M 2) und setzen Sie es in Beziehung zu den Bibelversen. > 1, 2

— 3 Erstellen Sie ein Schaubild (M 10) zu den Aspekten der Gerechtigkeitsvorstellungen. > 1, 3

— 4 Erklären Sie die Besonderheiten des alttestamentlichen Gerechtigkeitsbegriffs. > 4

— 5 a) Erläutern Sie die dargestellten gesellschaftlichen und politischen Herausforderungen. > 5

b) Setzen Sie sich mit sozialen Hilfsangeboten in Ihrer Region auseinander und beurteilen Sie die Rolle der Kirchen in diesem Bereich. > 5

— 6 a) Diskutieren Sie (M 4), inwiefern die prophetischen Gerechtigkeitsvorstellungen für die Situation heute noch relevant sind. > 1 – 5

b) Beziehen Sie die prophetische Vorstellung von Gerechtigkeit auf ein gesellschaftliches Problem, das Ihnen im bisherigen Verlauf des Kapitels begegnet ist (S. 110–119). > 1 – 5

Im Überblick

Thomas Plaßmann

Sie haben in den vergangenen Stunden mit dieser Lerneinheit viele Perspektiven auf das Christsein in der Gesellschaft kennengelernt. Nun geht es darum zu zeigen, wie Sie Ihr erweitertes Wissen und Ihre ausgebildeten Fähigkeiten anwenden können.

— **1** Interpretieren Sie die Karikatur (M 3).

— **2** Skizzieren Sie eine mögliche Antwort auf die Frage der Karikatur.

— **3** Erklären Sie die Mindmap, indem Sie den Zusammenhang zwischen den einzelnen Begriffen und Begriffsfeldern erklären. Ergänzen Sie wenn nötig weitere Perspektiven.

— **4** Erörtern Sie das Verhältnis von Individuum und Gesellschaft. Beziehen Sie eine christliche Perspektive mit ein.

— **5** Nehmen Sie Stellung zum Zusammenhang von Ethik und Theologie.

— **6** Recherchieren Sie (M 8) den „Konziliaren Prozess" (vgl. S. 27) und setzen Sie ihn in Beziehung zu Ihren Einsichten aus diesem Kapitel.

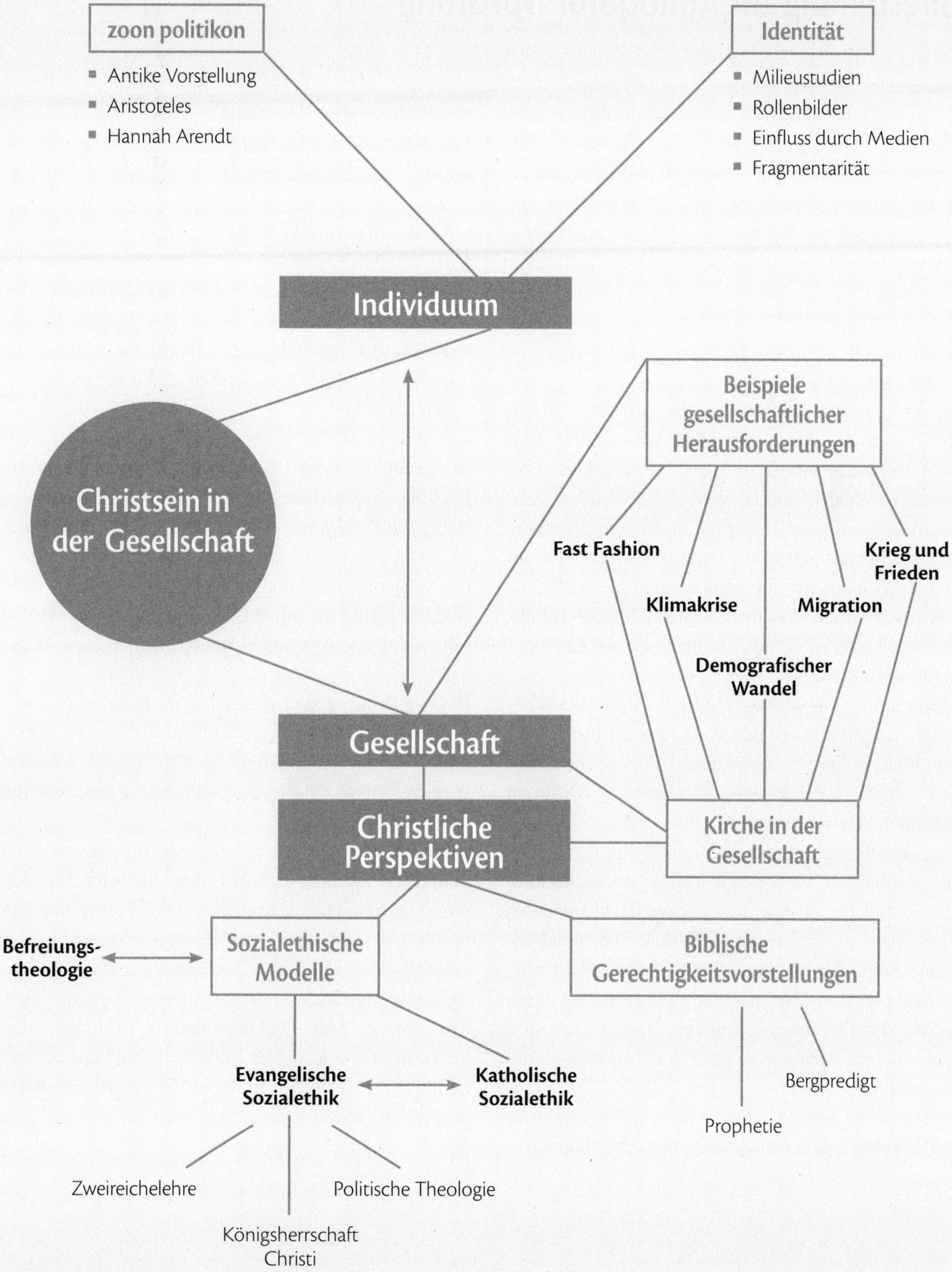
zoon politikon
Antike Vorstellung
Aristoteles
Hannah Arendt
Identität
Milieustudien
Rollenbilder
Einfluss durch Medien
Fragmentarität
Individuum
Christsein in der Gesellschaft
Beispiele gesellschaftlicher Herausforderungen
Fast Fashion
Krieg und Frieden
Klimakrise
Migration
Demografischer Wandel
Gesellschaft
Christliche Perspektiven
Kirche in der Gesellschaft
Befreiungs-theologie
Sozialethische Modelle
Biblische Gerechtigkeitsvorstellungen
Evangelische Sozialethik
Katholische Sozialethik
Bergpredigt
Prophetie
Zweireichelehre
Politische Theologie
Königsherrschaft Christi

Hilfestellung zur Kolloquiumsprüfung

Die häufigste Prüfungsform in unserem Fach ist eine mündliche Prüfung – das Kolloquium (lat. „Gespräch"). Hier erfahren Sie, wie diese Prüfung in der Regel abläuft, und Sie bekommen wertvolle Tipps, um sich darauf vorzubereiten. Sprechen Sie sie mit Ihrer Lehrkraft durch – denn natürlich können Kleinigkeiten an Ihrer Schule ein wenig anders organisiert sein.

1 Vor der Prüfung

Das Kolloquium besteht aus einem Kurzreferat zu einem Thema aus Ihrem gewählten Schwerpunkt und einem Prüfungsgespräch über weitere Themenbereiche. Rechtzeitig vor der Prüfung werden zu jedem Halbjahr aus Jahrgang 12 und 13 jeweils drei Themenbereiche bekanntgegeben. Sie wählen spätestens vier Wochen vor dem Kolloquium ihr Schwerpunktthema für Ihr Referat. Außerdem schließen Sie eines der beiden Halbjahre aus Jahrgang 12 aus der Prüfung aus, das nicht geprüft werden soll.

Besprechen Sie die Themenwahl mit Ihren Mitschülerinnen und Mitschülern und vor allem mit Ihrer Lehrkraft: Welche Themen liegen Ihnen? Für welche Bereiche bringen Sie das meiste Interesse mit? Wo liegen womöglich Schwierigkeiten?

Wer sich neben dem Lernen des Stoffes auf das eigentliche Kolloquium vorbereiten möchte, sollte mindestens ein Referat zu einem möglichen Themenbereich seines Schwerpunktes vorbereiten. Beachten Sie mithilfe einer Stoppuhr die vorgegebenen Zeiten. Halten Sie das Kurzreferat entweder vor dem Spiegel oder bitten Sie 2–3 Freunde, Ihnen zuzuhören. Diese Übung hilft Ihnen einzuschätzen, was in der Zeit zu schaffen ist und was nicht.

Wenden Sie sich an Ihre Lehrkraft – vielleicht gibt es die Möglichkeit, eine Übungsaufgabe zu bekommen.

2 Ablauf der Prüfung

Eine Kolloquiumsprüfung dauert insgesamt eine Stunde, die sich wie folgt aufteilt:

- **30 Minuten** Vorbereitungszeit
- **10 Minuten** Kurzreferat
- **5 Minuten** Gespräch über das Referat und Ihr Schwerpunktgebiet
- **15 Minuten** Prüfungsgespräch über die beiden weiteren Halbjahre (außer über den ausgeschlossenen Bereich)

Reden Sie mit Ihrer Lehrkraft darüber, wie genau die Prüfung abläuft: Holt Sie jemand ab? Welche Räume stehen zur Verfügung? Klären Sie, ob eine Uhr zu sehen ist. Wenn Sie diese Dinge wissen, können Sie sich innerlich vorher schon einmal in die Situation hineinversetzen. Dann sind Sie am Tag der Prüfung nicht mehr so sehr von den ungewohnten Rahmenbedingungen abgelenkt.

Bei der Prüfung sind neben der prüfenden Lehrkraft noch eine andere Religionslehrkraft für das Protokoll und eventuell (eher selten) ein Mitglied der Schulleitung anwesend. Die Fragen stellt aber vor allem die prüfende Lehrkraft.

Jeder Schüler und jede Schülerin geht anders an eine mündliche Prüfung heran. Daher überlegen Sie sich schon vorher, welche Strategien Ihnen helfen und was Sie stört.

Die folgenden Tipps sind als Anregung zu verstehen, sich einen eigenen Weg zurechtzulegen, wie man vorgehen möchte. Eine Prüfungssituation ist immer eine Stresssituation. Je besser Sie wissen, was auf Sie zukommt und was Ihnen hilft, desto ruhiger können Sie die Prüfung bewältigen.

Die Vorbereitungszeit Das Kurzreferat wird erst im Kolloquium vorbereitet. In der Aufgabenstellung wird keine Gliederung durch verschiedene Unterpunkte vorgegeben. Eine solche Gliederung für das Referat zu entwerfen, ist also Teil der Prüfungsaufgabe.

Dreißig Minuten vor Beginn der eigentlichen Prüfung beginnt die Vorbereitungszeit in dem dafür genannten Raum. Erscheinen Sie unbedingt pünktlich, sonst verkürzt sich die Vorbereitungszeit.

Im Vorbereitungsraum bekommen Sie Ihre Aufgabenstellung. Lesen Sie diese mehrmals genau durch. An Ihrem Platz stehen alle erlaubten Hilfsmittel und Materialien bereit. In der Regel wird auch eine Lutherbibel zur Verfügung gestellt, die genutzt werden kann. Bitte machen Sie sich vorher noch einmal mit deren Verwendung vertraut: Wie finde ich eine Bibelstelle? Wie sind die biblischen Bücher sortiert? Welche Hilfsmittel bietet mir die Bibel (Lexikon, Erklärungen, Karten, Übersichten)? Diese Bibel bleibt im Vorbereitungsraum. Im Prüfungsraum liegt ein identisches Exemplar aus.

Die Gliederung Dreißig Minuten sind schnell vorbei und es ist wenig Zeit für verschiedene Entwürfe. Gehen Sie Ihr Thema zunächst im Kopf durch und halten Sie wenn nötig die wichtigsten Stichworte fest. Nehmen Sie sich dafür 2–3 Minuten Zeit.

Hilfreich ist dabei, sich noch einmal vor Augen zu führen, was alles im Unterricht zu dem Thema besprochen wurde. Konzentrieren Sie sich auf das, was Ihnen einfällt – nicht auf die vielen anderen Dinge, die Ihnen womöglich gerade nicht mehr einfallen! Wenn Sie einen groben Überblick im Kopf haben, schreiben Sie sich direkt eine Gliederung mit viel Abstand zwischen den Punkten auf das Papier fürs Referat. Gehen Sie Ihre Gliederung noch einmal durch: Haben Sie etwas Wichtiges übersehen? Ist der Gedankengang nachvollziehbar? Die Gliederung sollte nach etwa 10–15 Minuten fertig sein.

Die Ausarbeitung Im zweiten Schritt können Sie die Lücken zwischen den Gliederungspunkten mit Stichworten zu dem, was Sie inhaltlich sagen möchten, füllen: Wichtige Namen, Daten, Fakten oder Beispiele, mit denen Sie gut arbeiten können. Formulieren Sie keine Sätze aus, dafür haben Sie keine Zeit. Wählen Sie Stichworte, die Ihnen sofort ins Gedächtnis rufen, worum es gehen soll.

Nur wenn Sie noch Zeit übrighaben und es Ihr Thema erfordert, können Sie am Ende der Vorbereitung zum Beispiel eine Skizze anfertigen, die einen wichtigen Punkt verdeutlicht. Wichtiger als die Visualisierung ist allerdings die Fähigkeit, Inhalte mündlich darzustellen.

Die Prüfung Während des Referats findet keine Unterbrechung statt, dieser Teil der Prüfung gehört allein Ihnen. Erst im Anschluss werden Ihnen Fragen gestellt. Im zweiten Prüfungsteil ist es ratsam, aus den Aufgaben und Fragen wenn möglich selbst etwas zu entwickeln: Sie können etwa Zusammenhänge zwischen Themen herstellen, etwas mit Beispielen erläutern oder Problemstellen eines Themas benennen. Je mehr Sie aktiv einbringen, desto weniger muss die Lehrkraft nachfragen und Sie bestimmen die Richtung der Prüfung.

Hören Sie bei Nachfragen ganz genau hin, denn: Die Lehrkräfte wollen Ihnen helfen, sich in der Prüfung zurechtzufinden. Daher ist jede Frage immer auch eine kleine Hilfe. Die Aufgaben sollen das Gespräch eröffnen und Ihnen die Möglichkeit geben, sich kritisch mit einem Problem oder Sachverhalt auseinanderzusetzen. Auch hier gilt: Nutzen Sie, was Sie haben und wissen, anstatt sich über das zu ärgern, was Ihnen gerade nicht einfällt.

Der Blackout Es kann immer mal passieren, dass man einen Blackout hat oder mit einer Frage nichts anfangen kann. In diesem Fall ist es hilfreich, entweder nachzufragen oder zuzugeben, dass einem dazu gerade nichts einfällt. Das gibt der Lehrkraft die Möglichkeit, Ihnen durch gezielte Fragen auf die Sprünge zu helfen oder das Thema zu wechseln.

Die Bewertung Bitte nicht wundern, dass am Ende keinerlei Aussagen positiver oder negativer Art getroffen werden. Vor der offiziellen Bekanntgabe der Abiturergebnisse dürfen die Lehrkräfte keine Andeutungen über das Resultat machen.

Anleitung zum richtigen Umgang mit den Operatoren

	Was ist zu beachten?	Wie gehe ich vor?
ANFORDERUNGSBEREICH I (REPRODUKTION)		
benennen **nennen** Ausgewählte Elemente, Aspekte, Merkmale, Begriffe, Personen etc. unkommentiert angeben.	Bei diesem Operator geht es darum, Begriffe oder Sachverhalte aufzuzählen, ohne sie näher zu erläutern. Es soll also weder eine Kommentierung noch eine Bewertung der zu benennenden Informationen erfolgen. Der Operator setzt das gründliche, sinnentnehmende Lesen des Materials voraus.	Untersuchen Sie das Material unter Berücksichtigung derjenigen Aspekte, deren Benennung in der Aufgabe gefordert wird. Markieren Sie diese Aspekte durch Unterstreichen oder Anmerkungen am Rand. Achten Sie darauf, dass Sie nur solche Informationen berücksichtigen, die explizit in der Aufgabenstellung angesprochen werden.
skizzieren Einen bekannten oder erkannten Sachverhalt oder Gedankengang in seinen Grundzügen ausdrücken.	Der Operator verlangt, dass Sachverhalte oder Zusammenhänge in reduzierter Form wiedergegeben werden. Es sollen zielgerichtet die wesentlichen Informationen aus einem Material entnommen und geordnet ausformuliert werden. Weniger wichtige Details des Textes (oder der Statistik) sollen beim Skizzieren ebenso weggelassen werden wie eine Erläuterung oder Bewertung.	Das Skizzieren bspw. von Gedankengängen setzt voraus, dass Sie den Text verstanden haben und in der Lage sind, wichtige von weniger wichtigen Informationen zu unterscheiden. Als Vorbereitung sollten Sie den Text daher gründlich gelesen haben. Erst nachdem Sie sich ein grundlegendes Verständnis erarbeitet haben, sollten Sie den Text ausgehend von der Aufgabenstellung untersuchen. Orientieren Sie sich an der Aufgabenstellung und markieren Sie nur solche Stellen, die für die Bearbeitung unbedingt berücksichtigt werden müssen.
formulieren **darstellen** **aufzeigen** Den Gedankengang oder die Hauptaussage eines Textes oder einer Position mit eigenen Worten darlegen.	Sachverhalte oder Zusammenhänge sollen strukturiert wiedergegeben werden. Die Anforderungen sind ähnlich wie beim Operator „beschreiben". Es ist darauf zu achten, dass die Wiedergabe in eigenen Worten erfolgt. Eine Übernahme von Formulierungen oder ganzen Sätzen aus dem Material ist also unbedingt zu vermeiden. Zentrale Begriffe oder fachsprachliche Ausdrücke, die im Material vorkommen, können jedoch in die Darstellung übernommen werden. Häufig wird der Operator verwendet, um Argumentationsgänge oder Problemzusammenhänge zu erfragen. Diese sind in der Aufgabenbearbeitung so ausführlich zu entfalten, dass bspw. die Argumentation des Autors lückenlos nachzuvollziehen ist. Auf eine Bewertung der dargestellten Zusammenhänge ist dabei zu verzichten.	Verschaffen Sie sich einen ersten Überblick über das zugrundeliegende Material. Lesen Sie den Text unter Berücksichtigung der Aufgabenstellung. Welche Aspekte sollen in die Darstellung einbezogen werden? Markieren Sie entsprechende wichtige Informationen im Material. Im nächsten Schritt kann es hilfreich sein, zunächst eine grobe Gliederung zu entwerfen, um sicherzustellen, dass Sie alle wichtigen Aspekte berücksichtigen und die Struktur Ihrer Darstellung schlüssig ist. Verfassen Sie dann auf der Grundlage Ihrer Gliederung die Darstellung. Um die (unbewusste) Übernahme von Formulierungen zu vermeiden, sollten Sie abschließend Ihre Darstellung mit dem Ausgangsmaterial vergleichen.

	Was ist zu beachten?	Wie gehe ich vor?
wiedergeben Einen bekannten oder erkannten Sachverhalt oder den Inhalt eines Textes unter Verwendung der Fachsprache mit eigenen Worten ausdrücken.	Ähnlich wie beim Operator „zusammenfassen" (siehe unten) geht es hier darum zu zeigen, dass Sie den Inhalt eines vorgegebenen Textes verstanden haben. Allerdings sollen die Inhalte dabei nicht reduziert, sondern strukturiert in ihrer Gänze wiedergegeben werden. Meist wird dieser Operator bei Texten verwendet, die einen hohen Informationsgehalt, wenige Wiederholungen und eine anspruchsvollere Sprache aufweisen. Auch hier soll der Inhalt des Textes weder erläutert noch bewertet werden.	Teilen Sie den Text, der wiedergegeben werden soll, in Sinnabschnitte ein. Notieren Sie an den Rand des jeweiligen Sinnabschnitts einen Satz, der die Inhalte des Abschnitts in die moderne Fachsprache „übersetzt". Sie verfassen Ihre Textwiedergabe aus einer distanzierten, beobachtenden Perspektive. Um die sprachliche Distanz zum Ausdruck zu bringen, können Sie bei der anschließenden Formulierung der Wiedergabe den Konjunktiv I (indirekte Rede) verwenden.
beschreiben Die Merkmale eines Bildes oder eines anderen Materials mit Worten in Einzelheiten schildern.	Der Operator wird häufig sowohl bei Bildquellen als auch bei Statistiken verwendet. Als Vorbereitung für eine anschließende Analyse soll das Material in strukturierter Form in seinen Einzelheiten (in der Regel Bildelemente und deren Beziehungen zueinander) vorgestellt werden. Eine Analyse ist hier noch nicht vorzunehmen, also was z. B. die einzelnen Elemente einer Bildquelle oder einer Statistik für eine Bedeutung haben oder wie die Darstellung zu beurteilen ist.	Kreisen Sie das Ihnen wesentlich erscheinende Element des Materials ein. Dieses ist z. B. bei einer Bildquelle daran zu erkennen, dass es oft in klarer Beziehung zu den anderen Bildelementen steht. Davon ausgehend können Sie dann die übrigen Bestandteile des Materials und die Bildebenen (Vordergrund, Hintergrund) in ihrem Inhalt beschreiben. Bei Statistiken empfiehlt es sich, auf die dort oft dargestellte Entwicklung einzugehen.
zusammenfassen Die Kernaussagen eines Textes komprimiert und strukturiert darlegen.	Dieser Operator ist oft in der ersten Aufgabe bei schriftlichen Arbeiten anzutreffen. Hier sollen Sie zeigen, dass Sie den Inhalt eines Textes verstanden haben und damit in der Lage sind, diesen gekürzt und in eigenen Worten wiederzugeben. Der Text soll hierbei auf die wichtigsten Aussagen reduziert werden. Die Inhalte sollen weder von Ihnen erläutert noch bewertet werden. Sie schreiben Ihre Zusammenfassung aus einer distanzierten, beobachtenden Perspektive.	Teilen Sie den Text, der zusammengefasst werden soll, im Vorfeld in Sinnabschnitte ein. Schreiben Sie an den Rand des jeweiligen Sinnabschnittes eine Überschrift oder einen Satz, der den Inhalt des Abschnitts auf den Punkt bringt. Um die sprachliche Distanz zu unterstreichen, können Sie bei Ihrer Zusammenfassung den Konjunktiv I (indirekte Rede) verwenden.

	Was ist zu beachten?	Wie gehe ich vor?
ANFORDERUNGSBEREICH II (REORGANISATION UND TRANSFER)		
einordnen **zuordnen** Einen bekannten oder erkannten Sachverhalt in einen neuen oder anderen Zusammenhang stellen oder die Position eines Verfassers bezüglich einer bestimmten Religion, Konfession, Denkrichtung etc. unter Verweis auf Textstellen und in Verbindung mit Vorwissen bestimmen.	Dieser Operator ist verwandt mit dem Operator „erläutern" (siehe unten), aber von der Aufgabenstellung her enger gefasst. Es geht darum, Einzelaspekte in einen größeren (z. B. historischen) Zusammenhang zu stellen. Durch eine Erläuterung dieser Zusammenhänge, in die der Aspekt eingeordnet wird, zeigen Sie dann, dass Sie wissen und begründen können, warum der Aspekt in diesen Kontext passt.	Es bietet sich zunächst an, eine Mindmap zu erstellen. Gehen Sie dabei von einem Einzelaspekt aus, der sich z. B. in einem vorgegebenen Material findet, und suchen Sie weitere Aspekte, die mit ihm in Beziehung stehen.
anwenden Einen bekannten Sachverhalt oder eine bekannte Methode auf etwas Neues beziehen.	Dieser Operator ist eine Vorstufe zum Operator „vergleichen" (siehe unten). Hier geht es aber ausschließlich darum, die Unterschiede und Gegensätze von Sachverhalten oder Materialien anhand bestimmter Kriterien herauszustellen.	Es empfiehlt sich, zunächst eine Tabelle anzulegen, in der sich jeweils eine Spalte auf einen Sachverhalt bzw. ein Material beziehen sollte. Anhand des in der Aufgabe formulierten Kriteriums werden nun beide Sachverhalte bzw. Materialien auf die gegensätzlichen Aspekte hin untersucht und diese jeweils in den entsprechenden Sichtweisen – am besten mit Belegstellen aus dem Material – stichpunktartig in die Tabelle eingetragen. Mithilfe dieser Vorstrukturierung können Sie dann die Gegenüberstellung ausformulieren.
belegen **nachweisen** Aussagen durch Textstellen oder bekannte Sachverhalte stützen.	Hier wird verlangt, ein Material auf bekannte relevante Inhalte hin zu untersuchen und Aussagen durch Textstellen oder bekannte Sachverhalte zu stützen. Es ist also genau aufzuzeigen, an welcher Stelle im Material die gesuchten Aspekte stehen, und abschließend durch eine Erläuterung zu begründen.	Vergewissern Sie sich zunächst, welche Aspekte den relevanten Inhalt, der nachgewiesen werden soll, ausmachen. Notieren Sie sich diese Aspekte und untersuchen Sie das Material daraufhin, ob der Inhalt direkt oder indirekt angesprochen wird. Formulieren Sie dann den Nachweis und nennen Sie die Belegstelle. Erläutern Sie anschließend, warum Sie diese Stelle gewählt haben.

	Was ist zu beachten?	Wie gehe ich vor?
begründen Aussagen durch Argumente stützen.	Eine Position, eine Aussage oder ein Urteil soll schlüssig mit Argumenten gestützt werden. Die angeführten Argumente müssen fachlich korrekt sein und durch passende Belege und/oder Beispiele abgesichert werden.	Zunächst ist sicherzustellen, worauf die geforderte Begründung sich beziehen soll. Wenn es sich um ein Urteil über einen bestimmten Sachverhalt handelt, dann sammeln Sie zunächst Argumente, die für bzw. gegen dieses Urteil sprechen. Berücksichtigen Sie dabei auch in den vorliegenden Materialien angeführte Argumente. Ergänzen Sie diese Argumente durch eigene, wobei Sie auch Überlegungen aus dem Unterrichtszusammenhang einbeziehen sollten. Bevor Sie mit dem Schreiben beginnen, sollten Sie eine Gliederung entwickeln. Achten Sie auf eine nachvollziehbare, geordnete Argumentation.
erläutern **erklären** **entfalten** Einen Sachverhalt, eine These etc. ggf. mit zusätzlichen Informationen und Beispielen nachvollziehbar veranschaulichen.	Hier sollen Sachverhalte in ihren Hintergründen erklärt werden. Das eigene Sachwissen ist zu nutzen, um zielgerichtet z. B. einzelne relevante Textpassagen, Bildelemente oder Daten in ihrer tieferen Bedeutung umfassend darzustellen. Hier zeigen Sie also, dass Sie Ihre Kenntnisse kompetent anwenden können. Es sollen nicht nur Theorien, sondern auch relevante Beispiele herangezogen werden, um die entsprechenden Sachverhalte zu veranschaulichen.	Bei diesem Operator sollen Sie zeigen, dass Sie Ihr Wissen, das zur Bearbeitung der Aufgabe benötigt wird, abrufen können, um die Sachverhalte strukturiert zu erläutern. Untersuchen Sie zunächst das vorgegebene Material daraufhin, zu welchen Teilen Sie Hintergründe erläutern könnten. Zur Vorstrukturierung bietet es sich an, z. B. eine Mindmap zu erstellen und die gewählten Passagen schlagwortartig Sachinhalten zuzuordnen. Diesen können noch weitere Inhalte zugeordnet werden, sodass sich ein umfassendes Beziehungsgeflecht ergibt. Nach einer von Ihnen gewählten Reihenfolge kann dann ausgehend vom Material die Erläuterung mit Beispielen und Belegen formuliert werden.
herausarbeiten Aus Aussagen eines Textes einen Sachverhalt oder eine Position erkennen und darstellen.	Während beim Operator „analysieren" (siehe unten) die Aspekte, die aus einem Material erschlossen werden sollen, direkt zu erkennen sind, muss beim Operator „herausarbeiten" erst „zwischen den Zeilen" gelesen werden, um die Aussage eines Materials zu erfassen. Genauso wie beim Operator „analysieren" werden dabei bestimmte Kriterien an die Hand gegeben, anhand derer die Untersuchung erfolgen soll.	Wie bei den Operatoren „analysieren" und „charakterisieren" ist es auch beim Operator „herausarbeiten" hilfreich, sich das Untersuchungskriterium, das in der Aufgabenstellung genannt wird, klar zu machen. Achten Sie bei der Bearbeitung des Textes auf Andeutungen oder subtile Bewertungen, die der Autor/die Autorin vornimmt, und ziehen Sie daraus Ihre Erkenntnisse.

	Was ist zu beachten?	Wie gehe ich vor?
vergleichen Nach vorgegebenen oder selbst gewählten Gesichtspunkten Gemeinsamkeiten, Ähnlichkeiten und Unterschiede ermitteln und darstellen.	Bei einem Vergleich ist es wichtig, Unterschiede, Ähnlichkeiten und Gemeinsamkeiten zwischen Sachverhalten bzw. Materialien anhand bestimmter Kriterien darzustellen. Oft bleibt die Bearbeitung unvollständig, da z. B. nur auf die Unterschiede Bezug genommen wird.	Erstellen Sie eine Tabelle mit den Spalten „Gemeinsamkeiten", „Ähnlichkeiten" und „Unterschiede". Untersuchen Sie nun die Sachverhalte bzw. Materialien anhand des Vergleichskriteriums und tragen Sie Ihre Ergebnisse stichpunktartig – am besten mit den Belegstellen aus dem Material – in die Tabelle ein. Im Anschluss können Sie anhand dieser Vorstrukturierung den Vergleich ausformulieren.
analysieren **untersuchen** Unter gezielter Fragestellung Elemente, Strukturmerkmale und Zusammenhänge systematisch erschließen und darstellen.	Mithilfe dieses Operators soll ein Material auf eine bestimmte Fragestellung bzw. bestimmte Aspekte hin untersucht werden, um seine inhaltliche Aussagekraft thematisch zielgerichtet zu erfassen. Die Aspekte sind in der Regel direkt aus dem Material zu ersehen. Bei manchen Materialien bietet es sich an, sie im Hinblick auf mehrere Aspekte zu analysieren und diese dann zu einem Gesamtbild zusammenzufügen. Wichtig ist, die Untersuchungsergebnisse anschließend zu ordnen und strukturiert darzustellen. Außerdem muss das entsprechend erfasste Ergebnis der Untersuchung am Material belegt werden. Genau wie bei „herausarbeiten" (siehe oben) werden die Operatoren „analysieren" und „untersuchen" zur inhaltlichen Erschließung eines Materials genutzt.	Gehen Sie das Material durch, indem Sie Ihre „Analysebrille" aufsetzen und die Elemente (Textpassagen, Bildelemente oder Zahlenwerte) markieren, in denen Aussagen zu ihrem Untersuchungsaspekt auftauchen. Fügen Sie diese Elemente zusammen und wählen Sie eine geeignete Struktur, mit der Sie Ihre Ergebnisse geordnet darstellen wollen. Belegen Sie Ihre Ergebnisse z. B. mit Zitaten, Zahlen, Bildelementen und nennen Sie den genauen Fundort (z. B. durch Zeilenangabe).
in Beziehung setzen Zusammenhänge unter vorgegebenen oder selbst gewählten Gesichtspunkten begründet herstellen.	Wenn dieser Operator in einer Aufgabe verwendet wird, sind Zusammenhänge zwischen Sachverhalten herzustellen. Häufig soll dabei untersucht werden, in welcher Art der Sachverhalt in Materialien oder eigenem Vorwissen erscheint und ob sich ggf. in der inhaltlichen Aussage Unterschiede zeigen. Es kann aber auch sein, dass in einem Material der Sachverhalt selbst analysiert wird und dann in Beziehung zu einem Material gesetzt werden soll, welches bereits die Folgen oder Ursachen dieses Sachverhaltes thematisiert. In jedem Fall ist es notwendig, die jeweils herausgestellten Zusammenhänge nachvollziehbar zu erläutern.	Analysieren Sie zunächst das Ausgangsmaterial oder Ihr Vorwissen nach den gesuchten Aspekten und listen Sie diese stichpunktartig auf (ähnlich wie beim Operator „nachweisen"). Untersuchen Sie dann das andere Material daraufhin, inwiefern ein Zusammenhang zu den herausgestellten Aspekten erkennbar ist. Fassen Sie anschließend den jeweiligen Zusammenhang in Worte und erläutern Sie ihn.

	Was ist zu beachten?	Wie gehe ich vor?
ANFORDERUNGSBEREICH III (REFLEXION UND PROBLEMLÖSUNG)		
sich auseinander-setzen mit Ein begründetes eigenes Urteil zu einer Position oder einem dargestellten Sachverhalt entwickeln.	Bei diesem Operator steht es Ihnen frei, ob Sie ein Sach- oder Werturteil zu einer Problemstellung oder zu einer These bilden. Sie sollen sich mit einem Thema kritisch, differenziert und argumentativ befassen. Anders als beim Operator „Stellung nehmen" (siehe unten) ist es für das Verfassen eines Werturteils also nicht erforderlich, zuvor noch ein Sachurteil zu formulieren. Oft lässt sich bereits aus der Aufgabenstellung ablesen, welche Art von Urteil verlangt wird.	Es sind die gleichen Anregungen und Hilfen wie bei den Operatoren „beurteilen" und „Stellung nehmen" zu beachten. Bei einem Sachurteil gelten Sachkriterien wie z. B. Legitimität, Stimmigkeit oder Effizienz, während bei einem Werturteil Maßstäbe wie Freiheit, Gerechtigkeit etc. herangezogen werden könnten. Nicht das Urteil an sich entscheidet darüber, ob die Bearbeitung gelungen ist, sondern die Qualität und Nachvollziehbarkeit der Argumente, anhand derer das eigene Urteil begründet wird.
beurteilen **bewerten** **Stellung nehmen** **einen begründeten Standpunkt einnehmen** Zu einem Sachverhalt unter Verwendung von Fachwissen und Fachmethoden sich begründet positionieren (Sach- bzw. Werturteil).	Es soll zu einem Sachverhalt oder Prozess ein begründetes Sach- oder Werturteil formuliert werden. Es wird geprüft, ob der Sachverhalt gerechtfertigt (legitim) bzw. stimmig oder nützlich (effizient) ist. Entscheidend sind vor allem die Argumente bei der Beurteilung. Anhand bestimmter Kriterien wie beispielsweise Effizienz, Stimmigkeit oder Legitimität sollen Fakten und Beispiele angeführt werden und als Begründungen für das Urteil dienen. Je deutlicher erläutert wird, warum das Beispiel oder der Sachverhalt das eigene Urteil unterstützt, umso besser. Es können sowohl Argumente für als auch gegen die eigene Position in die Bearbeitung einfließen. Anders als bei „erörtern" (siehe unten) muss dies aber nicht zwingend sein.	Wählen Sie – falls es nicht schon durch die Aufgabenstellung vorgegeben ist – ein für die Beurteilung sinnvoll erscheinendes Kriterium aus, das auch explizit bei der Beurteilung genannt werden soll. Überlegen Sie, welche Position Sie vertreten wollen. Sammeln Sie Ihre Argumente stichpunktartig und achten Sie darauf, Beispiele einzubinden. Generell müssen Sie das vorgegebene Material zur Unterstützung Ihrer Argumentation oder als Ausgangspunkt für die Beurteilung einbeziehen. Beim Verfassen der Beurteilung sollten Sie daher mit Zitaten oder Bezügen zum Material (Zeilenangaben) arbeiten. Am Ende der Bearbeitung sollte ein Fazit stehen, das die zentralen Argumente noch einmal prägnant zusammenfasst und die eigene Position auf den Punkt bringt. Nicht das Urteil an sich entscheidet darüber, ob die Bearbeitung gelungen ist, sondern die Qualität und Nachvollziehbarkeit der Argumente, anhand derer das eigene Urteil begründet wird.

	Was ist zu beachten?	Wie gehe ich vor?
erörtern Die Vielschichtigkeit eines Beurteilungsproblems erkennen und darstellen, dazu Thesen erfassen bzw. aufstellen, Argumente formulieren, nachvollziehbare Zusammenhänge herstellen und dabei eine begründete Schlussfolgerung erarbeiten (dialektische Erörterung).	Eine Erörterung erfolgt zu einer vorgegebenen Problemstellung, die meist als eine These/Position vorgegeben ist. Wie beim Operator „sich auseinandersetzen" (siehe oben) steht es einem offen, ob man ein Sach- oder Werturteil verfassen möchte, es sei denn, die Aufgabenstellung gibt dies bereits vor. Hier ist es jedoch zwingend erforderlich, eine abwägende Auseinandersetzung/Beurteilung zu gestalten. Bevor die eigene Position im abschließenden Fazit auf den Punkt gebracht wird, müssen also sowohl Argumente für als auch gegen die vorgegebene These/Position gesammelt, gewichtet und begründet werden.	Wählen Sie – falls es nicht schon durch die Aufgabenstellung vorgeben ist – ein sinnvoll erscheinendes Sach- oder Wertekriterium. Überprüfen Sie die Pro- und Kontra-Argumente für die formulierte These und listen Sie diese stichpunktartig mithilfe einer Tabelle auf. Führen Sie Beispiele an und beziehen Sie das vorgegebene Material ein. Überlegen Sie anschließend, welche Position Sie vertreten wollen. Sammeln und gewichten Sie Pro- und Kontra-Argumente – beginnend mit dem stärksten Argument (*gegen* die eigene Position) bzw. schwächsten Argument (*für* die eigene Position) – und formulieren Sie sie in dieser Reihenfolge. Am Ende sollte ein Fazit stehen, das die zentralen Argumente und die eigene Position prägnant zusammenfasst. Auch hier gilt die Faustregel: Nicht das Urteil an sich entscheidet darüber, ob die Bearbeitung gelungen ist, sondern die schlüssige Argumentation, anhand derer das eigene Urteil begründet wird.
prüfen **überprüfen** Eine Meinung, Aussage, These, Argumentation nachvollziehen, kritisch befragen und auf der Grundlage erworbener Fachkenntnisse begründet beurteilen.	Hier soll ein Sachverhalt daraufhin untersucht werden, ob er die Vorausetzungen für die Gültigkeit einer Hypothese erfüllt. Oft wird anhand von Materialien überprüft, ob Theorien einen Sachverhalt passend beschreiben. Anders als beim Operator „nachweisen" (siehe oben) ist nicht sicher, dass sich die Hypothese am Ende wirklich bestätigen lässt. Die Überprüfung ist also offen und muss nicht zu einem eindeutigen Ergebnis führen. Umso wichtiger ist es hier, die Erkenntnisse Ihrer Überprüfung durch eine Erläuterung zu begründen. Je präziser erläutert wird, warum das Beispiel oder der Sachverhalt die zu überprüfende Hypothese unterstützt oder entkräftet, umso besser.	Formulieren Sie im Vorfeld zentrale Kriterien, die erfüllt sein müssen, damit die zu überprüfende These Gültigkeit besitzt. Bearbeiten Sie den Sachverhalt daraufhin, inwieweit diese Kriterien nachweisbar sind. Bei der Überprüfung anhand eines Materials sollten Sie relevante Textpassagen oder Zahlenwerte vermerken, die Sie später zitieren können. Verfassen Sie dann strukturiert ihr „Prüfgutachten", indem Sie ausgehend vom Sachverhalt oder dem Material darlegen, inwieweit die Hypothese erfüllt ist. Begründen Sie Ihre Einschätzung durch Beispiele und Sachwissen.

	Was ist zu beachten?	Wie gehe ich vor?
interpretieren einen Text oder ein anderes Material (z. B. Bild, Karikatur, Tondokument, Film) sachgemäß analysieren und auf der Basis methodisch reflektierten Deutens zu einer schlüssigen Gesamtauslegung gelangen.	Eine Interpretation geht einen Schritt weiter als eine Analyse, indem nicht nur der reine Aussagegehalt, sondern auch eine Aussageabsicht oder Deutungsmöglichkeit erarbeitet wird. Auch der Kontext (bspw. historisch, sachlich oder gesellschaftlich) und die Konsequenzen (bspw. theologisch oder ethisch) des Materials sind in die Interpretation einzubeziehen.	Analysieren Sie das Material zunächst wie beim Operator „analysieren" beschrieben. Prüfen Sie nun, in welchem Kontext das Material steht oder entstanden ist und auf welche Gegebenheiten oder Probleme es eine Antwort sein könnte. Überlegen Sie, welche (neuen) Perspektiven das Material für Ihr Thema bietet.
gestalten **entwerfen** Sich textbezogen mit einer Fragestellung kreativ auseinander setzen.	Die Aufgaben werden auf der Grundlage von Textkenntnissen, Sachwissen und verschiedenen Materialien gestaltend interpretiert oder produktiv dargestellt. Die Darstellungsformen können als sprachlich-literarische Produkte entworfen oder als Visualisierung umgesetzt werden.	Entwerfen Sie zu einem Text oder anderen Material nach vorhergehender Analyse unter vorgegebenen oder selbst gewählten Aspekten ein Konzept in wesentlichen Zügen. Fertigen Sie eine eigene Gestaltung ohne anschließende Erläuterung an. Typische kreative Produkte sind z. B. Flyer, Videosequenzen, szenische Darstellungsformen, Standbilder, Verfassen von Fortsetzungen eines Textes/einer Geschichte usw.
Stellung nehmen aus der Sicht von ... **eine Erwiderung formulieren aus der Sicht von ...** Eine unbekannte Position, Argumentation oder Theorie aus der Perspektive einer bekannten Position beleuchten oder in Frage stellen und ein begründetes Urteil abgeben.	Ein bestimmter Sachverhalt soll unter einer ganz bestimmten Perspektive beurteilt werden. Dabei steht nicht Ihr eigenes Urteil im Mittelpunkt, sondern die Fähigkeit, sich in die Zusammenhänge einer vorgegebenen Position hineinzuversetzen.	Analysieren und interpretieren Sie zunächst Ihr Thema. Versetzen Sie sich dann in die vorgegebene Position, indem Sie diese kurz beschreiben, etwa indem Sie einen (fiktiven oder realen) typischen Vertreter skizzieren. Sammeln sie Argumente für die geforderte Position und fügen Sie sie zu einer begründeten Stellungnahme zusammen.
Konsequenzen aufzeigen **Perspektiven entwickeln** Schlussfolgerungen ziehen; Perspektiven, Modelle, Handlungsmöglichkeiten, Konzepte u. a. entfalten.	Hier sollen Sie die untersuchte Position daraufhin untersuchen, welche bspw. gesellschaftlichen, theologischen oder persönlichen Konsequenzen sich daraus ergeben können. Die Position muss also gut begründet weitergedacht werden.	Um Konsequenzen aufzuzeigen, bedenken Sie Ihr Thema einmal unter der Perspektive „wenn ... dann ...", und begründen Sie, warum bestimmte Annahmen zu bestimmten Konsequenzen führen. Sie können auch überlegen, welche Chancen bzw. Möglichkeiten und Herausforderungen bzw. Probleme eine These mit sich bringt, und diese einerseits begründen, andererseits mit Beispielen und eigenen Ideen zur Umsetzung erläutern.

Arbeitsmethoden im Religionsunterricht

Auf den folgenden Seiten stellen wir Ihnen Methoden vor, die für theologisches Arbeiten typisch und beim Lernen im Fach Religion besonders nützlich sind. In den Aufgabenblöcken wird immer wieder mit dem Zeichen auf sie verwiesen.

M 1 Einen Text erschließen

Ihr Religionsbuch ist kein Deutschbuch – und trotzdem finden Sie darin viele Texte, die erst einmal gelesen und verstanden werden wollen, bevor Sie ihre Aussagen theologisch verarbeiten können. Bei diesen schwierigen Texten hilft Ihnen die **Fünf-Schritt-Lesemethode**.

So wird's gemacht:

1. Verschaffen Sie sich einen Überblick!

Einen ersten Überblick gewinnen Sie am besten, indem Sie den Text auf folgende Fragen hin überfliegen:
- Welche Überschrift trägt der Text?
- Von wem wurde der Text verfasst?
- Wann wurde der Text geschrieben?
- Kann ich auf den ersten Blick erkennen, um welche Textsorte (Gedicht, Interview, Zeitungsartikel, Romanauszug, Sachtext, ...) es sich handelt?
- Gibt es strukturierende Elemente (z. B. Zwischenüberschriften und Absätze), die mir das spätere Verständnis erleichtern könnten?

2. Stellen Sie Fragen!
- Welches Thema ist angesichts der Überschrift erwartbar? Was wissen Sie schon darüber?
- Was wissen Sie schon über den Verfasser bzw. die Verfasserin und seine/ihre Zeit?
- Welche Fragen haben Sie an den Text angesichts seines vermuteten Inhalts und seines Verfassers/seiner Verfasserin?

3. Lesen Sie gründlich!

Lesen Sie den Text aufmerksam und klären Sie dabei (z. B. mithilfe eines geeigneten Nachschlagewerks oder des Glossars am Ende dieses Bandes) unklare Begriffe und Fach- bzw. Fremdwörter.

4. Beantworten Sie Fragen! Halten Sie die Kerninformationen fest!
- Wurden Ihre Erwartungen (vgl. 2.) an den Text erfüllt?
- Wurden Ihre Fragen (vgl. 2.) beantwortet?
- Markieren oder notieren Sie Wichtiges.
- Verdeutlichen Sie Sachverhalte mit Pfeilen, Tabellen, Symbolen usw.

5. Prüfen Sie sich selbst!

Geben Sie den Text und seine zentrale(n) These(n) in eigenen Worten wieder. Versuchen Sie dabei, alle wichtigen Informationen zu berücksichtigen und alle bisher gestellten Fragen zu beantworten. Wichtig: Fragen Sie sich kritisch, ob Ihre

Zusammenfassung den Text inhaltlich auch wirklich erfasst oder eine bloße Reizwort-Erzählung Ihrer Notizen bzw. Markierungen ist. Lesen Sie, wenn nötig, den Text erneut.

Bei komplexen Texten ist es durchaus üblich und notwendig, sie mehrfach zu lesen. Hilfreich kann es auch sein,

- den Text in Abschnitte zu gliedern und jedem Abschnitt eine Überschrift zu geben.
- Fragen zu notieren, auf die in dem Text geantwortet wird, sodass daraus ein „Interview mit dem Text" resultiert.
- den Text aus dem Buch herauszukopieren und mittels eines festgelegten Farbcodes etwa Fachbegriffe, Schlüsselworte, zentrale Aussagen, Fragen etc. farbig zu markieren.
- die Argumentation des Textes zu visualisieren (M 10).

M 2 Ein Bild oder Kunstwerk deuten

Auch Bilder, oder allgemein Kunstwerke, kann man „lesen". Hierfür bietet sich folgende strukturierte Vorgehensweise an.

So wird's gemacht:

1. Betrachten Sie das Kunstwerk zunächst nur kurz und halten Sie Ihren ersten Eindruck schriftlich fest.

2. Beschreiben Sie das Bild möglichst genau und halten Sie Ihre Beobachtungen fest.

Die Beschreibung der Motive, Formen und Bildelemente kann z. B. nach dem Prinzip „vom Auffälligen zum Unauffälligen" oder „vom Großen zum Kleinen" erfolgen. Wichtig ist hierbei, dass Sie noch keine Wertung vornehmen („die komische Frau in der Mitte") und auch noch nichts hineindeuten („das könnte Maria sein").

Bei der Beschreibung können Sie mit folgenden Leitfragen arbeiten:

- **Gegenstandsform:** Erkennen Sie Auffälligkeiten bzgl. Form, Größe, Kontur, Farbe etc. der Bildgegenstände? Wie abstrakt ist das Kunstwerk gehalten? Welche formalen Beziehungen der Bildgegenstände zueinander fallen auf?
- **Farbigkeit:** Welche Farben sind enthalten? Wirken die Farben hell/dunkel, kalt/warm, harmonisch, kontrastreich oder monochrom? Dominieren bestimmte Farben bzw. gibt es auffällige Farben oder Farbbeziehungen (Wiederholungen, Variationen, Verläufe, Kontraste)?
- **Licht:** Wo ist die Lichtquelle? Wie lässt sich diese beschreiben und in welchem Verhältnis stehen Licht und Schatten?
- **Komposition**: Wie ist der Vordergrund gestaltet und (wie) setzt er sich vom Hintergrund ab? Aus welcher Perspektive wird der Inhalt gezeigt? Gibt es auffällige (diagonale, horizontale oder vertikale, symmetrische, gekreuzte usw.) Linien? Wirkt das Bildformat geschlossen oder ausschnitthaft? Wo liegt das Hauptgewicht? Was assoziieren Sie mit dem Gesamtaufbau?
- **Raum:** Wodurch wird Räumlichkeit erreicht bzw. vermieden? Gibt es Spannungen in der Raumwirkung?
- **Betrachter/in:** Welche Rolle hat der/die Betrachter/in? Wie ist seine/ihre Position zu den Gegenständen des Kunstwerks bzw. dem Bildraum, oder wird er/sie gar mit einbezogen?
- **Inhalt:** Gibt es identifizierbare Personen, Gegenstände oder Ereignisse? In welchem situativen Bezug zueinander stehen sie? Beschreiben Sie Mimik, Körpersprache, Kleidung und Attribute. Wurden bekannte Motive aus Kunst/Literatur/Tradition aufgenommen? Gibt es inhaltliche Spannungen in dem Kunstwerk?
- **Metaphorik:** Ist in den Darstellungen, Farben, der Komposition usw. eine symbolische Bedeutungsebene möglich?

3. Deuten Sie die Bildelemente.

- Beginnen Sie mit dem Element, das Sie am wichtigsten finden.
- Sprechen Sie dabei in Ich-Botschaften, z. B.: „Ich denke, das Bild stellt Jesus dar, wie er gekreuzigt wird, weil …"; „Ich denke,

die Person in der Mitte könnte Maria sein, weil ...“ Je unterschiedlicher die Deutungen in der Lerngruppe ausfallen, umso spannender ist es, sich darüber auszutauschen, welche Deutungen zusammenpassen und welche nicht, welche Argumente eher überzeugen können.

4. Ausgehend von den Deutungen interpretieren Sie jetzt, was das Kunstwerk aussagen soll.
Achten Sie dabei auch darauf, wie das Kunstwerk und seine Bestandteile wirken. Beziehen Sie, soweit vorhanden, Informationen über den Titel des Kunstwerks sowie über die Künstlerin/den Künstler, die Entstehungszeit, ursprüngliche Funktion des Kunstwerks bzw. Aufstellungsort und zur Stil- oder Motivgeschichte mit ein.

- Welche Elemente bringen welche Stimmung zum Ausdruck?
- Wirkt das Gezeigte eher fröhlich, traurig oder beängstigend?
- Was ist die „Botschaft“ des Bildes? Was will die Künstlerin/der Künstler damit ausdrücken?
- Wieso wurde gerade diese Darstellungsweise gewählt (und keine andere)?
- Versuchen Sie eine fundierte Gesamtdeutung und setzen Sie diese in Beziehung zu Ihrem ersten Eindruck.

M 3 Eine Karikatur deuten

Eine Karikatur ist eine Zeichnung, die eine Situation im Alltag oder ein in der Regel ernstes politisches bzw. gesellschaftliches Ereignis stark verzerrt, verfremdet, häufig übertrieben und dadurch in der Regel komisch darstellt. Sie benötigt keinen oder wenig Text und hat das Ziel, menschliche Schwächen oder gesellschaftliche Zustände auf amüsante Weise zu problematisieren sowie zum Nachdenken anzuregen. Dabei ist eine Karikatur grundsätzlich parteiisch: Durch ihre Positionierung wird der/die Betrachter/in provoziert und seine/ihre Zustimmung oder Ablehnung eingefordert. Dies muss man beim „Lesen“ einer Karikatur berücksichtigen. Vorausgesetzt werden die Kenntnis des dargestellten Sachverhalts sowie die für Karikaturen typische Symbol- und Bildersprache, etwa Symbole und Metaphern (z. B. eine Taube für Frieden), Personifikationen, Allegorien, visualisierte Redensarten oder historische Zitate.

So wird's gemacht:

1. Hintergrund (sofern ersichtlich):

- Wer hat die Karikatur geschaffen oder in Auftrag gegeben?
- Wo wurde sie ursprünglich veröffentlicht?
- In welchem Kontext wird sie hier verwendet?

2. Inhalt: Achten Sie auf jede Einzelheit (jedes dargestellte Element, Form, Mimik usw.). Sie können davon ausgehen, dass bei einer Karikatur nichts „zufällig“ ist.

- Wer oder was wird dargestellt?
- Welcher Sachverhalt wird thematisiert?
- Welche Werte und Wertvorstellungen sind enthalten?
- Welche Stilmittel (Übertreibung, Verzerrung, Widersprüche, Symbole, Metaphern, ...) werden verwendet?

3. Kontext:

- Auf welches relevante Ereignis oder welche Person(en) bezieht sich die Karikatur?
- Auf welche (ethische/politische/theologische) Diskussion spielt sie an?
- Wozu nimmt die Karikatur konkret Stellung?

4. Intention und Wirkung:

- An welche Adressaten wendet sich die Karikatur?
- Welchen Standpunkt nimmt der/die Karikaturist/in ein?
- Welche Aussageabsicht wird verfolgt?
- Gibt es einen Text? Passt er zur Zeichnung? Unterstützt er die Wirkung der Zeichnung oder steht er in einer gewissen Spannung dazu?
- Welche Wirkung soll bei den Betrachtenden erzielt werden?

5. Bewertung und Fazit: Erst jetzt können Sie die Karikatur als Ganze interpretieren. Formulieren Sie, was sie aussagt, welches Verhalten von Menschen sie aufdeckt, was sie kritisiert usw. Fragen Sie außerdem:

- Wie lässt sich die Aussage insgesamt einordnen und bewerten?
- Wurde das Thema sinnvoll und überzeugend gestaltet?
- Wie stehen Sie selbst zu der Karikatur und ihrer Aussageabsicht?

M 4 Eine Diskussion durchführen und moderieren

In einer Diskussion werden zu einem bestimmten Thema, Problem oder Streitpunkt unterschiedliche **Positionen** bezogen. Eine Seite versucht dabei, die andere durch Schilderung der eigenen Ansicht und Meinung zu überzeugen. Hierbei herrschen klare **Regeln**.

Im Unterricht kann auf unterschiedliche Arten diskutiert werden. So ist eine Diskussion schon mit zwei Personen möglich. Auch alle Schülerinnen und Schüler einer ganzen Lerngruppe können gleichzeitig an einer Diskussion teilhaben. Die Lerngruppe kann beispielsweise in zwei große Gruppen eingeteilt werden, die jeweils entweder für eine Sache sind oder eben gegen sie argumentieren. Eine weitere Möglichkeit der Organisation ist eine sogenannte „Fishbowl-Diskussion", bei welcher das Erlernen eines angemessenen Gesprächs- bzw. Diskussionsverhaltens trainiert werden soll. Hierbei beobachten die außenstehenden Schülerinnen und Schüler eine Diskussion zwischen denen im Mittelkreis, wobei innere und äußere Belegschaft immer wieder nach bestimmten Regeln wechseln können.

Eine tragende Rolle bei Diskussionen ist das **Amt des Moderators bzw. der Moderatorin**. Wenn in größerer Gruppe diskutiert wird, ist eine Moderation nötig, um Ordnung zu wahren. Diese

- erklärt die Regeln,
- erteilt Rederecht,
- lenkt das Gespräch durch Fragen und Impulse,
- ermuntert zu gegensätzlichen Äußerungen,
- sollte keine eigenen Diskussionsbeiträge einstreuen,
- schließt die Diskussion und fasst die Ergebnisse zusammen.

So wird's gemacht: **„Fishbowl-Diskussion"**

- Wählen Sie ein **Thema** aus, über welches diskutiert werden soll.
- Bilden Sie durch Losen eine **Diskussionsgruppe** von fünf bis sieben Personen.
- Diese setzen sich an einen **Tisch** oder in einen Stuhlkreis, der so positioniert wird, dass die Diskussionsgruppe von allen übrigen Schülerinnen und Schülern gut beobachtet werden kann.
- Bestimmen Sie, wer die **Moderation** übernimmt.

- Stellen Sie einen **freien Stuhl** zur Diskussionsgruppe dazu, auf dem beobachtende Schülerinnen und Schüler Platz nehmen dürfen, wenn sie eine Frage oder eine Stellungnahme in die Gruppe einbringen wollen.
- Die Beobachtenden geben nach der Diskussion den einzelnen Mitgliedern der Diskussionsgruppe **Rückmeldung** über ihr Verhalten während der Diskussion: Was hat gut gefallen? Konnte der Schüler gut zuhören, ließ er andere ausreden? Konnte die Schülerin gut auf ihren Gesprächspartner eingehen oder ging bisweilen das Temperament mit ihr durch? Wurden die Argumente nachvollziehbar und klar begründet?
- **Tauschen** Sie im Anschluss die Teilnehmerinnen und Teilnehmer der Diskussion aus.

So wird's gemacht: **Eine Debatte durchführen**

Eine Debatte ist eine besonders geregelte Form der Diskussion, die wie folgt ablaufen kann.
- Formulieren Sie das Thema möglichst präzise.
- Teilen Sie die Gruppe in zwei Parteien, etwa „Pro" und „Kontra".
- Bereiten Sie sich in den Parteien vor, indem Sie jeweils fünf Argumente für Ihre Position ausformulieren oder in Stichworten festhalten. Legen Sie die Reihenfolge fest, in der Sie die Argumente vorbringen wollen.
- In der Debatte werden die Argumente dann abwechselnd vorgetragen.
- Variante: Sie legen nur das erste Argument fest und reagieren anschließend spontan mit einem passenden Argument auf die Gegenpartei.
- Das Publikum kann anschließend abstimmen, welche Position überzeugender vorgetragen wurde.

M 5 Eine Fragestellung erörtern

Das Ziel einer Erörterung besteht darin, ein Problem differenziert zu beurteilen.

So wird's gemacht:

- Geben Sie zunächst den Fall/das Problem/das Thema mit **eigenen Worten** wieder.
- Stellen Sie die **Fragestellung** heraus und ordnen Sie diese in einen umfassenden Zusammenhang ein. Bestimmen Sie **zentrale Begriffe** und erfassen Sie die **Reichweite**.
- Machen Sie eine **Stoffsammlung** durch Aktivierung Ihres Vorwissens, Erarbeitung weiterer Inhalte und Stellen von W-Fragen.
- **Strukturieren** Sie diese Inhalte, indem Sie eine sinnvolle Gliederungslogik entwickeln.
- Erstellen Sie eine **Grobgliederung**, indem Sie Thesen formulieren, diesen Argumente, Beispiele und Belege zuordnen und sie logisch anordnen. Die einzelnen Gliederungspunkte sollten ähnlich umfangreich werden.
- Formulieren Sie eine **Einleitung**, in welcher das Thema genannt wird. Weisen Sie dabei z. B. auf die Aktualität der Fragestellung hin, oder schildern Sie eigene Erfahrungen.
- Verfassen Sie den **Hauptteil**, indem Sie das vorliegende Problem aus der Sicht unterschiedlicher Positionen erörtern. Achten Sie dabei auf eine differenzierte und umfassende **Argumentation**, bringen Sie **Beispiele** und **Belege** und beziehen Sie Gegenargumente mit ein.
- Schließen Sie mit der **Formulierung Ihres eigenen Standpunkts** in Abwägung der dargestellten Positionen und begründen Sie diesen.

M 6 Ein Kugellager bilden

Das Kugellager ist eine Methode, um miteinander ins Gespräch zu kommen, Leute kennenzulernen, Standpunkte auszutauschen oder zu diskutieren. Diese Methode kann sowohl im Sitzen als auch im Stehen durchgeführt werden. Anstelle eines Gesprächs miteinander können bestimmte Kommunikationsregeln vorgegeben werden.

So wird's gemacht:

- Teilen Sie die Lerngruppe in zwei gleich große Hälften.
- Die eine Hälfte bildet einen inneren, die andere einen äußeren Kreis. Dabei können Sie sitzen oder stehen. Wichtig ist, dass sich jeweils zwei Personen anschauen (eine aus dem inneren und eine aus dem äußeren Kreis).
- Nachdem die zu besprechende Frage oder das Thema genannt wurde, tauschen Sie sich darüber aus. Hierzu gibt eine Moderatorin oder ein Moderator (in der Regel die Lehrkraft) ein Signal und teilt mit, wie viel Zeit Sie für Ihren Austausch haben.
- Nach einem vorher festgelegten Zeitraum (meist ca. 2–3 Minuten) wechseln Sie die Plätze, indem bspw. der äußere Kreis einen Platz nach rechts rutscht. Auf diese Weise entstehen immer wieder neue Gesprächspaare.
- Die Anzahl der Wechsel richtet sich nach den Inhalten und der Konzentration. Es wird eine gerade Anzahl von Teilnehmerinnen und Teilnehmern benötigt.

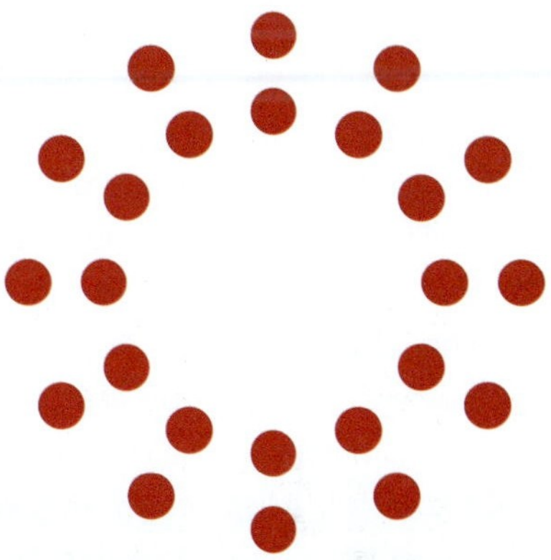

Variante: Nur der Innenkreis teilt seine Meinung und Argumente zu einer bestimmten Frage mit, während der Außenkreis vorerst nur zuhört und ggf. Nachfragen stellt. Nach Ablauf einer bestimmten Zeit ist es umgekehrt.

M 7 Ein stilles Brainstorming durchführen

Bei manchen Themen kann es sinnvoll sein, einmal viele verschiedene Meinungen, Ideen, Aussagen und Argumente zu sammeln. Dabei kann ein stilles Brainstorming helfen. Wichtig bei einem Brainstorming ist, dass keine Aussagen beurteilt oder bewertet werden, jede Aussage (im Rahmen der allgemeinen Verhaltensregeln) ist erlaubt und wird akzeptiert.

So wird's gemacht:

- Benennen Sie noch einmal das Thema möglichst genau.
- Bilden Sie Gruppen zu jeweils etwa fünf Personen.
- Jede Person erhält ein leeres Blatt Papier und schreibt darauf spontan einen Satz: eine Frage, eine Anmerkung, eine Assoziation, eine Idee, ein Argument, ein Problem, ein Beispiel, ...
- Die Blätter werden nach circa zwei Minuten reihum weitergegeben und jede/r schreibt einen weiterführenden Gedanken zu den vorherigen Sätzen.
- Das Brainstorming endet, wenn alle wieder ihr Blatt mit den Kommentaren vor sich haben.

Die Gruppe wählt anschließend gemeinsam einen interessanten Gedanken oder eine wichtige Frage für das Gespräch im Plenum aus.

M 8 Eine Internetrecherche durchführen

Das Internet bietet Ihnen eine schier unerschöpfliche Quelle an Wissen und Informationen in jeder Form. Das kann ein Vorteil sein, wenn Sie sich schnell über etwas informieren wollen. Aber es kann auch ein großer Nachteil sein, da Sie häufig auf Seiten mit tendenziösen, unangemessenen, ungeprüften oder gar falschen Informationen stoßen oder aufgrund der großen Menge an Daten das Gesuchte gar nicht erst finden. Damit Ihre Recherche dennoch gewinnbringend ist, sollten Sie deshalb gezielt vorgehen.

So wird's gemacht:

- Stellen Sie sich zunächst eine detaillierte **Liste für Suchbegriffe** zusammen. Je enger und genauer Sie den Begriff oder die Begriffe formulieren, desto höher sind Ihre Erfolgschancen.
- Mithilfe von sogenannten **Operatoren** können Sie noch genauer suchen: Schreiben Sie ein „+" oder „und" zwischen zwei Begriffe, wenn alle Wörter im Suchergebnis enthalten sein sollen. Setzen Sie mehrere Begriffe in Anführungszeichen, wenn Sie genau diese Formulierung oder den Namen suchen (zum Beispiel „Reich Gottes").
- Notieren Sie sich stets die gesamte Internetadresse und das Datum Ihrer Recherche, damit Sie den **Fundort** Ihrer Information immer angeben können. Am besten kopieren Sie den Link in eine Datei.
- Ganz wichtig ist es, sich zu vergewissern, ob die Informationen **zuverlässig** und **glaubwürdig** sind. Denn da jeder im Internet seine Meinung verbreiten kann, findet man hier auch das gesamte Spektrum von gut recherchierten Fakten über nicht belegte Aussagen bis hin zu falschen Behauptungen. Gerade bei religiösen oder theologischen Themen sollten Sie darauf achten, dass Sie keine Informationen von religiös-tendenziösen, etwa fundamentalistischen, oder auch radikal atheistischen Gruppierungen unhinterfragt übernehmen. Seiten, die meistens vertrauenswürdig sind und zuverlässige Informationen enthalten, sind etwa die Internetauftritte von Bibliotheken, Museen, Universitäten oder ähnlichen Institutionen sowie Behörden oder Tageszeitungen und Nachrichtenagenturen. Aber auch hier müssen Sie bei allen Informationen selber denken und kritisch nachschauen, wie zuverlässig die Internetseite eigentlich ist. Dazu können Sie die folgenden Fragen stellen:
  - Wer sind die Autoren und wer hat diese Internetseite ins Netz gestellt? Dazu können Sie auf jeder Seite im Impressum nachsehen. Seiten ohne Impressum sind in der Regel nicht zuverlässig.
  - Wie aktuell sind die Informationen? Informationen, die schon lange im Internet stehen, sind womöglich veraltet.
  - Wann war das letzte Update der Seite? Auch hier gilt: Je länger das letzte Update her war, desto wahrscheinlicher sind die Inhalte der Seite veraltet und überholt.
  - Gibt es Literatur- oder Quellennachweise? Diese Nachweise sind ein Merkmal für wissenschaftliches Arbeiten und erlauben es Ihnen, die Informationen auf der Seite selbst nachzuprüfen.

M 9 Eine Mindmap erstellen

Häufig ist es hilfreich, zum Einstieg in ein Thema, eine Problematik oder einen Sachverhalt vorhandene Ideen, Vorwissen und Gedanken assoziativ (verknüpfend) zueinander in Beziehung zu setzen. Mit einer Mindmap erstellen Sie so etwas wie eine Landkarte, auf der Sie diese in eine gewisse Ordnung bringen können. Und da eine Mindmap einem Bild ähnelt, können Sie sich die Informationen leichter merken.

So wird's gemacht:

- Sie legen ein DIN-A4- oder DIN-A3-Blatt **quer** vor sich hin.
- In die Mitte schreiben Sie das **Thema** und heben es deutlich hervor, z. B. durch Großbuchstaben, Farbe oder eine besondere Gestaltung. Sie können auch ein Bild, mit dem das Thema eindeutig dargestellt wird, einkleben.
- Von der Mitte gehen dickere **Äste** (für Hauptthemen bzw. Oberbegriffe) und dünnere **Zweige** (für Nebenthemen bzw. Unterbegriffe) aus.
- Beschriften Sie diese Äste und Zweige möglichst nur mit einem **Schlüsselwort**. Für eine bessere Übersicht können Sie für jeden Ast eine **eigene Farbe** verwenden.
- Nutzen Sie **Bilder** oder **Symbole**, wo es möglich ist.
- Durch Pfeile oder Kreise können Sie **Zusammenhänge** aufzeigen. Achten Sie aber darauf, dass Ihre Mindmap übersichtlich bleibt.
- Sie können eine Mindmap auch mithilfe von **Computerprogrammen** erstellen.

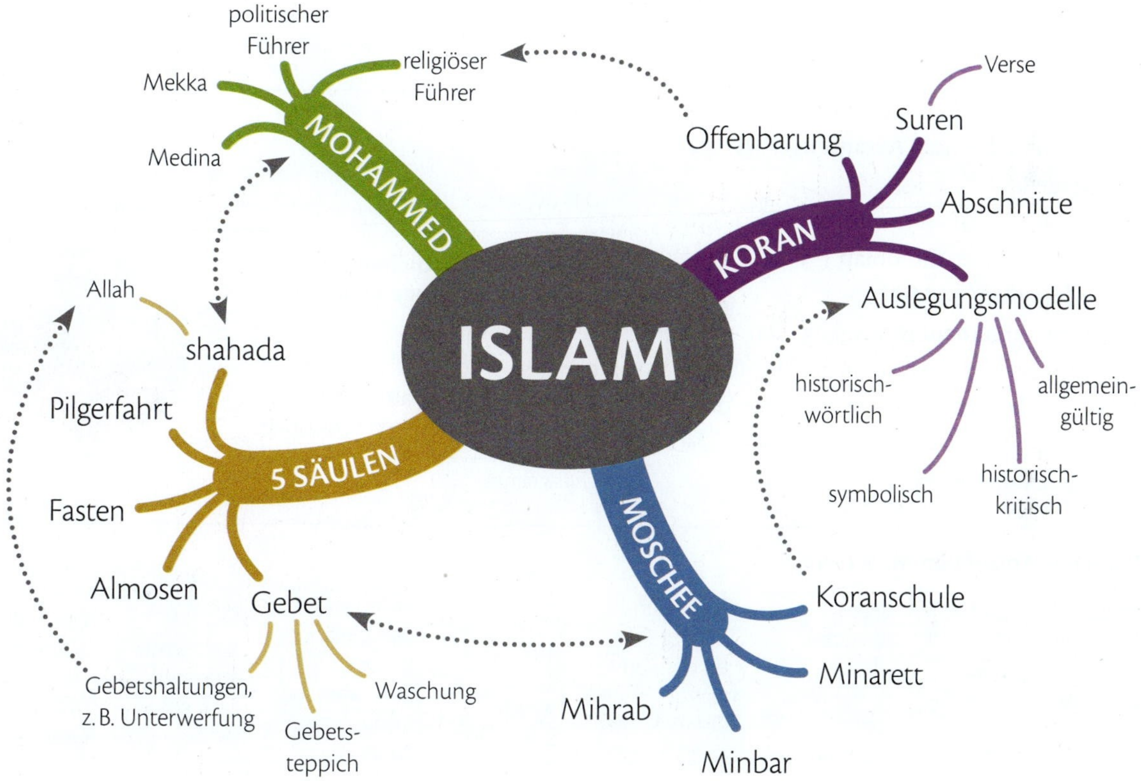

M 10 Einen Zusammenhang grafisch darstellen

Komplexe Themen und Texte lassen sich manchmal besser verstehen, wenn sie graphisch umgesetzt werden. Dies kann auch dabei helfen, Zusammenhänge bei einer Präsentation für die Zuhörenden nachvollziehbar und anschaulich zu machen.

So wird's gemacht:

1. Lesen Sie den Text zunächst gründlich und erfassen Sie die **wesentlichen Inhalte** (M 1).
2. Bringen Sie die Kernelemente in eine sinnvolle **Ordnung** und arrangieren Sie diese nach Wichtigkeit und eventuellen Zusammenhängen.
3. Entscheiden Sie, welche **Art der Visualisierung** für die darzustellenden Inhalte angemessen ist. Oft bietet sich auch eine Kombination mehrerer Darstellungsweisen an, z. B.:
   - Eine große Menge an Daten stellen Sie am besten durch ein (Balken- oder Kreis-) **Diagramm** dar.
   - Für längere zeitliche Abfolgen kann ein **Zeitstrahl** hilfreich sein.
   - Für Abläufe und Prozesse bietet sich ein **Flussdiagramm** an.
   - Die Darstellung einer Figurenkonstellation und ihrer Beziehungen unter- sowie Handlungen miteinander kann durch ein **Aktantengerüst** dargestellt werden.
   - Für komplexere Zusammenhänge helfen Strukturen wie die einer **Mindmap** (M 9) oder einer **Infografik** (M 11).
   - Für einen **Argumentationsgang** können Sie zentrale Aspekte in übergeordneten Begriffen zusammenfassen und mit Pfeilen verbinden, die die Vernetzung zwischen Ursachen, Folgen, Ergebnissen usw. verdeutlichen.

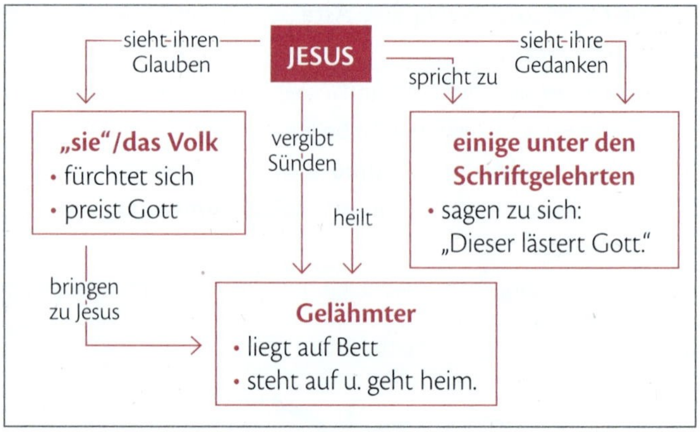

Aktantengerüst zu Mt 9,1–8

Kreisdiagramm

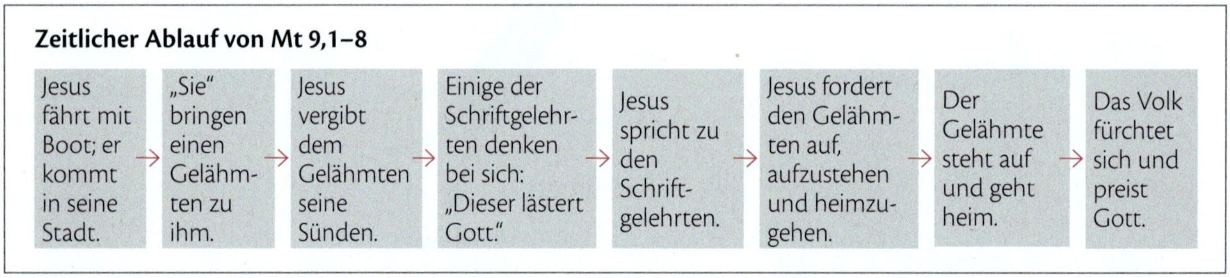

Flussdiagramm

4. Entscheiden Sie sich für einen **Modus der Darstellung**: Dies kann sowohl analog, auf einem großen Blatt Papier oder einem Plakat, als auch digital mittels passender Programme sein.
5. In jedem Fall sollte das Schaubild **überschaubar, klar strukturiert und nicht überladen** werden. Jedes Element der Visualisierung sollte erkennbar, beschriftet oder mittels einer Legende identifizierbar sein.
6. **Überprüfen** Sie Ihr Ergebnis: Sind alle Inhalte richtig und vollständig angegeben? Ergeben die Zusammenhänge und Zusammenstellungen Sinn?

M 11 Eine Infografik erstellen

Eine Infografik verwendet man dann, wenn man einen Sachverhalt möglichst anschaulich darstellen will und ein Bild oder Text alleine nicht genügen. Sie soll leicht verständlich, informativ und ansprechend gestaltet sein.

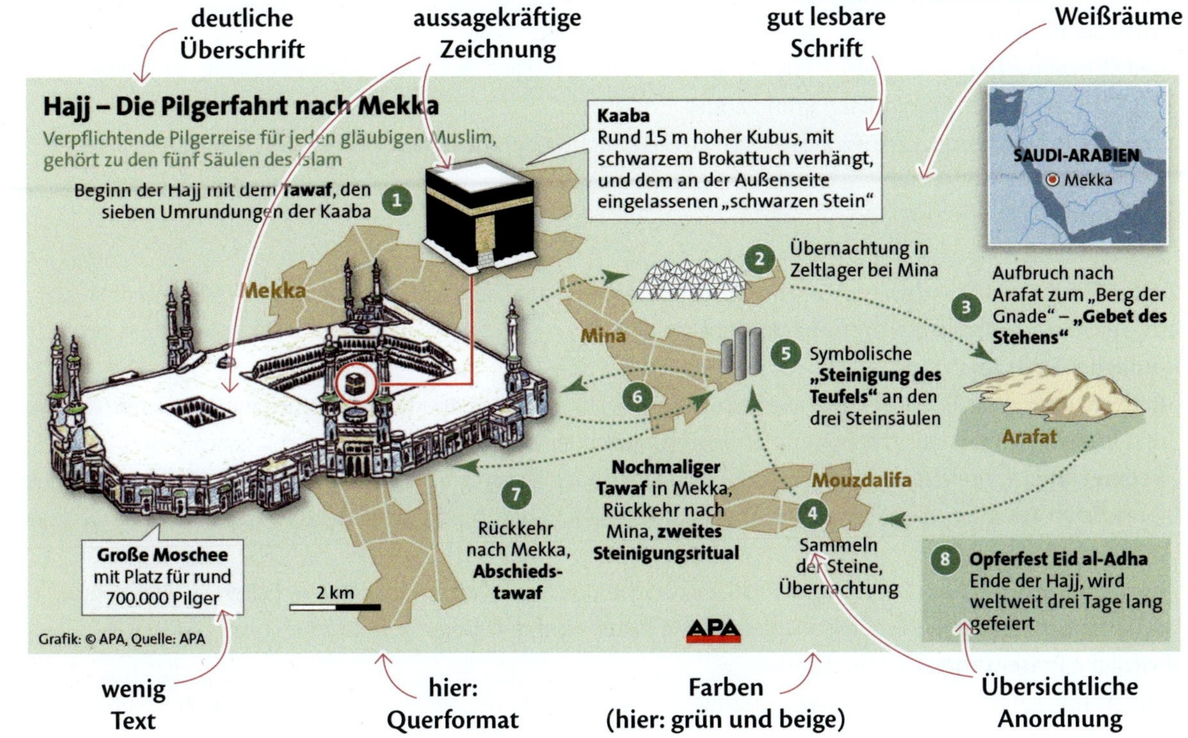

So wird's gemacht:

- **Informieren** Sie sich gründlich über den Inhalt, den Sie darstellen möchten.
- Wählen Sie **die wichtigsten Fakten** und Statistiken aus.
- Überlegen Sie sich eine sinnvolle und übersichtliche **Anordnung** Ihrer Fakten, sodass man die Infografik ohne zusätzliche Informationen verstehen kann.
- Entscheiden Sie sich für ein geeignetes **Format** (Hoch- oder Querformat), das der Anordnung Ihrer Infografik ausreichend Platz gibt.
- Schreiben Sie nur **wenig Text** in einer gut lesbaren Schrift.
- Verwenden Sie 2–3 **Farben**, die Sie auch in der Helligkeit abstufen können.
- Erstellen Sie eine **aussagekräftige Zeichnung**.
- Lassen Sie ausreichend Platz zwischen den Informationen (**Weißräume**).
- Wenn Sie viele Zahlen haben, verwenden Sie **Balken-, Kreis- oder Liniendiagramme**.
- Verwenden Sie, wo es sich anbietet, **Piktogramme** (selbsterklärende Zeichen).
- Zeichnen Sie die Infografik **per Hand** oder erstellen Sie sie am **Computer**.
- Im Internet finden Sie eine Menge guter Infografiken als Anregung.

M 12 Eine Präsentation erstellen

Es gibt viele verschiedene Formen der Präsentation, die jeweils für unterschiedliche Inhalte von Vorteil sein können. Sofern sie nicht vorgegeben ist, entscheiden Sie, welche Art der Präsentation am besten zu Ihren Inhalten und Zielsetzungen passt:

- **mündliche Präsentation:** Vortrag, Referat
- **schriftliche Präsentation:** Thesenpapier, Website, Seminararbeit, Wandzeitung, …
- **visuelle Präsentation:** Folie, Power-Point, Flip-Chart, Website, Plakat, Schaubild (M 10), Grafik, Mindmap (M 9), Fotos, Film, Tafelbild, Diagramm, Modell, …
- **interaktive Präsentation:** Diskussion (M 4), Unterrichtsstunde, Podiumsgespräch, Live-Umfragen, …

So wird's gemacht:

Informieren Sie sich umfassend, wählen Sie entscheidende Aspekte des Themas aus und bestimmen Sie zentrale Aussagen, die verdeutlicht werden sollen. Gliedern Sie Ihre Inhalte sinnvoll.

- **Mündlicher Vortrag:**
  - **Redestruktur:** Wählen Sie eine motivierende Einleitung, formulieren Sie ein zentrales Ziel, argumentieren Sie logisch und nachvollziehbar und enden Sie mit einem resümierenden oder weiterführenden Schlusssatz.
  - **Redetechnik:** Achten Sie auf Verständlichkeit, angemessenes Tempo, eine klare Artikulation und Stimmmodulation, formulieren Sie anschaulich, halten Sie Ihre Sprache lebendig und setzen Sie gezielte Pausen. Sprechen Sie soweit möglich frei.
  - **Körpersprache:** Achten Sie auf eine offene, natürliche und freundliche Ausstrahlung, halten Sie Blickkontakt mit den Zuhörenden, stehen Sie ruhig und gerade und halten Sie Ihre Bewegungen natürlich.
- **Schriftliche Präsentation**
  - **Einleitung:** Führen Sie zum Thema hin, formulieren Sie das Thema bzw. die zu beantwortende Frage und erklären Sie Ihr (methodisches) Vorgehen.
  - **Hauptteil:** Vermitteln Sie die relevanten Informationen mit klarer Gliederung, rotem Faden und nachvollziehbarer Argumentation. Verzetteln Sie sich nicht in Nebenthemen, sondern behalten Sie Ihre Frage im Blick.
  - **Schluss:** Fassen Sie die Ergebnisse zusammen: Konnte die Frage beantwortet werden? Haben sich weiterführende Fragen ergeben?
  - In einer schriftlichen Präsentation sollten Sie alle Ihre **Quellen** z. B. in Form eines Literaturverzeichnisses ausweisen.
- **Visualisierung**
  - Teilen Sie die Folie/das Plakat o. ä. in verschiedene, sinnvoll abgegrenzte **Bereiche** ein.
  - Achten Sie auf eine gute **Sichtbarkeit** von Hauptüberschrift und Zwischenüberschriften sowie insgesamt auf eine **klare Struktur**.
  - Stellen Sie **Zusammenhänge** von verschiedenen Bereichen deutlich dar.
  - Setzen Sie Farben, Bilder, Effekte und weitere Gestaltungselemente sparsam und nur begründet ein und achten Sie auf **Anschaulichkeit**, **Übersichtlichkeit** sowie **Lesbarkeit**.

Mit einer **digitalen Präsentation** können Sie Ihren Vortrag unterstützen, indem Sie hilfreiche Bilder einblenden, wichtige Stichworte festhalten, ein Video zeigen und vieles mehr. Aber Achtung: Nicht alles, was möglich ist, ist auch sinnvoll für Ihren Vortrag!

So wird's gemacht: Digitale Präsentation

- Sammeln Sie alle Informationen, die Sie präsentieren möchten.
- Überprüfen Sie, ob die technischen Voraussetzungen gegeben sind:
  - Steht ein Computer oder ein Tablet zur Verfügung?
  - Ist die nötige Software installiert?
  - Ist ein Beamer oder Bildschirm mit allen Kabeln vorhanden?
- Beachten Sie, dass die Präsentation den Vortrag *unterstützt* – sie soll nicht selbst der Vortrag sein.
- Achten Sie auf eine zurückhaltende und klare Gestaltung: Wählen Sie gut lesbare Farben, ausreichende Kontraste, setzen Sie Überschriften vom Rest ab.
- Setzen Sie nicht zu viele Elemente auf eine Seite (höchstens sieben). Blenden Sie nur das ein, was schon vorgetragen wurde oder gerade vorgetragen wird. Verzichten Sie auf allzu spielerische Effekte – aber dezente Animationen können helfen, der Präsentation zu folgen.

M 13 Einen Zusammenhang kreativ aufnehmen

Wenn die Zeit es erlaubt, kann es sehr gewinnbringend sein, sich mit einer Thematik selbst künstlerisch auseinanderzusetzen. Einerseits erlangt man so selbst ein tieferes und persönlicheres Verständnis der Zusammenhänge, andererseits kann man auf diese Weise eigene Schwerpunkte setzen und sie für andere kreativ sichtbar machen.

So wird's gemacht:

- Am Anfang steht eine gründliche **inhaltliche Auseinandersetzung** mit der Thematik. Informieren Sie sich umfassend und recherchieren Sie ggf. zusätzliche Informationen.
- Überlegen Sie, welche Aspekte daran Sie persönlich am meisten berühren, Ihnen am wichtigsten sind, und stellen Sie sich die Frage: **Was möchte ich ausdrücken?**
- Wählen Sie eine **künstlerische Ausdrucksform**, die Ihnen für die Thematik und Ihre Intention am passendsten erscheint. Sofern die äußeren Umstände es zulassen, sind Ihnen keine Grenzen gesetzt: Möglich sind etwa das Verfassen eines Gedichts, eines Liedes oder Musikstücks, einer Theater- oder Filmszene, eine Zeichnung, Malerei, Collage, Plastik, ein Standbild o. ä.
- Machen Sie sich bewusst, dass es weniger darum geht, ein „schönes" Ergebnis zu schaffen, als um den **Prozess des Gestaltens** sowie um das **Ausdrücken der Inhalte, die Ihnen wichtig sind**.
- Geben Sie sich nach der Fertigstellung gegenseitig ein **Feedback** und reflektieren Sie selbst: Ist die Umsetzung des Vorhabens gelungen? Was könnte man anders machen? Welche Aspekte kommen beim Gegenüber klar an, welche weniger?

M 14 Eine Werbepostkarte erstellen

In der Gastronomie und in öffentlichen Einrichtungen finden sich Werbeständer mit Postkarten zum Mitnehmen, auch Pick-up-Cards genannt. Sie verbinden einen Slogan oder einen Spruch mit einem Bild, einer grafischen Darstellung oder einer Fotografie. Manchmal ist auf der Rückseite links neben der Adressierhälfte noch Platz für eine kurze Erklärung, Werbebotschaft oder etwas zum Ankreuzen.

So wird's gemacht:

- Überlegen Sie zunächst, was Sie mit Ihrer Karte aussagen bzw. wofür Sie werben wollen.
- Formulieren Sie einen **prägnanten Text**. Das kann ein Satz, ein witziger Spruch, oder auch nur ein Stichwort sein, das für sich steht. Es geht dabei darum, die Botschaft auf eine prägnante Formulierung zu bringen, die zum Nachdenken anregt.
- Suchen Sie nun nach einem **passenden Bild.**

In der Gestaltung einer solchen Karte ist es wichtig, dass das Bild nicht nur ein Eyecatcher ist, sondern in Verbindung steht mit dem Inhalt. Für eine Karte zum Thema Weihnachten könnte man z. B. ein Foto von einem Kinderwagen kombinieren mit dem Spruch: „Mach's wie Gott – werde Mensch! Frohe Weihnachten!" Ein anderes Beispiel sehen Sie hier:

M 15 Eine visuelle Notiz anlegen (Sketchnotes)

Sketchnotes (von engl. Skizze + Notizen) verbinden zwei Arten von Zeichen: Text und Bild. Das kann helfen, Informationen besser aufzunehmen und zu verarbeiten. Sketchnotes visualisieren also wichtige Informationen und Zusammenhänge. Durch das selbständige Zeichnen wird ein weiterer Zugang zu Inhalten ermöglicht. Sketchnotes können entweder direkt beim Zuhören oder bei der Aufbereitung von Informationen verwendet werden. Auch für Präsentationen sind sie gut geeignet.

So wird's gemacht:

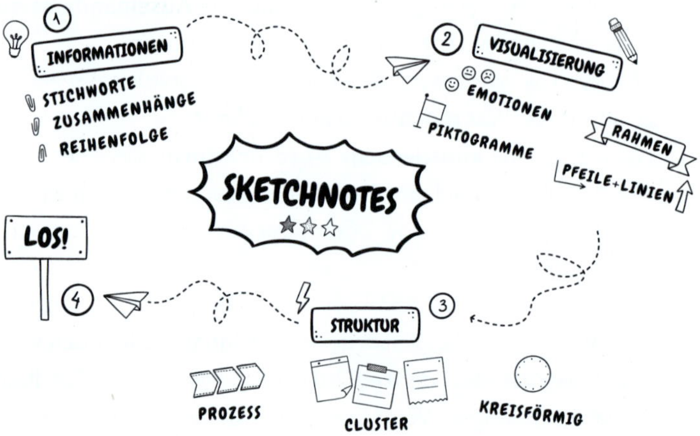

- **Tragen Sie die Informationen zusammen und strukturieren Sie sie.**
  - Welche Stichworte sind am wichtigsten?
  - Wie hängen die Informationen zusammen?
  - In welcher Reihenfolge sollen sie festgehalten/präsentiert werden?
- **Legen Sie sich Visualisierungselemente zurecht, zum Beispiel:**
  - Gesichter für Emotionen
  - Piktogramme für wichtige Begriffe
  - Rahmen und Schattierungen für Hervorhebungen
  - Pfeile und Linien für Zusammenhänge
- **Entwerfen Sie eine grobe Struktur für die Sketchnotes**
  - Entscheiden Sie, nach welchem Muster Sie strukturieren wollen: linear, kreisförmig, sternförmig, geclustert, …
  - Legen Sie für zusammenhängende Notizen bestimmte Bereiche fest.
- **Fangen Sie einfach an zu zeichnen!**

M 16 Einen synoptischen Vergleich durchführen

Da sich das Markus-, das Matthäus- und das Lukasevangelium in Aufbau und Inhalt bis in den Wortlaut sehr ähnlich sind, lassen sie sich in einer sogenannten Synopse in drei Spalten nebeneinanderstellen und im Wortlaut vergleichen. Auf diese Weise kann man einerseits versuchen, einen ursprünglichen Wortlaut zu rekonstruieren, und andererseits das jeweils Charakteristische, Hauptthemen oder ein theologisches Profil der einzelnen Evangelien ergründen.

So wird's gemacht:

- Klären Sie, ob es zu ihrem gewählten Textabschnitt **Parallelen** in den anderen synoptischen Evangelien gibt.
- Besorgen Sie sich (ggf. online) eine **Synopse** zu diesem Abschnitt oder schreiben Sie die Texte so in Spalten, dass Übereinstimmungen genau nebeneinander stehen.
- Wählen Sie vier verschiedene Farbstifte aus. Mit Farbe 1 markieren Sie alle Wörter, die bei allen drei Synoptikern identisch sind, mit Farbe 2 markieren Sie Gemeinsamkeiten von Mk und Mt gegen Lk, mit Farbe 3 Gemeinsamkeiten von Mk und Lk gegen Mt und mit Farbe 4 Gemeinsamkeiten von Mt und Lk gegen Mk.

Mt 9,1–8	Mk 2,1–12	Lk 5,17–26
1 Da stieg er in ein Boot und fuhr hinüber und kam in seine Stadt.	1 Und nach einigen Tagen ging er wieder nach Kapernaum; und es wurde bekannt, dass er im Hause war. 2 Und es versammelten sich viele, sodass sie nicht Raum hatten, auch nicht draußen vor der Tür; und er sagte ihnen das Wort.	17 Und es begab sich eines Tages, als er lehrte, dass auch Pharisäer und Schriftgelehrte dasaßen, die Gekommen waren aus allen Orten in Galiläa und Judäa und aus Jerusalem. Und die Kraft des Herrn War mit ihm, dass er heilen konnte.
2 Und siehe, da brachten sie zu ihm einen Gelähmten, der lag auf einem Bett.	3 Und es kamen einige zu ihm, die brachten einen Gelähmten, von vieren getragen.	18 Und siehe, einige Männer brachten einen Menschen auf einem Bett; der war gelähmt. Und sie versuchten, ihn hineinzubringen und vor ihn zu legen.
	4 Und da sie ihn nicht zu ihm bringen konnten wegen der Menge, deckten sie das Dach auf, wo er war, machten ein Loch und ließen das Bett herunter, auf dem der Gelähmte lag.	19 Und weil sie wegen der Menge keinen Zugang fanden, ihn hineinzubringen, stiegen sie auf das Dach und ließen ihn durch die Ziegel hinunter mit dem Bett mitten unter sie vor Jesus.
Als nun Jesus ihren Glauben sah, sprach er zu dem Gelähmten: Sei getrost, mein Sohn, deine Sünden sind dir vergeben.	5 Als nun Jesus ihren Glauben sah, sprach er zu dem Gelähmten: Mein Sohn, deine Sünden sind dir vergeben.	20 Und als er ihren Glauben sah, sprach er: Mensch, deine Sünden sind dir vergeben.
3 Und siehe, einige unter den Schriftgelehrten sprachen bei sich selbst: Dieser lästert Gott.	6 Es saßen da aber einige Schriftgelehrte und dachten in ihren Herzen: 7 Wie redet der so? Er lästert Gott! Wer kann Sünden vergeben als Gott allein?	21 Und die Schriftgelehrten und Pharisäer fingen an zu überlegen und sprachen: Wer ist der, dass er Gotteslästerungen redet? Wer kann Sünden vergeben als allein Gott?
4 Als aber Jesus ihre Gedanken sah, sprach er:	8 Und Jesus erkannte sogleich in seinem Geist, dass sie so bei sich selbst dachten, und sprach zu ihnen:	22 Als aber Jesus ihre Gedanken merkte, antwortete er und sprach zu ihnen:

Warum denkt ihr so Böses in euren Herzen? 5 Was ist denn leichter, zu sagen:	Was denkt ihr solches in euren Herzen? 9 Was ist leichter, zu dem Gelähmten zu sagen:	Was denkt ihr in euren Herzen? 23 Was ist leichter, zu sagen:
Dir sind deine Sünden vergeben, oder zu sagen: Steh auf und geh umher?	Dir sind deine Sünden vergeben, oder zu sagen: Steh auf, nimm dein Bett und geh umher?	Dir sind deine Sünden vergeben oder zu sagen: Steh auf und geh umher?
6 Damit ihr aber wisst, dass der Menschensohn Vollmacht hat, auf Erden die Sünden zu vergeben – sprach er zu dem Gelähmten: Steh auf, hebe dein Bett auf und geh heim!	10 Damit ihr aber wisst, dass der Menschensohn Vollmacht hat, Sünden zu vergeben auf Erden – sprach er zu dem Gelähmten: 11 Ich sage dir, steh auf, nimm dein Bett und geh heim!	24 Damit ihr aber wisst, dass der Menschensohn Vollmacht hat, auf Erden Sünden zu vergeben – sprach er zu dem Gelähmten: Ich sage dir, steh auf, nimm dein Bett und geh heim!
7 Und er stand auf und ging heim. 8 Als das Volk das sah,	12 Und er stand auf, nahm sein Bett und ging alsbald hinaus vor aller Augen,	25 Und sogleich stand er auf vor ihren Augen und nahm das Bett, auf dem er gelegen hatte, und ging heim und pries Gott.
fürchtete es sich und pries Gott, der solche Macht den Menschen gegeben hat.	sodass sie sich alle entsetzten und Gott priesen	26 Und sie entsetzten sich alle und priesen Gott und wurden von Furcht erfüllt
	und sprachen: Wir haben so etwas noch nie gesehen.	und sprachen: Wir haben heute seltsame Dinge gesehen.

- Reflektieren Sie, welche Farbe am häufigsten vorkommt und welche am wenigsten häufig. Lässt sich das erklären? Beziehen Sie Ihr Wissen über die **Zweiquellentheorie** mit ein: Kommt der Stoff aus Mk, aus der Logienquelle oder aus Sondergut?
- **Analysieren** Sie nun die kleineren und größeren Unterschiede: Lassen sich kleinere Veränderungen damit erklären, dass der Text inhaltlich/sprachlich geglättet wurde? Finden sich in den Worten/Abschnitten, die nur ein Evangelium wiedergibt, sprachliche/inhaltliche/theologische Eigenheiten, die für dieses typisch sind?

M 17 Einen Bibeltext anhand historisch-kritischer Exegese analysieren

Die historisch-kritische Exegese (Auslegungsweise) ist eine wissenschaftliche Methode, die die Bibel zunächst als historisches Dokument ansieht und daher die konkreten geschichtlichen Umstände untersucht, in denen eine Schrift entstanden ist. Der erste Schritt ist die Wahrnehmung des Alten Testaments in hebräischer und des Neuen Testaments in griechischer **Originalsprache**. Denn schon in einer Übersetzung kann sich ein Text verändern. Z. B. heißt es beim Propheten Jesaja: „siehe die (junge) Frau (hebr. ^{c}aLMaH / עַלְמָה) wird schwanger werden und wird einen Sohn gebären, den wird sie Immanuel nennen…" (Jes 7,14). In der griechischen Übersetzung des AT, der so genannten Septuaginta, wird das hebräische Wort ^{c}aLMaH mit „Jungfrau" (griech. parténos / παρθένος) wiedergegeben. In dieser Weise wird es dann in der Geburtsgeschichte des Matthäusevangeliums zitiert (Mt 1,23), in der Maria als „Jungfrau" bezeichnet wird. Aber auch die deutschen Übersetzungen sind unterschiedlich nahe am Text. Ohne Kenntnis der alten Sprachen hilft ein Vergleich verschiedener deutscher Bibelübersetzungen, um zu überlegen, welcher Wortlaut möglicherweise näher am altsprachlichen Original ist. Dabei erkennt man schnell Unterschiede etwa zwischen der Lutherbibel, der Elberfelder Übersetzung und der „Hoffnung für alle".
Wir besitzen leider keine Originalausgabe einer „Urbibel", sondern haben nur viele verschiedene Handschriften. Teilweise gehen die Manuskripte und Textfragmente des NT bis zum Anfang des 2. Jahrhunderts n. Chr. zurück, andere stammen aus dem 3. und 4. Jahrhundert, die meisten sind aber deutlich jünger. Diese „Textzeugen" weisen manchmal kleine Unterschiede auf. Daher muss ein möglicher Urtext aus den Textvarianten nach logischen und nachvollziehbaren Argumenten erstellt werden. Diese **Textkritik** stellt zum Beispiel zur o.g. Stelle im Jesajabuch fest, dass der übliche („masoretische") Haupttext

des AT hier schreibt: „... *sie* wird nennen" und in einer alten Handschrift von Qumran heißt es „... *er* [= Gott] wird nennen". Einige Auslegerinnen und Ausleger (Exegetinnen und Exegeten) votieren dafür, dass die Lesart von Qumran wegen ihres Alters vorzuziehen ist; andere verweisen darauf, dass die Mehrzahl der anderen Textzeugen die wahrscheinlichere ist.
Die **Literarkritik**, die in der Zeit der Aufklärung dazugekommen ist, fragt nach den literarischen Quellen, die ein biblischer Autor verwendet hat. So haben die Evangelisten z. B. aus verschiedenen Quellen geschöpft (siehe synoptischer Vergleich). Noch einen Schritt weiter geht die **Überlieferungsgeschichte**, die versucht, die mündliche Überlieferung eines schriftlichen Textes (Vorgeschichte vor der schriftlichen Aufzeichnung) zu rekonstruieren. Dazu hilfreich kann die **Formkritik** sein, die die Gattung eines Textes in den Blick nimmt. Sie gibt Aufschluss darüber, wozu ein Text ursprünglich gedient haben könnte. Die **redaktionsgeschichtliche Analyse** wendet sich der Komposition zu und zeigt auf, wie die einzelnen Überlieferungsstücke zusammengestellt (Komposition) und akzentuiert wurden. Damit lässt sich ein theologisches Profil der Autoren erheben, die in einer bestimmten geschichtlichen Situation das Werk (Brief, Evangelium, ...) verfasst haben.
Will man biblische Texte historisch-kritisch lesen, dann muss man folgende Fragen an die Abschnitte stellen:

- Wer war der Autor oder die Autorengruppe? Was erfahren wir darüber in dem Werk?
- Was erfahren wir über die ursprünglichen Leserinnen und Leser / Adressatinnen und Adressaten?
- In welcher Zeit ist es etwa entstanden? Was war der früheste Zeitpunkt (*terminus a quo*), was der späteste Zeitpunkt (*terminus ad quem*)?
- Was war der religiöse, soziale und politische Hintergrund?
- Was war Anlass des Schriftstücks bzw. seiner Teile und zu welchem Zweck wurde es / wurden sie geschrieben?
- Was ist die hier konkret intendierte Botschaft des Textes?

Aber auch die **Wirkungsgeschichte** eines Textes kann Aufschluss über seine Botschaft geben, da zu unterschiedlichen Zeiten verschiedene Schwerpunkte und Ausrichtungen in der Auslegung zu Tage treten.

So wird's gemacht:

- **Lesen** Sie den Textabschnitt zunächst unvoreingenommen aufmerksam durch und machen Sie sich bewusst, wie Sie ihn verstehen und ob Sie bereits eine „Vorgeschichte" mit dem Text haben. Gibt es bestimmte Fragen, die sich Ihnen im Blick auf diese Perikope stellen?
- **Vergleichen** Sie die gewählte Perikope in mindestens drei verschiedenen deutschen **Bibelübersetzungen**. Haben Sie nicht genügend unterschiedliche Bibeln zur Hand, werden Sie z. B. unter www.die-bibel.de fündig. Überlegen Sie, welche Übersetzung die wörtlichste sein könnte.
- Untersuchen Sie den **Inhalt** der Perikope genau: Worum geht es? Wer agiert wie mit wem? Kommen Begriffe oder Umstände vor, die Ihnen nicht geläufig sind, dann klären Sie diese anhand von Bibellexika (viele Bibeln haben auch ein Glossar im Anhang). Gibt es sprachliche oder inhaltliche Brüche in der Perikope, oder ist sie in sich „rund"? Erstellen Sie ggf. eine Gliederung.
- Überprüfen Sie, ob es in der Bibel **ähnliche Texte** gibt, und vergleichen Sie diese mit Ihrer Perikope im Hinblick auf die Fragestellung „Welche schriftlichen Quellen könnten hier verwendet worden sein?" Handelt es sich um eine Perikope aus den synoptischen Evangelien, wird ein **synoptischer Vergleich** (M 16) durchgeführt.
- Gehen Sie der Frage nach, ob bestimmte **Traditionen, Zitate, Symbole und Denkweisen** in dem Stück vorkommen.
- Klären Sie den **Kontext**, in welchem die Perikope innerhalb des biblischen Buchs (z. B. des Evangeliums) steht: Gibt es Verbindungslinien zu den Texten davor und danach, oder steht der Text eher isoliert?
- Überlegen Sie, ob man die Perikope einer bestimmten **Gattung** zuordnen kann. In Frage kommen z. B. Wundererzählung, Gleichnis, Gesetzestext, Rede und viele mehr. Hat diese Gattung hier besondere Funktionen?
- Stellen Sie die oben genannten **redaktionsgeschichtlichen Fragen** an den Textabschnitt und klären Sie so, welche Absicht der/die Verfasser im eigenen geschichtlichen Kontext mit dieser Perikope verfolgt hat/haben.

- Informieren Sie sich ggf. über die **Wirkungsgeschichte** der Perikope: Wie wurde sie zu verschiedenen Zeiten in der Geschichte interpretiert? Hat sich ihr Inhalt in der Frömmigkeitspraxis niedergeschlagen? Und gibt es kirchliche Traditionen, die sich aus diesem Textabschnitt heraus (weiter-)entwickelt haben?
- **Resümieren** Sie zuletzt Ihre Ergebnisse und **reflektieren** Sie, ob und inwiefern sich Ihr Verständnis der Perikope durch diese Arbeit verändert hat. Konnten evtl. gestellte Fragen beantwortet werden?

M 18 Einen Standpunkt einnehmen – Positionslinie und Streitlinie

Im Alltag nehmen wir – oftmals unbewusst oder nicht allzu deutlich – zu vielen verschiedenen (teils wichtigen, teils weniger wichtigen) Sachverhalten einen Standpunkt ein: Wir haben zu bestimmten Fragen und Angelegenheiten eine Meinung. Die Methode „Positionslinie" hilft Ihnen, sich dieser Meinung bewusst zu werden und sie argumentativ zu vertreten. Auch lernen Sie die Positionen Ihrer Mitschülerinnen und Mitschüler kennen und treten mit ihnen in einen sachlichen Dialog.

So wird's gemacht:

- Zunächst steht eine **konkrete Streitfrage** „im Raum", die Ihnen Ihre Lehrkraft vorgibt oder auf die Sie sich selbst geeinigt haben. Wichtig ist, dass man sie mit „ja" oder „nein" beantworten kann, z. B.:
  - Soll man sich vegetarisch ernähren?
  - Soll es an unserer Schule ein Handy-Verbot geben?
  - Stimmen Sie der Aussage einer bestimmten Person zu?
- Denken Sie sich eine **Linie quer durch den Klassenraum** oder entlang einer Wand. Sie können auch einen Klebestreifen zur Markierung auf den Boden kleben oder ein Seil o. ä. zur Markierung der Positionslinie verwenden.
- Die **Mitte** der „Linie" wird deutlich markiert. Sie stellt die Position „unentschieden" dar.
- Die beiden Enden der „Linie" stehen für ein eindeutiges „Ja" bzw. „Nein".
- Nachdem die Streitfrage gestellt wurde, positioniert sich jeder entlang der Linie im Raum, sodass sein räumlicher Standpunkt seiner **Position** in der Streitfrage entspricht. Wenn Sie nicht eindeutig für die eine oder andere Position sind, können Sie sich auch im entsprechenden Abstand zu den Polen „Ja" und „Nein" aufstellen.
- Wenn alle stehen und sich einen Überblick verschafft haben, fragt Sie Ihre Lehrkraft, warum Sie sich an diese oder jene Position gestellt haben. Versuchen Sie nun Ihren Standpunkt mit eigenen Worten zu **begründen**.

Variante: Eine Streitlinie bilden

Wenn Ihre Positionen sehr gegensätzlich sind, Sie also sehr deutlich auf der „Ja"- bzw. „Nein"-Seite stehen, können Sie aus der Positionslinie eine Streitlinie bilden:

- Beide Gruppen finden sich jeweils zu einer „**Murmelgruppe**" zusammen, um ihre Argumente zu sammeln.
- Stellen Sie sich anschließend in Ihrer jeweiligen Gruppe in einer **Linie** auf. Jetzt tragen Vertreter der „Ja"- und „Nein"-Seite abwechselnd ihre Positionen vor. Auf ein Pro-Argument folgt also ein Kontra-Argument. Die Argumente sollten möglichst knapp gehalten werden, damit auch ein echter Austausch zustande kommt.
- Nach Abschluss des Streitgesprächs nehmen Sie noch einmal Ihren Standpunkt auf der Positionslinie ein. Möglicherweise haben Sie sich durch den **Meinungsaustausch** weiterentwickelt und korrigieren Ihren ehemaligen Standpunkt?

Begriffsglossar

a priori/a posteriori
Ein Urteil „a priori" ist unabhängig von der Erfahrung und wird allein aufgrund vernünftiger Überlegungen gefällt. Urteile „a posteriori" dagegen werden auf der Grundlage von Erfahrung gefällt.

Akkumulation
Akkumulation bezeichnet die Ansammlung oder Anhäufung von Ressourcen, Gütern oder Wissen über einen bestimmten Zeitraum. In der Wirtschaft bezieht sie sich häufig auf die Ansammlung von Kapital oder Vermögen.

Anhedonie
Unter „Anhedonie" versteht man den Verlust oder die Unfähigkeit, Freude oder Genuss aus normalerweise angenehmen Aktivitäten zu empfinden. Dieser Zustand kann das allgemeine Wohlbefinden beeinträchtigen und ist ein wichtiger Aspekt bei der Diagnose und Behandlung von psychischen Gesundheitsproblemen (etwa ➤ Depression).

anikonisch
Religionen oder Kulte, die ohne tier- oder menschenähnliche Bilder ihrer Gottheit(en) auskommen.

Antimodernismus
Der Begriff „Antimodernismus" bezieht sich auf eine ablehnende Haltung gegenüber modernen Ideen, Praktiken, Technologien oder sozialen Veränderungen. Der Antimodernismus kann in verschiedenen Kontexten auftreten, einschließlich kultureller, politischer, religiöser oder philosophischer Kontexte. Religiöser Antimodernismus kann sich gegenüber modernen wissenschaftlichen Erkenntnissen, sozialen Normen oder technologischen Fortschritten manifestieren, wenn diese als im Widerspruch zu religiösen Überzeugungen betrachtet werden.

Apathie (Gottes)
Der Begriff bezeichnet allgemein einen Zustand der Gleichgültigkeit oder des Desinteresses, oft verbunden mit einem Mangel an emotionaler Reaktion oder Motivation. In theologischem Kontext bedeutet „Apathie Gottes" eine Leidensunfähigkeit, d. h. Gott als höchstes Wesen sei demnach unfähig, selbst zu leiden.

Apologie
Eine Apologie ist eine schriftliche oder mündliche Verteidigung einer bestimmten Überzeugung oder Position. Im theologischen Kontext bezieht sich der Begriff oft auf die Rechtfertigung des Christentums gegenüber Kritikern oder anderen Religionen. Die Bezeichnung „Apologeten" wird auch für eine Reihe frühchristlicher Schriften des 2. Jahrhunderts verwendet (z. B. Justin der Märtyrer oder Irenäus von Lyon).

Artefakt
Ein Artefakt ist ein von Menschenhand geschaffener Gegenstand oder eine künstliche Erscheinung. Mit diesem Begriff wird auf Objekte oder Phänomene hingewiesen, die durch menschliche Aktivitäten entstanden sind.

Artikulation
In Philosophie und Theologie bezeichnet „Artikulation" den Prozess der klaren Formulierung von Ideen oder Konzepten in Worten oder Schrift.

Aufklärung
Das Zeitalter der „Aufklärung" bezeichnet eine intellektuelle Bewegung des 18. Jahrhunderts in Europa, die von einer starken Hoffnung auf den Fortschritt der Gesellschaft durch die Kraft von Erkenntnis, Wissenschaft und Bildung geprägt war. Dabei kam der Vernunft als Mittel zur Erreichung von Wissen, Wahrheit und moralischem Fortschritt eine besondere Bedeutung zu. Die „Aufklärung" setzte sich für die Ideale von Freiheit, Toleranz, Gleichheit und Menschenrechte ein und lehnte die Vorherrschaft von Tradition, Religion und Monarchie ab. Die Verbreitung von Wissen wurde als Mittel zur Überwindung von Aberglauben, Ignoranz und Tyrannei betrachtet. Bekannte Vertreter der Aufklärung waren Philosophen wie Immanuel Kant, Voltaire, Jean-Jacques Rousseau und John Locke. Die Ideen der Aufklärung hatten einen tiefgreifenden Einfluss auf politische, soziale und kulturelle Entwicklungen und trugen zur Entstehung moderner demokratischer Gesellschaften bei.

Axiom
Ein Axiom ist eine grundlegende Annahme oder Aussage, die als selbstverständlich, offensichtlich oder nicht weiter ableitbar angesehen wird. Axiome dienen als Ausgangspunkt für logische Schlussfolgerungen und argumentative Strukturen in einem bestimmten System, sei es in der Mathematik, Philosophie oder anderen Bereichen.

Bias
Der Begriff „Bias" bezieht sich auf systematische Verzerrungen oder Voreingenommenheiten in der Art und Weise, wie Informationen präsentiert, wahrgenommen oder interpretiert werden. Bias kann in verschiedenen Kontexten auftreten, darunter Wissenschaft, Statistik, Medien, soziale Interaktionen und Entscheidungsfindung. So kann Bias Entscheidungsprozesse beeinflussen, wenn beispielsweise unbewusste Annahmen, persönliche Vorlieben oder Vorurteile in die Bewertung von Optionen einfließen. Es ist wichtig zu beachten, dass Bias nicht absichtlich geschieht und oft auf unbewussten Annahmen oder kulturellen Einflüssen beruht.

Biosphäre
Die „Biosphäre" bezeichnet den Bereich auf der Erde, in dem Leben existiert. Dieser Bereich erstreckt sich von der höchsten Atmosphäre bis zu den tiefsten Ozeanen und umfasst sämtliche lebenden Organismen sowie deren Lebensräume. Die Biosphäre bildet einen integralen Bestandteil des globalen Ökosystems und besteht aus verschiedenen lokalen Ökosystemen, die durch die Wechselwirkungen zwischen lebenden Organismen und ihrer Umwelt geprägt sind. Die Biosphäre umfasst Pflanzen, Tiere, Mikroorganismen, Menschen und sämtliche Umweltbedingungen, die für das Leben notwendig sind, wie Luft, Wasser und Boden.

Blasphemie
„Blasphemie" bezeichnet die Äußerung von beleidigenden oder respektlosen Aussagen, Handlungen oder Werken gegenüber religiösen Überzeugungen, Gottheiten, heiligen Schriften oder religiösen Praktiken. Der Begriff ist eng mit dem religiösen Kontext verbunden und kann je nach kulturellen, sozialen und rechtlichen Gegebenheiten unterschiedlich interpretiert werden. Blasphemie ist in vielen Gesellschaften tabuisiert und geht oft mit der Verletzung religiöser Gefühle einher. In einigen Fällen kann die Beurteilung dessen, was als blasphemisch betrachtet wird, zu Kontroversen und Konflikten führen, wobei Verständnis und die Toleranz gegenüber unterschiedlichen Glaubensrichtungen und Ansichten sich als hilfreich erweisen können.

conditio humana
Der Begriff bezeichnet die grundlegenden Bedingungen und Eigenschaften des menschlichen Daseins. In der Philosophie und Theologie umfasst dieser Begriff Themen wie das Leben, den Tod, das Leiden und die Suche nach Sinn. Er beschreibt die Herausforderungen und Erfahrungen, die Menschen in ihrer Existenz machen.

Dekadenz/décadence
Der Begriff „Dekadenz" (oder auch „Décadence" in Französisch) bezieht sich auf den Zustand des moralischen oder kulturellen Verfalls. Von Dekadenz wird häufig gesprochen, um auf eine Periode oder eine Gesellschaft hinzuweisen, in der als positiv betrachtete Werte wie Tugend, Integrität oder Selbstlosigkeit in den Hintergrund treten. Was als dekadent betrachtet wird, kann in verschiedenen Kontexten unterschiedlich interpretiert werden.

Denkschrift (EKD)
Eine „Denkschrift der EKD" ist ein schriftliches Dokument, das von der Evangelischen Kirche in Deutschland (Abkürzung: EKD) veröffentlicht wird und theologische, soziale oder ethische Positionen zu bestimmten Themen oder Fragen darlegt. Denkschriften werden oft von theologischen Ausschüssen oder Gremien innerhalb der EKD erarbeitet und dienen dazu, die Haltung der evangelischen Kirche zu aktuellen Angelegenheiten, wie z. B. soziale Gerechtigkeit, Frieden, Umweltschutz, Bioethik, interreligiöser Dialog etc. zu verdeutlichen und damit einen Beitrag zu gesellschaftlichen Debatten zu leisten. Denkschriften werden oft als Ausdruck des theologischen und ethischen Denkens der Kirche zu einer bestimmten Zeit und zu bestimmten Themen verstanden.

Denomination
Der Begriff „Denomination" bezeichnet in einem religiösen Kontext eine bestimmte Gruppe innerhalb einer Konfession (evangelisch, katholisch, orthodox, ...) des Christentums. Verschiedene Denominationen haben unterschiedliche Glaubensüberzeugungen, liturgische Praktiken und Organisationsstrukturen. Beispiele für evangelische Denominationen sind etwa lutherische, reformierte, baptistische, methodistische und viele andere Kirchen und Gemeindeverbünde.

Depression
Depression ist eine ernste psychische Erkrankung, die durch anhaltende Niedergeschlagenheit, Interessenverlust, Freudlosigkeit und eine Vielzahl von körperlichen und emotionalen Symptomen gekennzeichnet ist. Es handelt sich nicht nur um Traurigkeit oder gelegentliche Stimmungsschwankungen, sondern um einen anhaltenden Zustand, der das tägliche Leben erheblich beeinträchtigen kann. Manche Menschen mit Depression haben Gedanken an den Tod oder den Wunsch, nicht mehr zu leben. Es ist wichtig zu betonen, dass Depression eine ernsthafte Erkrankung ist, die medizinische Aufmerksamkeit erfordert. Wenn jemand Anzeichen von Depression zeigt, ist es ratsam, Hilfe von einer qualifizierten Fachkraft zu suchen.

Despot
„Despot" bezeichnet einen absoluten Herrscher oder einen Alleinherrscher, der autoritär handelt, seine Macht missbraucht, tyrannisch oder gewalttätig agiert und wenig Rücksicht auf die Rechte und Freiheiten der Bevölkerung nimmt bzw. die Freiheiten und Rechte anderer unterdrückt.

Distinktion/Herkunftsdistinktion
„Distinktionen" sind im allgemeinen Unterscheidungen. In sozialwissenschaftlichem Kontext handelt es sich um die Unterscheidung und Abgrenzung von Gruppen bestimmter Merkmale. Mit dem Begriff „Herkunftsdistinktion" wird die Unterscheidung oder Differenzierung von Menschen aufgrund ihrer Herkunft bezeichnet. Diese Distinktion kann auf unterschiedlichen Faktoren beruhen, darunter geografische Herkunft, kulturelle Prägung, ethnische Zugehörigkeit oder soziale Hintergründe. Die Auswirkungen von Herkunftsdistinktionen können je nach sozialem, kulturellem und historischem Kontext variieren. Es ist wichtig zu betonen, dass Herkunftsdistinktionen oft soziale ➤ Konstruktionen sind und nicht zwangsläufig objektive Unterschiede widerspiegeln. In vielen Fällen können sie zu Vorurteilen und Diskriminierung führen und die Notwendigkeit der Förderung von Inklusion und Diversität unterstreichen.

Dogma
Unter einem Dogma versteht man eine gültige Lehrmeinung oder Überzeugung innerhalb einer Religionsgemeinschaft. Die Verbindlichkeit von Dogmen wird zwischen den Konfessionen und ➤ Denominationen unterschiedlich gesehen. Die Gültigkeit und heutige Verstehensmöglichkeiten von Dogmen werden in der Dogmatik verhandelt, einem Teilgebiet der Systematischen Theologie.

Dualismus
bezeichnet die Annahme, dass alles, was ist, auf zwei grundlegende Prinzipien zurückzuführen ist, wie Leib/Seele, Gott/Welt, Gut/Böse, Geist/Materie.

Dynamismus
„Dynamismus" bezieht sich auf die Vorstellung von ständiger Veränderung, Aktivität, Bewegung oder Energie in einem System und beschreibt Prozesse und Phänomene, die nicht statisch, sondern aktiv und sich entwickelnd sind.

Emanzipation
„Emanzipation" bezieht sich auf den Prozess der Befreiung oder Freilassung aus Unterdrückung, Abhängigkeit oder Einschränkung, in sozialen, politischen oder rechtlichen Kontexten. In Bezug auf Frauenrechte bezeichnet Emanzipation den Prozess der Befreiung von geschlechtsspezifischen Benachteiligungen und das Erlangen von Gleichberechtigung in verschiedenen Lebensbereichen, einschließlich Bildung, Arbeit, Politik und Familie. In einem allgemeineren Sinne kann Emanzipation auch den persönlichen Prozess der (Selbst-)Befreiung von Einschränkungen, Vorurteilen oder äußeren Kontrollen bezeichnen. Emanzipation zielt auf die Überwindung von Barrieren für Gleichberechtigung und Freiheit.

Eschatologie
Eschatologie (von griech. to eschaton = das Letzte, das Ende) steht für die „Lehre von den letzten Dingen" bzw. von der Endzeit. Sie behandelt Fragen, die einerseits den Tod und das, was danach kommt, betreffen und andererseits Vorstellungen von einer Endzeit oder dem Ende der Welt bzw. der Menschheit. In theologischen Auseinandersetzungen geht es dabei traditionell um die Wiederkunft Christi, die Auferstehung von den Toten, das Jüngste Gericht, die Unsterblichkeit der Seele, Vorstellungen von Himmel und Hölle sowie das Kommen des Reichs Gottes. Mit Letzterem ist vor allem auch die sogenannte präsentische Eschatologie verknüpft: Das Reich Gottes ist „schon" hier, aber „noch nicht" vollendet.

Ethos
Der Begriff „Ethos" (aus dem Altgriechischen: ethos: „Sitte", „Gewohnheit") spiegelt die moralischen Aspekte im Zusammenleben von Menschen und Gruppen wider. In einigen Kontexten bezieht sich „Ethos" sowohl auf die Wertvorstellungen als auch auf die entsprechende Praxis, wie traditionelle Gewohnheiten, Bräuche oder Charakteristika einer Gruppe oder Kultur.

Exil/Exilszeit
„Exilszeit" bezeichnet eine Zeitspanne, in der eine Gruppe oder Gemeinschaft in erzwungener Abwesenheit vom Heimatland bzw. von der vertrauten Umgebung lebt. Mit „Exilszeit" bezeichnet die Wissen-

schaft vom Alten Testament die etwa 70 Jahre umfassende Epoche zwischen der Zerstörung Jerusalems und seines Tempels unter dem (neu-)babylonischen König Nebukadnezar im Jahr 587/86 v. Chr. und dem Bau des zweiten Tempels im Jahr 520 v. Chr. Unter dem Perserkönig Kyros II., dem Großen, gewannen die Perser die Oberherrschaft über den Alten Orient und damit auch Jerusalem (539 v. Chr.). Diese neuen Herren gestatteten die Rückkehr der Nachfahren vornehmer Jerusalemer Bürger, die nach der Zerstörung Jerusalems ins Exil nach Babylon deportiert worden waren, und sie ermöglichten den Bau eines neuen Tempels in Jerusalem. Diese Ereignisse haben die theologische Geschichtsdeutung, die prophetische Literatur sowie die Psalmen des Alten Testaments stark beeinflusst.

Exzentrizität/exzentrisch
Exzentrisch beschreibt eine Person oder ein Verhalten, das von einer bestimmten Normvorstellung oder dem Gewöhnlichen abweicht. Im Alltag wird der Begriff oft verwendet, um jemanden zu charakterisieren, der ungewöhnliche, auffällige oder unkonventionelle Interessen und Verhaltensweisen hat. Bei Helmuth Plessner spielt der Begriff „Exzentrizität" eine zentrale Rolle in seiner Theorie der menschlichen Existenz. Plessner beschreibt den Menschen als exzentrisches Wesen, das sich nicht nur im eigenen Körper, sondern auch in der Welt positioniert. Diese Exzentrizität ermöglicht es dem Menschen, reflexiv über sich selbst nachzudenken und sich von seiner Umgebung abzugrenzen. Damit wird die Fähigkeit zur Selbstreflexion und zur sozialen Interaktion betont.

Fanatismus
„Fanatismus" bezeichnet eine extreme Leidenschaft für bzw. Hingabe an eine bestimmte Idee, Sache oder Überzeugung. Fanatismus kann in verschiedenen Bereichen auftreten, einschließlich Religion, Politik, Sport, Kultur. Er kann die Möglichkeit eines rationalen Zugangs zur entsprechenden Thematik stark beeinträchtigen. Ein Fanatiker zeichnet sich durch eine übermäßige und oft blinde Begeisterung für sein Anliegen aus, gepaart mit einem starken Wunsch, diese Überzeugungen vehement zu verteidigen und zu verbreiten. In extremen Fällen kann Fanatismus zu radikalen Handlungen führen, von gewalttätigen Aktionen bis hin zu Terrorismus, um die eigenen Überzeugungen durchzusetzen.

Generativität
Der Begriff „Generativität" betont die schöpferische Kraft und die Fähigkeit, Neues zu schaffen, zu produzieren oder zu „generieren". Er wird oft im Zusammenhang mit Innovationsprozessen, kreativer Produktivität und dem Beitrag zur Gesellschaft, Familie oder Gemeinschaft verwendet. Der Begriff bezeichnet auch den Wunsch des Menschen, sich fortzupflanzen und damit für den Fortbestand der Menschheit zu sorgen.

Heide
Bezeichnet ursprünglich eine Person, die nicht der jüdischen Gemeinschaft zugeordnet wird. Im Blick auf das frühe Christentum wird daher zwischen Juden- und Heidenchristen unterschieden. Später (wie hier bei Karl Barth) wird der Begriff auch übertragen auf Menschen außerhalb der christlichen Tradition gebraucht.

Hermeneutik
„Hermeneutik" ist die Lehre von der Auslegung und Interpretation eines Textes. Dies können religiöse Texte, philosophische Werke, literarische Schriften oder historische Dokumente sein. Der Begriff stammt vom griechischen Wort „hermeneuein", was „auslegen", „erklären" oder auch „übersetzen" bedeutet. Die hermeneutische Methode will die Absichten des Autors verstehen sowie den Kontext berücksichtigen, in dem der Text entstanden ist. Hermeneutik bezieht sich also auf den „Horizont der Bedeutung", der die Gesamtheit der kulturellen, historischen und sprachlichen Kontexte umfasst, die die Bedeutung eines Textes prägen. Dieser Horizont beeinflusst die Interpretation und Verstehensprozesse. Der deutsche Philosoph und Theologe Friedrich Schleiermacher gilt als einer der Wegbereiter der modernen Hermeneutik.

heteronormativ
„Heteronormativ" ist ein sozialwissenschaftlicher Begriff für eine gesellschaftliche Norm, die von der Annahme ausgeht, dass Heterosexualität die „normale" oder „natürliche" sexuelle Orientierung ist. Heteronormative Vorstellungen sind oft mit traditionellen Geschlechterrollen verbunden, bei denen bestimmte Erwartungen an das Verhalten von Männern und Frauen gestellt werden. Die Auseinandersetzung mit Heteronormativität beinhaltet oft die Förderung von Akzeptanz, Respekt und Gleichberechtigung für Menschen aller sexuellen Orientierungen und Geschlechtsidentitäten. Es geht darum, die Vielfalt menschlicher Beziehungen und Identitäten zu erkennen und Vorurteile abzubauen.

Historiographie
„Historiographie" bezieht sich auf die schriftliche oder systematische Darstellung von Geschichte. Der Begriff umfasst die Methoden, Prinzipien, Theorien und Techniken, die Historikerinnen und Historiker verwenden, um über die Vergangenheit zu schreiben, zu analysieren und zu interpretieren. Historiographie betrifft also nicht die Vergangenheit selbst, sondern die Art und Weise, wie die Vergangenheit durch historische Werke dargestellt wird.

Hypochonder
Ein „Hypochonder" ist eine Person, die unter Hypochondrie leidet. Hypochondrie ist eine psychische Störung, bei der eine übermäßige und anhaltende Sorge vor schweren Krankheiten besteht, trotz fehlender oder nur geringfügiger körperlicher Symptome. Menschen mit Hypochondrie neigen dazu, körperliche Beschwerden zu überinterpretieren, sich intensiv mit möglichen Krankheiten zu beschäftigen und trotz ärztlicher Beruhigung weiterhin besorgt über ihre Gesundheit zu sein. Es ist wichtig zu betonen, dass Hypochondrie eine ernsthafte psychische Störung ist und nicht einfach eine normale Besorgnis um die Gesundheit. Die genauen Ursachen der Hypochondrie sind noch nicht vollständig verstanden, können jedoch auf eine Kombination von genetischen, biologischen, psychischen und Umweltfaktoren zurückzuführen sein. Wenn jemand denkt, an Hypochondrie zu leiden, ist es wichtig, professionelle Hilfe von einem Arzt oder Psychologen zu suchen.

Hypostase
Der Begriff „Hypostase" bezeichnet in der christlichen Theologie die Existenz einer der Personen der Heiligen Dreifaltigkeit (Vater, Sohn und Heiliger Geist) in der Einheit Gottes. Die „Hypostasen" sind einerseits eigenständig und andererseits zugleich untrennbar innerhalb der göttlichen Einheit.

Illusion/illusorisch
Bei einer „Illusion" handelt es sich um eine verzerrte oder irreführende Wahrnehmung der Realität, um ein konstruiertes falsches oder trügerisches Bild, das auf verzerrten Denkmustern oder Überzeugungen beruht. Illusionen weichen zum Teil stark von der Realität ab und können auch in anderen Formen auftreten, einschließlich visueller, akustischer, taktiler oder kognitiver Illusionen.

Instanz
Eine Instanz bezeichnet diejenige Stelle, die für einen Fall oder eine Entscheidung zuständig ist. Die Formulierung „Gott als letzte Instanz" bezieht sich auf die Vorstellung, dass Gott als höchste Autorität oder letzte Instanz für die Gläubigen gilt. Gläubige sehen im Willen Gottes die letzte Autorität in moralischen, ethischen oder spirituellen Fragen.

Kerygma
Aus dem Griechischen für „Predigt, Botschaft", meint den Inhalt der neutestamentlichen und der auf Christus bezogenen Verkündigung der Kirche.

Kohärenz
Kohärenz bezeichnet die innere Logik und den Zusammenhalt von Ideen, Argumenten oder Konzepten. Sie beschreibt, wie gut verschiedene Teile eines Systems oder einer Theorie miteinander verknüpft sind ohne sich zu widersprechen. In der Philosophie und Theologie ist Kohärenz wichtig, um sicherzustellen, dass bestimmte Inhalte für andere nachvollziehbar sind.

Konstrukt/Konstruktivismus
Der Begriff „Konstrukt" bezieht sich auf eine von Menschen geschaffene oder definierte Idee, Theorie oder ein Modell, das zur Erklärung oder Darstellung von Phänomenen dient. Dabei wird oft zwischen realen, objektiven Gegebenheiten und Konstrukten unterschieden, die unser Verständnis und unsere Wahrnehmung der Realität beeinflussen. Der „Konstruktivismus" ist eine erkenntnistheoretische Schule, die davon ausgeht, dass Wissen und Wirklichkeit nicht unabhängig von den Wahrnehmungen und Interpretationen des Individuums existieren. Stattdessen wird Wissen als ein Produkt sozialer und individueller Prozesse verstanden, durch die Menschen aktiv Bedeutungen konstruieren.

Kontemplation
Praxis einer ganzheitlichen Anschauung von oder ungeteilten Versenkung in etwas. Kann sich auf sinnliche, geistige und religiöse Aspekte beziehen. Kontemplative Elemente gibt es in vielen Religionen (bspw. Gebet oder Meditation).

Korrespondenz
Korrespondenz bezeichnet im weiteren Sinne die Übereinstimmung oder Beziehung zwischen verschiedenen Dingen, Ideen oder Konzepten. Sie beschreibt, wie bestimmte Elemente miteinander in Verbindung stehen oder sich gegenseitig beeinflussen. In der Philosophie und Theologie kann Korrespondenz auch die Angemessenheit von menschlichen Erfahrungen im Vergleich zu universellen Wahrheiten oder Glaubensinhalten darstellen.

Kosmologie
Kosmologie ist die Wissenschaft vom Ursprung, der Entwicklung und der Struktur des Universums. In der Philosophie und Theologie kann Kosmologie auch die Beziehung zwischen dem Universum und dem Göttlichen behandeln.

Kreationismus
Überzeugung von der naturwissenschaftlichen Zuverlässigkeit der biblischen (Schöpfungs-) Erzählungen. Nach dem verbreiteten Kurzzeitkreationismus sei die Erde erst ca. 10.000 Jahre alt.

Kyrios
Griechisch für „Herr". In der griechischen Version des Alten Testaments Titel oder Anrede für Gott. Im Neuen Testament sowohl als profane und politische Bezeichnung wie als Titel und Anrede für Jesus.

Letzte Generation
Die „Letzte Generation" ist ein 2021 gegründetes Bündnis von Klimaaktivistinnen und -aktivisten, das unter anderem mit Straßenblockaden für Aufmerksamkeit sorgte, insbesondere durch das Festkleben auf Straßen (weshalb sie auch verächtlich „Klimakleber" genannt wurden).

Maxime
Von lateinisch maxima (propositio), „größte/oberste (Aussage)". Nach Immanuel Kant handelt es sich bei einer Maxime um eine Überzeugung, die das Denken und Handeln einer Person bestimmt.

Mysterium
Der Begriff „Mysterium" bezeichnet ein Geheimnis oder eine tiefere Wahrheit, die oft jenseits des menschlichen Verstehens liegt. In der Theologie wird der Begriff häufig verwendet, um Gott selbst und göttliche Geheimnisse wie die Trinität oder die Menschwerdung zu beschreiben. Mysterien können sowohl als unergründlich wie auch als Quelle spiritueller Erkenntnis betrachtet werden.

nachösterlich
Bezeichnet eine Sicht auf das Leben und Wirken Jesu, die sich aus der Perspektive der Auferweckung ergibt. Alle neutestamentlichen Zeugnisse sind in diesem Sinne nachösterlich, weil sie auch da die Auferweckung Jesu voraussetzen, wo diese der Erzählung nach noch aussteht.

Neuropsychologie
Die Neuropsychologie ist ein Teilgebiet der Psychologie, das den Zusammenhang von Psyche und Gehirn untersucht, beispielsweise zwischen Hirnschädigungen und bestimmten Funktionsverlusten (z. B. Sprache).

Nihilismus
Als Nihilismus oder nihilistisch wird eine philosophische Haltung bezeichnet, die die Existenz von objektiven Werten, Sinn und Bedeutung in Frage stellt. Sie leugnet, dass es universelle Wahrheiten und Moralvorstellungen gibt, und versteht das Leben oft als sinnlos. Nihilismus kann sowohl eine kritische Reflexion über den Glauben als auch ein Ausdruck existenzieller Krisen sein.

Niniviten/Ninivitinnen
Als Niniviten und Ninivitinnen werden Menschen aus der antiken Stadt Ninive (heute in Mossul/Irak) bezeichnet. Diese Stadt spielt besonders im biblischen Buch Jona eine zentrale Rolle. In der erzählten Zeit dieses Buches war Ninive Hauptstadt des Assyrischen Reiches (7. Jahrhundert v. Chr.). Die Stadt wurde im Jahr 612 v. Chr. zerstört.

Obrigkeit
Seit dem 15. Jahrhundert (heute veraltete) Bezeichnung für eine ➤ Instanz mit herrschaftlicher Macht, um Gesetze oder Ordnungen zu erlassen.

observant
„Observant" bezieht sich auf die Einhaltung religiöser Vorschriften und Praktiken des Judentums. Dies umfasst die Einhaltung der Halacha, des jüdischen Rechts, sowie von Feiertagen, Sabbat und anderen religiösen Bräuchen. Der Begriff hebt die aktive und bewusste Ausübung des Glaubens hervor und dient als Unterscheidung von weniger strengen oder liberaleren Ansätzen innerhalb der jüdischen Gemeinschaft.

Oikos
Von griechisch „Haus, Hausgemeinschaft", von dem Begriffe wie ➤ Ökonomie oder Ökologie abgeleitet sind.

Ökonomie
Ökonomie ist die Wissenschaft, die sich mit der Produktion, Verteilung und dem Konsum von Gütern und Dienstleistungen beschäftigt. Sie analysiert, wie Ressourcen effizient genutzt werden, um Bedürfnisse zu befriedigen. Ökonomische Theorien und Modelle helfen, wirtschaftliche Entscheidungen zu verstehen und gesellschaftliche Zusammenhänge zu erklären.

Opium
Rauschmittel, das aus dem Schlafmohn gewonnen wird. Es hat schmerzlindernde und beruhigende Eigenschaften und enthält Stoffe, die auch in der Medizin verwendet werden. Wegen seiner süchtig machenden Wirkung ist der Gebrauch von Opium in vielen Ländern streng kontrolliert.

Orthopraxie
Theologisches Kunstwort aus dem 20. Jahrhundert. Mit dem Begriff wird die Frage nach dem richtigen Handeln im Gegenüber zum richtigen Denken bzw. Lehren („Orthodoxie") aufgeworfen.

Paradigma
Muster, Beispiel. Steht in philosophischen oder theologischen Zusammenhängen häufig für die Grundauffassungen, die für einen bestimmten Bereich als gültig angesehen werden.

Pathogenese
Bezeichnet den Prozess, durch den eine Krankheit entsteht und sich entwickelt. Sie umfasst die biologischen, chemischen und physikalischen Veränderungen im Körper, die durch Krankheitserreger wie Viren, Bakterien oder andere Faktoren ausgelöst werden. Das Verständnis der Pathogenese ist wichtig, um Krankheiten zu erkennen, zu behandeln und zu verhindern.

pathologisch
Pathologisch bezieht sich auf alles, was mit krankhaften Zuständen des Körpers oder Geistes zusammenhängt. Der Begriff wird häufig verwendet, um Veränderungen oder Verhaltensweisen zu beschreiben, die durch eine Krankheit verursacht werden oder als krankhaft angesehen werden.

Patriarchat
Im Speziellen (insb. für die Antike) meint der Begriff die rechtliche Vormachtstellung des Vaters über sein Haus (➤ Oikos). Im Allgemeinen bezeichnet „Patriarchat" die Übermacht der Männer über Frauen. Heute werden damit Strukturen bezeichnet, die gewisse soziale Vorteile von Männern gegenüber Frauen begünstigen.

Peer Group
Gruppe von Menschen mit ähnlichen Interessen, der sich ein Individuum zugehörig fühlt und durch die es stark beeinflusst wird. Insbesondere für Jugendliche und ihre Entwicklung von hoher Bedeutung.

Pietismus
Bewegung des 17. und 18. Jahrhunderts innerhalb des Protestantismus. Sie betont die persönliche Frömmigkeit, die innere Glaubenserfahrung und die praktische Anwendung des Glaubens im Alltag. Bis heute gibt es auch in Deutschland pietistisch geprägte Regionen und Glaubensformen. Pietistinnen und Pietisten streben nach einer lebendigen Gottesbeziehung, setzen sich häufig für soziale Gerechtigkeit ein und fördern Bildung sowie missionarische Aktivitäten.

Plädoyer
Ein Plädoyer ist eine formelle Rede oder schriftliche Argumentation, die dazu dient, eine bestimmte Position oder Meinung zu vertreten und zu verteidigen. Oft wird es verwendet, um Zuhörer oder Leser von der eigenen Sichtweise zu überzeugen.

Polis
Griechisch für „Stadt", wovon der Begriff „Politik" abgeleitet ist. Meint im antiken Griechenland das Gemeinwesen bzw. den Stadtstaat.

Politisches Nachtgebet
Teil einer 1968 entstandenen Liturgie, in der Gebet mit politischen Informationen und Diskussion verbunden wird. Die Form „Politisches Nachtgebet" hatte Einfluss auf die Entstehung der Montagsdemonstrationen in der DDR 1989.

Postwachstum
Theorie, die sich gegen Wachstumskonzepte in der Wirtschaft einsetzt. Sie ruft zur Verringerung von Produktion und Konsum auf und verfolgt das Ziel ökologischer und sozialer Nachhaltigkeit.

Puritanismus
Protest- und Reformbewegung in der Kirche Englands im 16. Jahrhundert. Betonung der Innerlichkeit und Verzicht auf Vergnügen und Unterhaltung (➤ Anhedonie).

Realwirtschaft
Im Gegensatz zum Geldmarkt bezieht sich der Begriff Realwirtschaft auf Produktion, Handel und Konsum realer Güter und Dienstleistungen.

Rechtspositivismus
Überzeugung davon, dass Fragen nach dem, was Recht ist, allein durch die jeweils geltenden Gesetze beantwortet werden können, ohne naturrechtliche Begründungen (Gott, Vernunft, Gerechtigkeit, etc.) heranzuziehen.

Renaissance
Epoche vom 14.–16. Jahrhundert, in der die Kunst eine neue Blüte erlebt und die Bedeutung des klassischen Altertums neu ins Bewusstsein rückt.

Stereotype
Vereinfachende, häufig klischeehafte Reduzierung von Erfahrungen oder Vorstellungen auf ein verbreitetes Vorurteil.

Subventionen
Unterstützung durch den Staat für private Wirtschaftsbetriebe. Subventionen können an Auflagen gebunden sein, erfordern aber keine Gegenleistung im wirtschaftlichen Sinne.

Synthetische Urteile
Ein synthetisches Urteil entsteht durch die Verbindung eines Begriffs mit einer Eigenschaft, die nicht selbst Teil des Begriffs ist. Anders als analytische Urteile, die sich allein aus dem Begriff ergeben (Beispiel: „Raben sind schwarz."), erweitern synthetische Urteile also unser Wissen von einem Begriff (Beispiel: „Der Rabe ist zwei Jahre alt.").

toll
Hier: verrückt, närrisch.

Transzendenz
Von lat. transcedere „hinübergehen". Transzendenz bezeichnet demnach einen Bereich, der die wahrnehmbare Wirklichkeit übersteigt, häufig mit religiöser Bedeutung.

Utilitarismus
Von lat. utilitas „Nützlichkeit". Ethische Theorie, die Handlungen danach beurteilt, welchen Nutzen sie für die Beteiligten (Individuen oder Gesellschaft) bringen.

verbrämen
Etwas Negatives durch etwas Positives oder eine Beschönigung abschwächen oder überspielen.

Weisheitsliteratur/weisheitlich
Zusammenfassender Begriff für eine literarische Tradition der jüdischen Bibel, die besonders in den Sprüchen (Proverbien), beim Prediger (Kohelet) und Hiob repräsentiert ist, aber auch viele Psalmen prägt. In der Weisheit verbinden sich Intellekt/Intelligenz und Lebenserfahrung zu einem umfassenden Lebenszugang, der als „weise" bezeichnet wird.

Zynismus
Abgeleitet von der philosophischen Schule der Kyniker. Meint eine spöttische Missachtung oder gar Herabwürdigung von Werten, Überzeugungen und Gefühlen.

Textnachweis

Alle Bibelzitate, wenn nicht anders vermerkt: Lutherbibel, revidiert 2017, © 2016 Deutsche Bibelgesellschaft, Stuttgart.
Texte ohne Quellenangaben stammen von den Autorinnen/Autoren oder der Redaktion.

Kapitel 1

S. 8–9
1: John Strelecky: Das Café am Rande der Welt, München: dtv ^{57}2021, S. 24; 37; 49; 124f.
2: Text (OT) Grönemeyer, Herbert © Grönland Musikverlag, Berlin.
3: Sebastian Maas: „Upload" auf Amazon Prime: Sterben kann so witzig sein (15.05.2020), URL: https://www.spiegel.de/kultur/tv/upload-auf-amazon-prime-sterben-kann-so-witzig-sein-a-d6f2e8f3-d4ca-4db7-8d7b-9619c999d82d (31.01.2024).
5: Jochen Hörisch/Jörg Herrmann: Transparenz statt Transzendenz, Über Fernsehen und Religion, in: Magazin für Theologie und Ästhetik 22/2003, URL: https://www.theomag.de/22/jh5.htm (06.11.2022).
S. 10–11
2: Henner Völkel: Gedanken zur Sinnfrage in der Psychotherapie, in: Hubert Speidel (Hrsg.): Aus der Werkstatt der Psychoanalytiker, Wiesbaden: VS Verlag für Sozialwissenschaften 2003, S. 294f.
3: Viktor E. Frankl: Über den Sinn des Lebens, Mit einem Vorwort von Joachim Bauer Weinheim ^{6}2022, S. 9ff; 53ff.
4: Tatjana Schnell im Interview mit Dorothea Siegle: „Plötzlich bin ich Teil von etwas Großem", in: Psychologie heute 9/2021, URL: https://www.psychologie-heute.de/leben/artikel-detailansicht/41415-ploetzlich-bin-ich-ein-teil-von-etwas-grossem.html (27.11.2023).
S. 12–13
2: Volker Gerhardt: Gott als Sinn des Daseins, in: Christ in der Gegenwart, URL: https://www.herder.de/cig/geistesleben/2009/01-06-2009/gottesfrage-gott-als-sinn-des-daseins/ (27.11.2023).
3: Wilhelm Gräb: Lebenssinn und die Frage nach Gott, in: Thomas Klie/Martina Kumlehn/Ralph Kunz/Thomas Schlag (Hrsg.): Lebenswissenschaft Praktische Theologie, Berlin: de Gruyter 2011, S. 90f.
S. 14–15
2: Marc-Uwe Kling: Die Känguru-Chroniken, Ansichten eines vorlauten Beuteltiers, Berlin: ullstein ^{42}2009, S. 86ff.
S. 16–17
2: Christl Maier/Silvia Schroer: Das Buch Ijob: Anfragen an das Buch vom leidenden Gerechten, in: Luise Schottroff/Marie-Theres Wacker (Hrsg.): Kompendium Feministische Bibelauslegung, Gütersloh: Gütersloher Verlagshaus ^{2}1999, S. 193f.
3: Hans Jonas: Der Gottesbegriff nach Auschwitz: Eine jüdische Stimme, Frankfurt am Main: Suhrkamp 1987, S. 14; 25f.
4: Norbert Reck: Theologie nach Auschwitz: das Aufkommen der Frage und die Antwortversuche von Juden und Christen, in: Münchener Thelogische Zeitschrift 4/1995, URL: https://doi.org/10.5282/mthz/3900 (07.03.2023).
S. 18–19
2: Gottfried Wilhelm Leibniz: Die Theodizee, Übersetzung von Artur Buchenau, Hamburg: Meiner 1986, S. 101.
3: Martin Hailer: Glauben und Wissen, Arbeitsbuch Theologie und Philosophie, Göttingen: Vandenhoeck & Ruprecht 2006, S. 104–106.
4: Basierend auf Klaus von Stosch: Theodizee, Paderborn: Schöningh ^{2}2018.
S. 20–21
2: Ludwig Feuerbach: Das Wesen des Christentums, in: Digitale Bibliothek, Bd. 2: Philosophie, S. 53; 66f; 101; 136, URL: https://ia802701.us.archive.org/14/items/Fuerbach-Ludwig-Das-Wesen-des-Christentums/FeuerbachLudwig-DasWesenDesChristentums1848752S.Text.pdf (09.11.2023).
3: Nach Rolf Dober: Kritik der Kritiker – Feuerbach, Marx und Freud, URL: http://www.dober.de/religionskritik/kritrelkkrit1.html (09.11.2023).
4: Heinz Zahrnt: Stammt Gott vom Menschen ab?, Zürich 1971, o. S.
S. 22–23
1: Friedrich Nietzsche: Die fröhliche Wissenschaft, in Giorgio Colli/Mazzino Montinari: Kritische Studienausgabe (KSA) in 15 Bänden, Bd. 3, München: de Gruyter ^{2}1988, S. 480–482.
2: Klaus Englert: „Gott ist tot!" – und Nietzsche unsterblich, in: Deutschlandfunk, URL: https://www.deutschlandfunk.de/philosophie-gott-ist-tot-und-nietzsche-unsterblich-102.html (16.11.2023).
3: Christoph Paul Hartmann: Nur „Opium des Volkes"? Karl Marx und die Religion, in: katholisch.de, URL: https://www.katholisch.de/artikel/28011-nur-opium-des-volkes-karl-marx-und-die-religion (07.03.2023).
S. 24–25
2: Martin Luther: Großer Katechismus, in: Evangelische Kirche in Deutschland: Großer Katechismus, nach der Fassung des deutschen Konkordienbuches (Dresden 1580), URL: https://www.ekd.de/Grosser_Katechismus-Erste-Gebot-13480.htm (07.03.2023).
3: Friedrich Schleiermacher: Der christliche Glaube, Nach den Grundsätzen der evangelischen Kirche im Zusammenhange dargestellt, 2. Auflage (1830/31), in: Rolf Schäfer (Hrsg.), Berlin/New York: de Gruyter 2003, S. 19f.; 32; 300 (Teilband 1); S. 503; 519; 527 (Teilband 2).
4: Paul Tillich: Systematische Theologie I/II, Berlin/New York: de Gruyter 1987, S. 247.
5: Karl Barth: Das Wort Gottes als Aufgabe der Theologie, 1922, in: Wilfried Härle (Hrsg.): Grundtexte der neueren evangelischen Theologie, Leipzig: Evangelische Verlagsanstalt ^{2}2012, S. 112f.
6: Dorothee Sölle: Gott denken, in: Ursula Baltz-Otto/Fulbert Steffensky (Hrsg.): Gesammelte Werke, Bd. 9, Freiburg. B.: Herder 2023, S. 240; 247f.
7: Catherine Keller: Über das Geheimnis, Gott erkennen im Werden der Welt, Eine Prozesstheologie, Freiburg i. B.: Herder 2013, S. 11f.
S. 26–27
2: Johann Hinrich Claussen: Vom Staunen zur Ehrfurcht – und dann zur Verantwortung?, Christliche Haltungen zur Schöpfung heute, in: Anders handeln 2/2022 Schöpfung, S. 53.
3: Kirchenamt der Evangelischen Kirche in Deutschland (EKD) (Hrsg.): Weltentstehung, Evolutionstheorie und Schöpfungsglaube in der Schule, Eine Orientierungshilfe des Rates der Evangelischen Kirche in Deutschland, in: EKD Texte 94 (2008), S. 11; 15f.
4: Nach Konrad Schmid (Hrsg.): Schöpfung, Themen der Theologie, Bd. 4, Tübingen: Mohr Siebeck 2012, S. 3; 4; 8f. (Literaturhinweise getilgt).
S. 28–29
1: Otto Georgens (Hrsg.): Auf den Straßen der Welt verbirgt sich Gott, Hunderte Worte von Madeleine Delbrêl, München: Verlag Neue Stadt 2020, S. 32.

2: Harmut Rosa: Unverfügbarkeit, Salzburg: Residenz Verlag [7]2022, S. 7.
4: Alexander Deeg: Das Bilderverbot und die Faszination der Bilder, in: Brennpunkt Gemeinde 3/2013, S. 91f., URL: https://bibliographie.uni-tuebingen.de/xmlui/bitstream/handle/10900/114706/Deeg_090.pdf?sequence=1 (30.01.2024).
5: Leonardo Boff: Gott, das bekannte Unbekannte, übersetzt von Bettina Gold-Hartnack, URL: https://leonardoboff.org/2012/10/22/gott-das-bekannte-unbekannte/ (30.01.2024).

S. 30–31

2: Khalil Gibran: Der Narr. Übersetzt aus dem Englischen von Ursula Assaf-Nowak, Ostfildern: Patmos 2014, S. 9.
3: Jochen Klepper: Evangelisches Gesangbuch 379, Ausgabe für die Evangelisch-Lutherischen Kirchen in Bayern und Thüringen, S. 690.
4: Martin Leuenberger: Gott in Bewegung, Religions- und theologiegeschichtliche Beiträge zu Gottesvorstellungen im alten Israel, Tübingen: Mohr Siebeck 2011, S. 2–4.

S. 32–33

3: Burkhard Weitz: Maßgebender Mensch, Religion für Einsteiger: Wie kann Gott Mensch geworden sein, in: Chrismon Dezember 2011, URL: https://chrismon.evangelisch.de/artikel/2011/gott-wird-mensch-%E2%80%93-wie-soll-man-sich-das-vorstellen-12979 (30.01.2024).
4: Gerhard Ebeling: Dogmatik des christlichen Glaubens, Band II, Tübingen: Mohr Siebeck [4]2012, S. 3f.

S. 34–35

1: Jochen Teuffel, „Er erleidet ein Leiden der Liebe" – Origenes über das Leiden Gottes, URL: https://jochenteuffel.com/2020/06/06/er-erleidet-ein-leiden-der-liebe-origenes-uber-das-leiden-gottes/ (12.12.2023).
2: Ingo Baldermann: Nur der leidende Gott kann helfen, 2014, URL: https://www.evangelisch.de/inhalte/93809/18-04-2014/nur-der-leidende-gott-kann-helfen (12.12.2023).
3: Jürgen Moltmann: Der gekreuzigte Gott: das Kreuz Christi als Grund und Kritik christlicher Theologie, Gütersloh: Chr. Kaiser/Gütersloher Verlagshaus, [7]2002, S. 7.9.

S. 36–37

1: Rudolf Bultmann: Theologie des Neuen Testamentes, Tübingen: Mohr Siebeck [9]1984, S. 305f.
2: Sabine Bieberstein: Eine Schatztruhe voller Erfahrungen, Auf der Suche nach der Kraft der Auferstehung in den Lebenserinnerungen von Marga Bührig, Elisabeth Moltmann-Wendel und Dorothee Sölle, Tübingen: Universität Tübingen 2022, S. 130ff., URL: http://dx.doi.org/10.15496/publikation-52948 (30.01.2024).
3: Peter Lampe: Der Modellfall Auferstehung Jesu, Zu einer konstruktivistischen Theorie der Geschichtsschreibung, in: Evangelische Theologie 3/69 2009, S. 187; 191–193.

S. 38–39

1: Basierend auf Rochus Leonhardt: Grundinformation Dogmatik, Ein Lehr- und Arbeitsbuch für das Studium der Theologie, Göttingen: Vandenhoeck & Ruprecht 2001, S. 219–226.
3: Wilfried Joest/Johannes von Lüpke: Dogmatik I: Die Wirklichkeit Gottes, Göttingen: Vandenhoeck & Ruprecht [5]2010, S. 304f.
4: Dietrich Korsch: Dogmatik im Grundriß, Eine Einführung in die christliche Deutung menschlichen Lebens mit Gott, Tübingen: Mohr Siebeck 2000, S. 194.
5: Richard Rohr/Mike Morrell: Der göttliche Tanz, Wie uns ein Leben im Einklang mit dem dreieinigen Gott zutiefst verändern kann, Aus dem Amerikanischen übersetzt von Dr. Ulrike Strerath-Bolz, Aßlar: Adeo 2017, S. 18–24.

S. 40–41

1: Cemil Şahinöz: Trinitätslehre im Verständnis des Islam, in: Klaus von Stosch/Muna Tatari (Hrsg.): Trinität – Anstoß für das islamisch-christliche Gespräch, Paderborn: Brill 2013, S. 231ff. Schreibweise des Gottesnamens in „Jhwh" geändert.
2: Deutschlandfunk (Hrsg.): Dreifaltigkeit Gottes, Trinität als Politikum, Michael Wolffsohn im Gespräch mit Andreas Main, URL: https://www.deutschlandfunk.de/dreifaltigkeit-gottes-trinitaet-als-politikum-100.html (08.08.2023).

Kapitel 2

S. 46–47

2: Anna-Sophie Nolte: Identität – so what? Identitätsentwicklung und soziale Medien, in: Media Bubble. Der Medienblog des Instituts für Medienwissenschaft, URL: https://media-bubble.de/identitaetsentwicklung-und-soziale-medien/ (12.12.2023).
3: Nach Bernd Popp: Wie lässt sich der Tempel Gottes auf unseren Körper beziehen?, Stuttgart: Jugendarbeit Online 2021, S. 3–4, URL: https://www.jugendarbeit.online/dpf_einheit/wie-laesst-sich-der-tempel-gottes-auf-unseren-koerper-beziehen/ (31.01.2024).
5: Nele Sophie Karsten: Retuschierte Fotos kennzeichnen, URL: https://taz.de/Neues-Gesetz-in-Norwegen/!5786531/ (20.12.2023).

S. 48–49

2: Henning Luther: Leben als Fragment: Der Mythos von der Ganzheit, in: Wege zum Menschen 43 (1991), S. 262–273.
4: Lars Distelhorst: Sozialwissenschaftler: Kulturelle Aneignung ist Kulturdiebstahl, URL: https://www.mdr.de/nachrichten/deutschland/gesellschaft/karneval-kulturelle-aneignung-rassismus-100.html (23.09.2023).

S. 50–51

1: Text (OT) Swift, Taylor © Universal/MCA Music Publishing GmbH, Berlin.
2: Sandra Doedter und Esther Körfgen: Die innere Wand, URL: https://www.deutschlandfunk.de/die-innere-wand-102.html (04.01.2024).
5: Evangelische Kirche in Deutschland (EKD): Sünde, Schuld und Vergebung aus Sicht der evangelischen Anthropologie. Ein Grundlagentext des Rates der Evangelischen Kirche in Deutschland, Leipzig: Evangelische Verlagsanstalt 2020, S. 99 und 101, URL: https://www.ekd.de/ekd_de/ds_doc/suende_schuld_EVA_2020.pdf (04.01.2024).

S. 52–53

2: Friedrich Daniel Ernst Schleiermacher: Platons Werke. Dritter Theil. Der Staat, Berlin: Akademie Verlag 1984–87, URL: https://www.projekt-gutenberg.org/platon/platowr3/staat07.html (04.01.2023).
3: Ollivier Pourriol: Gelebte Lüge, übersetzt von Danilo Scholz, in: Philosophie Magazin, Sonderausgabe 15 (2020): Platon. Raus aus der Höhle, S. 92–93.

S. 54–55

1: René Descartes' philosophische Werke. Abteilung 1, Berlin: L. Heimann 1870, S. 45, URL: http://www.zeno.org/nid/20009161031 (04.01.2024). / Nach John Locke: Versuch über den menschlichen Verstand. In vier Büchern. Band 1, Berlin 1872, S. 100, URL: http://www.zeno.org/nid/2000920797X (04.01.2024).
2: Immanuel Kant: Kritik der reinen Vernunft I, in: Ders., Werke in zwölf Bänden, Bd. 3, hg. von Wilhelm Weischedel, suhrkamp: Frankfurt am Main 1977, S. 45; 25–26; 29–30.
3: Anton Grabner-Haider: Die wichtigsten Philosophen, Wiesbaden: Marix Verlag [3]2009, S. 130–131.

S. 56–57

3: Evangelisch.de zitiert nach Evangelische Kirche in Deutschland (EKD): Wahrheit, URL: https://www.ekd.de/Wahrheit-Basiswissen-Glauben-15618.htm (31.01.2024). Stellung von Satzzeichen vereinheitlicht.
4: Dietrich Bonhoeffer: London 1933–1935, DBW Band 13, Gütersloh: Chr. Kaiser/Gütersloher Verlagshaus 1994, S. 395f.

5: Markus Gabriel: Warum es die Welt nicht gibt, Berlin: Ullstein 2015, S. 14f.

S. 58–59

1: Duden: Aggression, URL: https://www.duden.de/node/3453/revision/1217896 (30.01.2024).

4: Hugo Müller-Vogg: Doppelmoral fürs Klima: Mit ihrem Protest entlarven sich Straßen-Blockierer selbst, URL: https://www.focus.de/politik/deutschland/kommentar-mit-ihrem-aggressiven-protest-entlarven-sich-die-aktivisten-selbst_id_107980388.html (22.02.2023).

S. 60–61

1: Thorsten Dietz: Sünde: Was Menschen heute von Gott trennt, Witten: SCM-Verlag 2016, S. 5–9.

2: Evangelisch.de zitiert nach Evangelische Kirche in Deutschland (EKD): Sünde, URL: https://www.ekd.de/Suende-Basiswissen-Glauben-11267.htm (05.02.2023).

S. 62–63

2: Jan Christian Gertz: Das erste Buch Mose (Genesis): Die Urgeschichte Gen 1–11, Göttingen: Vandenhoeck & Ruprecht 2018, S. 129.

3: Daniel Krochmalnik: Schriftauslegung. Das Buch Genesis im Judentum, Stuttgart: Verlag Katholisches Bibelwerk 2001, S. 59f. Bibelstellenverweise zu didaktischen Zwecken angepasst.

4: Weltexpresso: Drei Fragen an Stephen Greenblatt, URL: https://www.weltexpresso.de/index.php/buecher/21371-drei-fragen-an-stephen-greenblatt (30.01.2024).

S. 64–65

1: Thomas Wagner: Art. Gnade / Barmherzigkeit, in: Das wissenschaftliche Bibellexikon im Internet (WibiLex), URL: https://bibelwissenschaft.de/stichwort/19676/ (13.06.2025).

2: Psalm 130: Hoffnung auf Vergebung. Psalm des Monats März, URL: https://www.kath-kirche-kaernten.at/dioezese/detail/C2643/psalm-130-hoffnung-auf-vergebung (16.04.2023).

3: Christina Brudereck, Wahre Grazie, in: Christina Brudereck / Jürgen Mette: Reformation des Herzens, Witten: SCM-Verlag 2016, S. 17–21.

S. 66–67

2: Tobias Wittenberg: Predigt: Der verlorene Sohn – mit neuer Überschrift, https://www.sonntagsblatt.de/artikel/glaube/predigt-der-verlorene-sohn-mit-neuer-ueberschrift (02.12.23).

3: Jürgen Ebach: Art. Gnade, in: Glossar der Bibel in Gerechter Sprache, URL: https://www.bibel-in-gerechter-sprache.de/die-bibel/glossar/?chesed (30.01.2023). Bibelstellenangaben wurden aus didaktischen Gründen erweitert.

4: Heidelberger Katechismus. Revidierte Ausgabe 1997. Herausgegeben von der Evangelisch-reformierten Kirche (Synode ev.-ref. Kirchen in Bayern und Nordwestdeutschland), von der Lippischen Landeskirche und vom Reformierten Bund, S. 39, URL: https://www.ekd.de/ekd_de/ds_doc/heidelberger_katechismus.pdf (30.01.2024).

S. 68–69

1: Reinhold Boschki / Thomas Schlag: Gesetz und Evangelium – Evangelium und Tora (WiReLex), URL: https://bibelwissenschaft.de/stichwort/100171/ (14.12.2023), Zitationshinweise im Original wurden aus didaktischen Gründen durch die Namen der Autoren ersetzt.

3: Gottfried Brakemeier: Befreit durch Gottes Gnade – von was, zu was?, in: Anne Burghardt (Hg.): Befreit durch Gottes Gnade. 500 Jahre Reformation, Leipzig: Evangelische Verlagsanstalt 2017, S. 13–14; 22–23.

Kapitel 3

S. 74–75

1: Dietrich Bonhoeffer: Widerstand und Ergebung. Briefe und Aufzeichnungen aus der Haft. Vollständige Textausgabe, Gütersloh: Gütersloher Verlagshaus [21]2013, S. 188.

3: Oliver Kahn: ICH, Erfolg kommt von innen, München: Riva [3]2008, S. 213f.; 277f.

4: Mathias Albert/Klaus Hurrelmann/Gudrun Quenzel: Jugend 2019, Eine Generation meldet sich zu Wort, 18. Shell Jugendstudie, URL: https://www.shell.de/about-us/initiatives/shell-youth-study/_jcr_content/root/main/containersection-0/simple/simple/call_to_action/links/item0.stream/1642665739154/4a002dff58a7a9540cb9e83ee0a37a0ed8a0fd55/shell-youth-study-summary-2019-de.pdf (30.01.2024).

S. 76–77

2: Simone de Beauvoir: Das andere Geschlecht, Hamburg: Rowohlt 1951, S. 71; S. 81.

3: Max Frisch: Homo faber, Frankfurt am Main: Suhrkamp 1968, S. 92.

S. 78–79

2: Helmuth Plessner: Die Stufen des Organischen und der Mensch, Einleitung in die philosophische Anthropologie, Berlin: [2]1965, S. 291f.

3: Thomas Hobbes: Leviathan (1651), in Walter Schätzel: Der Staat, Was Staatsmänner, Politiker und Philosophen über den Staat und seine Probleme gesagt haben, Berlin/Darmstadt/Wien: Deutsche Buchgemeinschaft 1963, S. 143f.

4: Jean-Jacques Rousseau: Abhandlung über die Ungleichheit (1754) und contract social (1756), in: Walter Schätzel: Der Staat, Was Staatsmänner, Politiker und Philosophen über den Staat und seine Probleme gesagt haben, Berlin/Darmstadt/Wien: Deutsche Buchgemeinschaft 1963, S. 217–219; 212.

5: Mary Wollstonecraft: Zur Verteidigung der Menschenrechte, hrsg. von Ursula I. Meyer, übers. von Petra Altschuh-Riederer, Aachen: ein-FACH-Verlag 2022, S. 84.

S. 80–81

2: Arnold Gehlen: Ein Bild vom Menschen, in: Ders.: Anthropologische Forschung, Hamburg: Rowohlt 1961, S. 44–54; hier 47–48.

3: Hannah Arendt: Vita activa oder Vom tätigen Leben, München/Zürich: Piper [6]1989, S. 14–15.

S. 82–83

2: Originalbeitrag. Ursprünglich in erweiterter Form publiziert in: GPM, RUWO Oberstufe 11.2, S. 14–16.

3: Peter Dabrock/Siegfried Keil: Einleitung, in: Peter Dabrock et al.: Kreativität verantworten, Neukirchen-Vluyn: Neukirchener Theologie 2011, S. 9.

S. 84–85

3: Abraham J. Heschel: Der Sabbat, Seine Bedeutung für den heutigen Menschen, Neukirchen-Vluyn: Neukirchener Theologie 1990, S. 11–14 (in Auszügen und für Unterrichtszwecke leicht bearbeitet).

5: Deutsche Bischofskonferenz: Der Sonntag – ein Tag der Freiheit, Gemeinsames Wort der christlichen Kirchen in Deutschland, Pressemeldung Nr. 029, URL: https://www.dbk.de/presse/aktuelles/meldung/der-sonntag-ein-tag-der-freiheit (31.01.2024).

S. 86–87

2: Ulrich Schnabel: Geistreiches Nichtstun, Der Mensch braucht Muße und schöpferische Pausen, Ein Plädoyer fürs Nichtstun, in: Zeit Wissen Ratgeber 3/2011, S. 68–71.

3: Holm Friebe: Die Stein-Strategie, Von der Kunst, nicht zu handeln, München: Hanser 2013, S. 11–13.

4: Helwig Wegner-Nord: Erst die Unterbrechung lässt mich zu mir selber finden, in: Kirche im hr 15.08.2014, URL: https://www.kirche-im-hr.de/sendungen/2014/hr1-zuspruch/08/15-erst-die-unterbrechung-laesst-mich-zu-mir-selber-finden/ (31.01.2024).

S. 88–89

1: Martin Luther: Kleiner Katechismus, URL: https://www.ekd.de/Kleiner-Katechismus-Zweite-Hauptstuck-13471.htm (31.01.2024).

2: Trutz Rendtorff: Ethik, Grundelemente, Methodologie und Kon-

kretionen einer ethischen Theologie, Band 1, Stuttgart: Mohr Siebeck [2]1990, S. 63; 64; 66; 69.
3: Originalbeitrag. Lutherzitat: WA 7, S. 9.
4: Martin Luther: Ausgewählte Werke I, Stuttgart: Calwer Verlag 1930, S. 319ff.

S. 90–91
2: Günter Brakelmann: „Was ist der Mensch ...?", in: Ders.: Für eine menschlichere Gesellschaft, Bochum SWI-Verlag 1996, S. 230–236.
3: Leo Baeck: Geheimnis und Gebot, in: Ders.: Wege im Judentum, Berlin 1933, S. 44–45.

S. 92–93
2: WA 54, S. 471.
3: Auf der Grundlage von Karl Friedrich Haag, GPM-Arbeitshilfe: Bausteine für eine christliche Arbeits- und Wirtschaftsethik, Erlangen 1985, S. 30f. Luther Zitate: WA 6, S. 271 und WA 31/1, S. 437.
4: Lucas Zapf: Arbeit, in: Gerhard Wegner (Hg.): Zur Wirkungsgeschichte der Reformation, Leipzig: Evangelische Verlagsanstalt 2017, S. 19.
5: Karl Friedrich Haag, GPM-Arbeitshilfe: Bausteine für eine christliche Arbeits- und Wirtschaftsethik, Erlangen 1985, S. 35.

S. 94–95
1: Karl Marx: Die Frühschriften, in: Siegfried Landshut (Hrsg.), Stuttgart: Kröner-Verlag 1964, S. 404.
2: Karl Marx: Ökonomisch-philosophische Manuskripte aus dem Jahre 1844, vollständiger, durchgesehener Neusatz bearbeitet und eingerichtet von Michael Holzinger, auf der Textgrundlage von Karl Marx/Friedrich Engels: Werke, Bd. 40, Berlin: Dietz-Verlag 1968, Berlin: Holzinger Verlag [3]2014, S. 511–513.
4: Karl Marx: Die Frühschriften, in: Siegfried Landshut (Hrsg.), Stuttgart: Kröner-Verlag 1964, S. 461.
5: Gemeinsame Initiative Arbeit für alle! Eine Studie der Kammer der EKD für soziale Ordnung als Beitrag zum Konsultationsprozeß über ein gemeinsames Wort der Kirchen zur wirtschaftlichen und sozialen Lage in Deutschland, EKD-Texte 54, Hannover 1995, S. 8.
6: Zukunftsinstitut: Megatrend New Work, URL: https://www.zukunftsinstitut.de/zukunftsthemen/megatrend-new-work (31.01.2024).

S. 96–97
1: Daten nach Bundesinstitut für Berufsbildung. Zitiert nach iwd, URL: https://www.iwd.de/artikel/berufswahl-typisch-mann-typisch-frau-380726/ (04.01.2024).
2: Wolfgang Janisch: Frauen verdienen das Gleiche, in: SZ 18./19. Februar 2023, S. 4, URL: https://www.sueddeutsche.de/meinung/bundesarbeitsgericht-lohngerechtigkeit-gleichberechtigung-equal-pay-kommentar-1.5753330 (31.01.2024).
3: Anthony Giddens: Entfesselte Welt, Wie die Globalisierung unser Leben verändert. Aus dem Englischen von Frank Jakubzik, Frankfurt am Main: Suhrkamp 2011, S. 12f.
4: Simmone Baur: Hintergrundinformationen, in: Let's make money, Materialien für den Unterricht, S. 20f., URL: http://www.materialserver.filmwerk.de/arbeitshilfen/Let_s_make_money_Schulheft.pdf (31.01.2024).
5: Nils Ole Oermann: Wirtschaftsethik. Vom freien Markt bis zur Share Economy, München: C.H.Beck [2]2018, S. 57.

S. 98–99
1: Zukunftsinstitut: Megatrend New Work, URL: https://www.zukunftsinstitut.de/zukunftsthemen/megatrend-new-work (31.01.2024).
3: Daniel Bakir: Wolfgang Grupp: Trigema-Boss stänkert gegen Homeoffice: „Wenn einer zu Hause arbeiten kann, ist er unwichtig", Stern, URL: https://www.stern.de/wirtschaft/news/wolfgang-grupp--trigema-boss-staenkert-gegen-homeoffice-33877278.html (31.01.2024).
4: Nils Ole Oermann: Anständig Geld verdienen? Eine protestantische Wirtschaftsethik, Breisgau: Herder 2014, S. 19–20.
5: Viktor E. Frankl: Ärztliche Seelsorge, Grundlagen der Logotherapie und Existenzanalyse, Wien: Kindler-Taschenbücher – Geist Psyche [8]1975, S. 122f.

Kapitel 4

S. 104–105
3: Wolfgang Sander: Die Rollentheorie, URL: https://www.bpb.de/lernen/angebote/grafstat/krise-und-sozialisation/240816/die-rollentheorie/ (25.09.2023).
4: Sabrina Gaisbauer: Mutter oder Jungfrau, URL: https://www.fluter.de/mutter-oder-jungfrau (25.09.2023).

S. 106–107
2: Winfried Gebhardt: Gemeinschaft, URL: https://www.staatslexikon-online.de/Lexikon/Gemeinschaft (25.09.2023, Abkürzungen aufgelöst).
3: Christian Schüle: Warum es in der Demokratie auf den Einzelnen ankommt, URL: https://www.deutschlandfunkkultur.de/individuum-und-gesellschaft-warum-es-in-der-demokratie-auf-100.html (11.06.2023).
4: Karl-Markus Gauß: Nur noch eine Nummer, URL: https://www.sueddeutsche.de/leben/anonymitaet-namen-klingelschild-grabstein-datenschutz-1.4214068 (11.06.2023).

S. 108–109
1: Aristoteles: Politik. Nach der Übers. von Franz Susemihl, bearb. u. hg. von Nelly Tsouyopoulos u. Ernesto Grassi, Reinbek bei Hamburg: Rowohlt 1968, S. 1252a–1253a.
2: Ottfried Höffe: Ethik und Politik. Grundmodelle und -probleme der praktischen Philosophie, Frankfurt am Main: Suhrkamp 1979, S. 15–24.
3: Monika Gisler: Aristoteles Gleiche sind bei Arendt Andere. Überlegungen zur philosophischen Anthropologie Aristoteles' und Hannah Arendts, URL: https://www.hannaharendt.net/index.php/han/article/view/70/104 (11.06.2023, CC BY 4.0).
4: Jürgen Moltmann: Politische Theologie – Politische Ethik, München: Christian Kaiser Verlag 1984, S. 9.

S. 110–111
1: Shila Begum: „Ich will Würde", protokolliert von Marcel Pauly, in: DIE ZEIT, Nr. 17, 16.04.2014, S. 13, zitiert nach: EKD, Mode um jeden Preis? Menschenrechte in der Textilindustrie, S. 14–16, URL: https://www.ekd.de/ekd_de/ds_doc/menschenrechte_textilindustrie_2018.pdf (11.06.2023).
2: Christliche Initiative Romero: Todschicke Kleidung – zu welchem Preis?, URL: https://www.ci-romero.de/kritischer-konsum/kleidung/fast-fashion/ (28.11.2023).
3: Ruth Gütter: Biblisch-theologische Zugänge, in: EKD, Mode um jeden Preis? Menschenrechte in der Textilindustrie, S. 64, URL: https://www.ekd.de/ekd_de/ds_doc/menschenrechte_textilindustrie_2018.pdf (29.09.2023). Zitation vereinfacht.

S. 112–113
1: Julian Nida-Rümelin: Über Grenzen denken – eine Ethik der Migration, URL: https://unterrichten.zum.de/wiki/%C3%9Cber_Grenzen_denken_-_Eine_Ethik_der_Migration#Einf.C3.BChrung_und_.C3.9Cberblick (30.06.2023).
4: Sabine Dreßler: Warum die Kirche mit an Bord ist – Zum kirchlichen Einsatz für zivile Seenotrettung, URL: https://www.ekd.de/zum-kirchlichen-einsatz-fur-zivile-seenotrettung-67959.htm (04.12.2023).
5: Julia Mumelter: Evangelische Kirche zur Seenotrettung. Kirchliches Rettungsschiff als Signal, URL: https://www.deutschlandfunk.

de/evangelische-kirche-zur-seenotrettung-kirchliches-100.html (04.05.2023).

S. 114–115

2: Josef Ehmer: Das Alter in Geschichte und Geschichtswissenschaft, S. 154, URL: https://www.leopoldina.org/fileadmin/redaktion/Politikberatung/pdf/Ehmer__Josef_2008.pdf (04.12.2023).

3: Im Alter neu werden können. Evangelische Perspektiven für Individuum, Gesellschaft und Kirche. Eine Orientierungshilfe des Rates der Evangelischen Kirche in Deutschland, Gütersloh 2009, S. 28/29, URL: https://www.ekd.de/ekd_de/ds_doc/im_alter_neu_werden_koennen.pdf (26.02.2024).

4: Ralf Lutz: Wie alt dürfen wir werden? Der demografische Wandel als theologisch-ethische Herausforderung, in: Stimmen der Zeit 140, S. 185–193, URL: https://www.herder.de/stz/hefte/archiv/140-2015/3-2015/wie-alt-duerfen-wir-werden-der-demografische-wandel-als-theologisch-ethische-herausforderung/ (21.08.2023).

5: Wolfgang Huber: „Tätiges Leben – Teilhabechancen für alle Lebensalter" – Vortrag bei dem Symposion „Platz für Potenziale? Partizipation im Alter zwischen alten Strukturen und neuen Erfordernissen" in Hannover (07.06.2006), URL: https://www.ekd.de/060607_huber_hannover.htm (04.12.2023).

S. 116–117

2: Umkehr zum Leben. Nachhaltige Entwicklung im Zeichen des Klimawandels. Eine Denkschrift des Rates der Evangelischen Kirche in Deutschland, Gütersloh 2009, S. 105/106, URL: https://www.ekd.de/ekd_de/ds_doc/klimawandel.pdf (26.02.2024).

3: Annette Zoch: Klimaaktivisten „gehören nicht in die kriminelle Ecke", URL: https://www.sueddeutsche.de/politik/evangelische-kirche-klimaprotest-letzte-generation-1.5689468 (22.08.2023).

4: Edith Löhle: Shame, URL: https://www.2050.de/kultur/klimawandel-und-konsum-shaming-unser-umgang-mit-der-schuld (05.12.2023).

S. 118–119

1: Sarah Jäger: Gerechter Frieden, in: Ethik-Lexikon, URL: https://ethik-lexikon.de/lexikon/gerechter-frieden (17.01.2024).

2: Burkhard Weitz: Gibt es den „gerechten Krieg"?, URL: https://chrismon.evangelisch.de/artikel/2022/52770/ist-der-verteidigungskrieg-der-ukrainer-ein-gerechter-krieg (30.06.2023).

4: Petra Grimm / Tobias O. Keber / Oliver Zöllner (Hgg.): Digitale Ethik. Leben in vernetzten Welten, Ditzingen: Reclam 2019, S. 153f.; 177f.; 209f.

S. 120–121

1: Martin H. Jung: Luther lesen, Göttingen: Vandenhoeck & Ruprecht ²2017, S. 138.

4: Martin H. Jung: Luther lesen, Göttingen: Vandenhoeck & Ruprecht ²2017, S. 143–146.

S. 122–123

2: Karl Barth: Das Glaubensbekenntnis der Kirche. Erklärung des Symbolum Apostolicum nach dem Katechismus Calvins, aus dem Französischen übersetzt von Helmut Goes, Zürich: EVT 1967, S. 96–98, URL: https://jochenteuffel.files.wordpress.com/2022/04/barth-ueber-die-koenigsherrschaft-christi-das-glaubensbekenntnis-der-kirche.pdf (27.12.2023), Textverweis gekürzt.

3: Jürgen Moltmann: Politische Theologie – Politische Ethik, München: Christian Kaiser Verlag, S. 153–155.

S. 124–125

1: Ulrich H. J. Körtner: Evangelische Sozialethik. Grundlagen und Themenfelder, Göttingen: Vandenhoeck & Ruprecht 2019, S. 15, URL: https://www.google.de/books/edition/Evangelische_Sozialethik/ahazDwAAQBAJ?hl=de&gbpv=1 (09.12.2023). Zitat im Text: Johannes Fischer, Theologische Ethik und Christologie, Zeitschrift für Theologie und Kirche 92, 1995, S. 481–516, hier S. 503.

2: Pfarrei St. Clemens Dortmund: Katholische Soziallehre, URL: https://relilex.de/katholische-soziallehre/ (10.12.2023).

3: Christoph Terno: Naturrecht, URL: https://relilex.de/naturrecht/ (31.01.2024).

4: Herbert Vorgrimler: Theologie der Befreiung, URL: https://www.herder.de/theologie-pastoral/systematische-theologie/theologie-der-befreiung/ (10.12.2023).

S. 126–127

3: Uwe Birnstein: Bibelserie: Gerechtigkeit, URL: https://www.evangelisch.de/inhalte/151121/17-07-2018/bibelserie-best-bible-gerechtigkeit-der-bibel (22.08.2023).

4: Norbert Mette: Gerechtigkeit, URL: https://bibelwissenschaft.de/stichwort/100209/ (22.08.2023).

5: Anna Schmid: Forscher: Tafeln sorgen nicht für soziale Gerechtigkeit, Evangelischer Pressedienst, 21.03.2023, URL: https://www.sonntagsblatt.de/artikel/gesellschaft/forscher-tafeln-kritik-soziale-gerechtigkeit (22.08.2023).

Operatoren

Operatorenbeschreibungen nach den Beschlüssen der Kultusministerkonferenz: Einheitliche Prüfungsanforderungen in der Abiturprüfung. Evangelische Religionslehre, S. 13–15, URL: https://www.isb.bayern.de/fileadmin/user_upload/Gymnasium/Faecher/Evangelisch/epa_ev_religion.pdf (14.12.2023).

Bildnachweis

AdobeStock / Lazy_Bear (KI-generiert) – S. 9; - / F104 eyetronic – S. 102; - / Maria Fadeeva (KI-generiert) – S. 111 • akg-images – S. 58, 66; - // Heirs of Josephine N. Hopper/VAGA at ARS, NY / VG Bild-Kunst, Bonn 2025 – S. 90 • Alamy Stock Photo / Art Collection 2 – S. 59; - / ARTGEN – S. 86; - / GRANGER - Historical Picture Archive – S. 92; - / Jimlop collection – S. 37; - / NC Collections – S. 78; - / jozef sedmak – S. 122; - / The Picture Art Collection – S. 81 • Baaske Cartoons / Gerhard Mester – S. 112 • Bild und Skulptur: Thomas Rees, Freiburg, „der schaffende Mensch", 2020, https://thomas-rees.com/der-schaffende-mensch/ – S. 76 • © Bistum Limburg – S. 23 • bpk-Bildagentur / Herzog Anton Ulrich-Museum – S. 26 • Bridgeman Images / © Radiant Light – S. 68 • Brot für die Welt – S. 152 • Creation of God / Harmonia Rosales, 2017, 48" x 60," Courtesy of Harmonia Rosales – S. 83 • © Deweer Gallery, Zwevegem, Belgien // © VG Bild-Kunst, Bonn 2025 – S. 72 • El Roi – Gott sieht mich © Jutta Blühberger, www.juttabluehberger.at – S. 30 • Galerie Schwind, Leipzig // © VG Bild-Kunst, Bonn 2025 – S. 15 • Getty Images Plus / iStockphoto, dorian2013 – S. 106; - / iStockphoto, francescoch – S. 52, 74; - / iStockphoto, GeorgiosArt – S. 54; - / iStockphoto, Jolygon – S. 55; - / iStockphoto, Georgios Kollidas – S. 54; - / iStockphoto, Renata Hamuda – S. 98; - / iStockphoto, ktsimage – S. 10; - / iStockphoto, leolintang – S. 126; - / iStockphoto, PeopleImages – S. 46 (2); - / iStockphoto, Jorm Sangsorn – S. 89; - / iStockphoto, SementsovaLesia – S. 46; - / iStockphoto, skyther5 – S. 49; - / iStockphoto, Sorapop – S .46; - / iStockphoto, StudioM1 – S. 51 • Prof. Ed Hawkins, National Centre for Atmospheric Science, University of Reading / www.showyourstripes.info – S. 116 • iStockphoto / ZU_09 – S. 18 • © 2021 IW Medien / iwd – S. 96 • Claudia Klinkert / Foto: Alexander Burzig – S. 108 • © Kelly Latimore – S. 32 • Wolfgang Lettl, Das Plädoyer der Theologen, 2000, LETTL-Museum für surreale Kunst, Augsburg / Internet: museum.lettl.de; www.lettl.de – S. 24 • Wolfgang Lettl, Der Turm, 1963, LETTL-Museum für surreale Kunst, Augsburg / Internet: museum.lettl.de; www.lettl.de – S. 12 • Mauritius Images / Alamy Stock Photo, Azoor Collection – S. 35; - / Alamy Stock Photo, Erin Babnik – S. 44; - / Alamy Stock Photo, GL Archive – S. 23; - / Alamy Stock Photo, Vitaly Iskakov – Cover; - / Alamy Stock Photo, PRISMA Archiv – S. 20; - / Collection Christophel, Charles Chaplin Productions – S. 94 • Matej Metlikovic / Das Leidensfenster aus „Aus der Tiefe", 1997, www.matejmetlikovic.si – S. 65 • NEL cartoons / www.nelcartoons.de – S. 114 • picture-alliance / APA-Grafik – S. 149; - / dpa, Oliver Berg – S. 38; - / DUMONT Bildarchiv, Jörg A. Fischer // © VG Bild-Kunst, Bonn 2025 – S. 28 • Thomas Plaßmann, Essen – S. 128 • © Lisa Rienermann / Visuelles Labor, Berlin – S. 119 • Sven Schalenberg, Hahnheim // © VG Bild-Kunst, Bonn 2024 – S. 62 • Schlorian Cartoons und Comics – S. 61 • Jonathan Schöps / UNDARSTELLBAR.DE – S.41 • Ilya Schor, „Eternity Utters a Day", wood-engraving, illustration for The Sabbath by Abraham Joshua Heschel, 1951 – S. 84 • SINUS Markt- und Sozialforschung GmbH – S. 104 • © Staatliche Kunsthalle Karlsruhe – S. 6 • toonpool.com / Cloud Science – S. 100; - / Karsten Schley – S. 42, 70 • VAN HAM Kunstauktionen / Saša Fuis Photographie // © VG Bild-Kunst, Bonn 2025 – S. 72 • www.wikimedia.org / Kutterhuebi, CC BY-SA 4.0 – S. 120; - / Andreas Praefcke – S. 16

Mediencodes

© Staatliche Kunsthalle Karlsruhe – S. 6 (79502-01)

Galerie Schwind, Leipzig // © VG Bild-Kunst, Bonn 2025 – S. 15 (79502-03)

imago-images / Oryk HAIST – S. 16 (79502-04), 34 (79502-05), 122 (70502-05)

picture-alliance / ©Effigie, Leemage – S. 16 (79502-04)

Wikimedia / Noord-Hollands Archief, NL-HlmNHA 1478 43373K00 10, CC0 – S. 16 (79502-04), 24 (79502-07), 36 (79502-05)

iStockphoto / ZU_09 – S. 18 (79502-05)

Mauritius Images / Alamy Stock Photo, PRISMA Archivo – S. 20 (79502-05)

Mauritius Images / Alamy Stock Photo, GL Archive – S. 22 (79502-05), 22 (79502-06)

Getty Images Plus / Photos.com – S. 22 (79502-05), 94 (79502-05)

Alamy Stock Photo / Alpha Historica – S. 24 (79502-07),122 (79502-05)

Alamy Stock Photo / Pictorial Press Ltd – S. 24 (79502-07), 61 (79502-05)

picture-alliance / DB Börsenverein des deutschen Buchhandels – S. 24 (79502-07)

Wolfgang Lettl, Das Plädoyer der Theologen, 2000, LETTL-Museum für surreale Kunst, Augsburg / Internet: museum.lettl.de; www.lettl.de – S. 24 (9502-07)

Instagram / Leonardo.boff.oficial – S. 31 (79502-05)

www.wikimedia.org – S. 34 (79502-05)

Alamy Stock Photo / GRANGER - Historical Picture Archive – S. 36 (79502-05), 56 (79502-05)

Alamy Stock Photo / Jimlop collection – S. 37 (79502-08)

iStockphoto / scotto72 – S. 52 (79502-05)

iStockphoto / Grafissimo – S. 54 (79502-03)

Mauritius Images / United Archives, TopFoto – S. 60 (79502-10)

Sven Schalenberg, Hahnheim // © VG Bild-Kunst, Bonn 2024 – S. 62 (79502-12)

akg-images – S. 66 (79502-66)

Bild und Skulptur: Thomas Rees, Freiburg, „der schaffende Mensch", 2020, https://thomas-rees.com/der-schaffende-mensch/ – S. 76 (79502-16)

Getty Images Plus / iStockphoto, GeorgiosArt – S. 78 (79502-05)

Helmuth Plessner Gesellschaft e.V. – S. 78 (79502-05)

Mauritius Images / Alamy Stock Photo, GL Archive – S. 78 (79502-05)

Alamy Stock Photo / Heritage Image Partnership Ltd – S. 80 (79502-17)

Alamy Stock Photo / The Picture Art Collection – S. 80 (79502-17)

picture-alliance / Schnoerrer – S. 80 (79502-17)

iStockphoto / wynnter – S. 88 (70502-05), 120 (79502-05)

SINUS Markt- und Sozialforschung GmbH – S. 104 (79502-19)